AK Trivia Book 47

# 닌자의 세계

야마키타 아츠시 |지음   송명규 |옮김

AK TRIVIA BOOK

오늘날에는 닌자를 판타지 작품 속 등장인물처럼 여기곤 한다. 주문을 외는 것만으로도 모습을 감추거나, 분신을 만들어내며, 적을 속박하기도 한다. 요컨대 판타지 게임의 마법사와 같은 존재다.

하지만 가장 큰 차이점이 하나 있다. 바로 실존했는지의 여부다. 마법으로 싸우거나 임무를 수행했던 마법사들은 역사 속에 존재하지 않았다. 마법을 쓸 수 있다는 인간은 있었지만 그 마법의 기술로 실제로 무언가를 해냈다는 기록은 없다. 고작해야 금을 연성할 수 있다고 주장하면서 속임수로 금을 만들어 보인 것 정도다.

이에 비해 닌자는 그 기술로 다양한 일을 실제로 해왔다. 모습을 숨기고 잠입하였으며, 정말로 분신을 만들 듯이 각지에서 임무를 수행하고, 상대를 농락하여 꼼짝도 못하게 만들었다.

그렇지만 닌자는 마법사도 초능력자도 아니다. 모종의 지혜와 트릭으로 그 기술을 실행한 것뿐이다. 이렇게 말하면 닌자를 바보 취급하는 것처럼 보일지도 모르겠지만, 절대 그렇지 않다. 오히려 반대다.

닌자는 무사 밑에서 일하는 심부름꾼에 지나지 않았다. 하급 무사보다도 지위가 낮았으며 가난했다. 닌자는 초인이 아니라, 극히 평범하고 가난한 인간에 불과했던 것이다.

그렇게 지위도 부도 없었던 인간이, 일반적으로는 명백하게 불가능한 행동을 어떻게든 해내야만 할 때, 임무 완수를 위해 얼마나 많은 연구를 해왔을까. 후손들이 보았을 때는 마치 마법과 같았던 일들을, 그들은 인간의 손과 발과 머리만으로 해낸 것이다. 그 노력과 지혜야말로 진정 존중받아야 하지 않을까?

물론 그렇다고 황당무계하게 느껴지는 픽션의 닌자를 부정하겠다는 뜻은 아니다. 그것은 그것대로 나름 재미가 있으니 큰 활약을 보여주는 것만으로 족하다.

그래도 이러한 환영에 가려진, 실제 닌자의 모습을 조금이라도 알아주었으면 한다. 그런 마음을 담아서 이 책을 만들었다. 간단해 보이는 기술도 그것을 해낼 수 있게 될 때까지 쌓아 올린 경험. 간단했기 때문에 능숙하게 사용하기 위해서 필요했던 수련. 그러한 닌자의 노력을 읽고 이해해준다면 이 이상 기쁜 일은 없을 것이다.

야마키타 아츠시

# 목차

# 제 1 장
# 닌자에 관한 기초지식

# 닌자는 정말로 존재했던 것일까?

Did Ninja exist?

수수께끼 같은 존재인 닌자. 때로는 초월적인 기술로 적의 성에 잠입하고, 때로는 전투의 그늘에서 비정규전에 뛰어든다. 그런 다재다능한 존재가 정말로 옛 일본에 존재했던 것일까?

## ● 닌자는 없었다

전국시대에 쓰였던 사료를 아무리 읽어봐도 「닌자」라는 말은 나오지 않는다. 그렇다면 전국시대의 닌자는 존재하지 않았던 것일까? 전국시대는 수많은 다이묘(大名, 넓은 영지를 가진 무사)가 자국을 지키고 적국을 멸하기 위해 전쟁을 반복해왔던 시대다. 그런 시대에는 첩보를 하는 인간이 필요했을 터이다.

물론 분명히 존재했었다. 단, 다른 이름으로 말이다. 그것도 지방마다 다른 이름으로 불렸으며, 전국에서 통하는 명칭은 존재하지 않았다. 「시노비(忍び)」, 「사이사쿠(細作)」, 「노키자루(軒轅)」, 「쿠사(草)」, 「카기(嗅ぎ)」, 「슷파(透波)」, 「톳파(突破)」, 「랏파(乱波)」, 「닌베(忍兵)」 등, 이름은 다양하다. 참고로 「슷파(透波)」는 지금도 사용하는 「すっぱ抜き(슷파누키, 폭로)」의 어원이기도 하다. 슷파와 같이 정보를 빼 오기 때문이다. 또한, 「톳파(突破)」는 장애를 기세 좋게 깨부수는 「とっぱ(톳파)」의 어원이기도 하다.

훗날 그들을 한데 엮어 「시노비」, 「시노비노모노(忍びの者)」라고 부르게 된 것은 도쿠가와 막부가 고용했던 **이가**(伊賀)의 인간들이 「시노비」였기 때문이라고 전해진다. 도쿠가와 막부는 각 다이묘가 이가의 인간 이외의 닌자를 고용하는 것을 금지했기 때문에 도쿠가와 시대의 닌자는 대체로 「시노비」였다.

그렇다면 「닌자」라는 말은 언제부터 사용하게 된 것일까. 실은 닌자라는 단어가 일반적으로 쓰이게 된 시기는 제2차 세계대전 이후였다고 한다. 다이쇼 시대(1912~1926)에 인술 붐을 불러일으켰던 **타츠카와 문고**에 등장한 닌자는 「인술가(忍術家)」나 「시노비」라고 썼던 적은 있어도 「닌자」라고 쓰지는 않았다. 단, 「인술」이라는 말은 더 오래되었으며, 메이지 시기(1868~1912)에는 「인술사(忍術使い)」라는 명칭을 썼다는 사실이 알려져 있다.

「닌자」라는 단어가 퍼진 것은 전쟁 후에 **야마다 후타로**가 저술한 인법장 시리즈나, 요코야마 미츠테루의 닌자만화 등이 나온 뒤부터다.

## 닌자와 인술의 명칭 변천

전국시대에는 「닌자」라는 명칭이 존재하지 않았다.

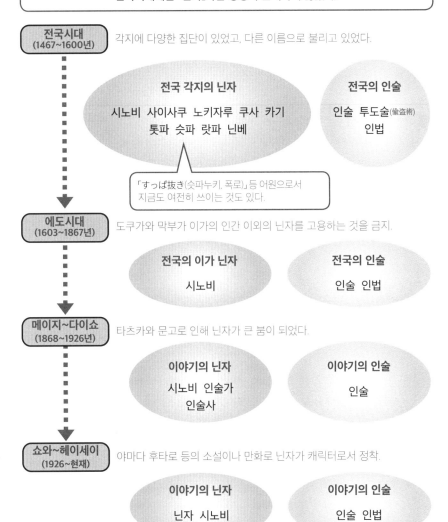

**전국시대**
(1467~1600년) 각지에 다양한 집단이 있었고, 다른 이름으로 불리고 있었다.

**전국 각지의 닌자**
시노비 사이사쿠 노키자루 쿠사 카기
톳파 슷파 랏파 닌베

**전국의 인술**
인술 투도술(偸盗術)
인법

「すっぱ抜き(슷파누키, 폭로)」 등 어원으로서 지금도 여전히 쓰이는 것도 있다.

**에도시대**
(1603~1867년) 도쿠가와 막부가 이가의 인간 이외의 닌자를 고용하는 것을 금지.

**전국의 이가 닌자**
시노비

**전국의 인술**
인술 인법

**메이지~다이쇼**
(1868~1926년) 타츠카와 문고로 인해 닌자가 큰 붐이 되었다.

**이야기의 닌자**
시노비 인술가
인술사

**이야기의 인술**
인술

**쇼와~헤이세이**
(1926~현재) 야마다 후타로 등의 소설이나 만화로 닌자가 캐릭터로서 정착.

**이야기의 닌자**
닌자 시노비

**이야기의 인술**
인술 인법

**관련 항목**
● 이가 닌자 → No.009
● 일본의 닌자 → No.017
● 타츠카와 문고의 닌자들 → No.094
● 후타로의 인법첩 → No.095

# 닌자의 임무 정보수집

## Intelligence

닌자는 정보를 수집하는 자로서 전국시대에 등장했다. 하지만 정보수집이라고 해도 다양한 종류가 있다. 닌자가 한 정보수집, 닌자가 하지 않았던 정보수집은 무엇일까.

## ● 첩보와 정찰

정보수집은 평시든 전시든 중요하다. 지혜가 있는 다이묘라면 반드시 정보수집에 힘을 쏟을 것이다. 평시에 적의 상황을 조사하고 아군에게 알리는 것을 첩보라고 한다. 지금은 정보기관이 하는 일이다. 닌자의 주요 임무 중 하나였을 것이다.

넓은 의미에서는 손에 넣은 정보를 분석하고 분류하고, 나아가서는 깔끔하게 보고서로 정리하는 것까지 첩보라고 한다. 단, 이것은 첩보 조직이 체계적으로 만들어진 현대전의 이야기이고, 닌자가 있던 시대에는 정보를 입수하는 것이 주요 임무였다.

왜냐하면 닌자는 현대의 정보기관과 같은 정보분석부서 따위가 존재하지 않았기 때문이다. 정보 분석은, 닌자의 정보를 가진 다이묘 자신이나 그 측근, 또는 군사가 하는 일이었다. 물론 현지에 갔던 인간으로서 눈치 챈 점은 보고했겠지만.

단, 마을의 소문이나 풍경의 좋고 나쁨 등, 비밀리에 수집할 필요가 없는 정보는 닌자이외에도 정보를 모을 수 있다. 실제로 타케다 신겐은 도보 무녀(歩き巫女)라고 하는 종교인을, **오다 노부나가**는 카와나미슈(川並衆)라고 하는 수운업자(水運業者, 하천이나 강의 물길을 따라 사람이나 물건을 실어 나르는 업자-역자 주)를 사용해서 정보를 모았다고 기록되어 있다.

물론 닌자가 알리는 정보는 첩보만이 아니다. 전장에서나 전장으로 향하는 도중에도 정보는 필요하다. 그러한 것들은 현대에는 군대 임무 중 일부이며, 정찰이라고 한다.

닌자는 이 정찰도 떠맡고 있다. 전장에서의 정찰은 호로슈(母衣衆)와 같은 무사가 하는 경우도 많았기에 이쪽도 닌자의 전매특허라고 할 정도는 아니다.

그리하여 예상과는 달리 현실의 닌자는 있으면 편리하지만 필수라고 할 정도는 아니었다.

## 정보수집과 그 실행자

평시에도 전시에도 정보수집이 닌자의 역할.

### 평시

닌자

도보 무녀나 행상인 등

**숨어들기**
중요한 지점(다이묘나 중신의 저택, 요새 등)에 숨어들어서 훔쳐듣거나, 문서를 손에 넣는 일을 한다.

적국의 경제상황이나 소문 등, 그 지역에 가면 쉽게 모을 수 있는 정보를 수집한다

### 전쟁 전

닌자          병사

### 전시

닌자

**감시**
전쟁이 일어날 징조를 보였을 때 고개나 얕은 여울 등의 교통 요소를 지켜보며 적이 나타났을 경우 즉시 알린다.

**잠입**
적이 틀어박힌 요새 등에 숨어들어서 그 상황(병사의 배치나 군비나 식량, 사기 등)을 조사한다.

### 전쟁 중

기마무사                 소규모부대              닌자, 잡병

**척후**
이동이 빠른 기마무사가 적 부대의 조사를 담당한다. 대장을 포함한 호로슈 등이 하는 경우가 많았다.

**대척후**
적 부대를 찾아, 한번 붙어보며 그 전력을 탐색한다. 적과 싸워서 패배하지 않고 퇴각시킬 수 있을 만큼의 전력과 빠른 이동 속도가 필요하다.

**시노비 척후**
시노비, 또는 동등한 잡병에게 도보로 적을 탐색하게 한다. 산야에 몸을 숨기며 적의 동향을 살핀다.

### 관련 항목
● 닌자의 임무 방첩 → No.003          ● 노부나가와 닌자 → No.018

# 닌자의 임무 방첩

## Counter Intelligence

전투에서 승리하기 위해 정보는 빼놓을 수 없는 요소다. 하지만 반대로 말해 정보전에서 밀리면 승리는 멀어진다. 여기서 필요한 것이 적에게 정보를 주지 않는 것, 방첩(防諜)이다.

## ● 지키는 것도 닌자의 임무

적에게 지지 않기 위해 적이 얻는 정보를 차단하는 일은 중요하다. 평시에는 자국의 국력, 부하의 충성 등 적에게 넘어가면 위험한 정보도 많다. 특히 충성심이 의심스러운 부하가 누구인지를 적이 알게 된다면 계략의 손이 뻗쳐올 것이 분명하다.

또한, 적의 계략의 손이 부하에게 뻗는 것을 막기 위해, 혹은 적과 내통하고 있는 부하가 누구인지를 알기 위해, 거동이 수상한 부하를 살피는 일도 필요해진다.

물론 이러한 일들 전부를 닌자가 하는 것은 아니다. 수상한 무장은 시노비에게 시켜 살피는 것보다도, 신뢰할 수 있는 무장을 붙여 감시하는 일이 많을 것이다.

또한, 알려진 정보(마을의 풍경이나 다이묘가 서민들에게 얼마나 인기 있는지 등)가 상인이나 떠돌이 광대, 떠돌이 승려 등에게 노출되는 것까지 막는 것은 불가능하다. 그리고 그들이 적국에 알리는 것도 막기는 힘들다.

하지만 조총 대장간이나 광산 등, 누군가가 보아선 안 되는 것들은 봉쇄선을 펼치거나 안에 있는 사람이 도망치지 못하도록 감시하기도 한다. 이때 산야의 봉쇄선 등 무사로서는 못 보고 지나치는 것들이 많다. 더욱이 (전국시대의 인간에게 있어)고작 장인을 지키겠다고 무사를 몇 명이나 붙이는 것도 아깝다는 이유도 있어서 시노비 등의 잡병을 이용하는 일이 많다.

이처럼 닌자는 방첩의 주역이라고는 할 수 없지만, 그 손발로서 유용하게 쓰였을 것이라고 짐작할 수 있다.

물론 전시에는 부대의 집결지나 이동 코스의 정보가 새어나가서는 안 되기 때문에 정찰이나 감시 역을 맡은 적의 닌자를 방해하기 위해서라도 닌자가 필요해진다. 단, 닌자는 기마무사를 이길 수 없으므로 척후는 저지하지 못했을 것이다.

# 방첩 임무

| 방첩이란 | 적이 얻는 정보를 차단하는 일. 이것도 닌자의 임무 중 일부. |
| --- | --- |

## 1. 적의 간첩을 공격
· 적국이 자국에 심어둔 간첩을 찾아
내어 죽이는 일. 적의 간첩이 사라지
면 정보가 새어나갈 일은 없다.

## 2. 감시 · 경호
· 중요한 장소에 적이 숨어들지 않도
록 감시와 경비를 한다. 동시에 아군
의 중요인물이 암살당하는 것을 방
지하기 위해 경호를 한다.

## 3. 배신자의 색출
· 자국 안에서 적국과 내통하는 배신자
를 찾아낸다. 적국에 편지를 보내거
나 적의 간첩과 만나는 장면을 포착
하여 배신자라는 증거를 확보한다.

## 4. 배신자의 감시와 유인
· 정세에 따라 배신자를 한동안 내버려 둘 필요가 있는 경우도 있다. 그런 경우에는 예상 밖의 행동
을 하지 않도록 배신자를 감시한다.
· 본인(일반적으로는 그럭저럭 지위가 있는 무사가 많다)의 감시는 다른 무장에게 맡기도록 되어 있
지만, 은밀한 편지를 주고받는 일은 닌자가 감시할 수 있다.
· 또한 어떤 때는 일부러 정보를 노출시키며 적을 혼란시키기 위해. 감시하는 동안 적당히 정보를 흘
려보내서 적국을 위해 일하게 한다.

## 5. 합법간첩의 대응
· 잠재적 적국에서 자국에 장사를 위
해 온 상인과 같이 합법적으로 행동
하고 있는 인간은 쉽사리 죽일 수는
없다. 이 때문에 조금씩 잘못된 정보
를 주어 적국을 잘못된 방향으로 유
도한다.

관련 항목
● 닌자의 임무 정보수집 → No.002          ● 닌자의 임무 모략 → No.004

# 닌자의 임무 모략

**Conspiracy**

닌자의 임무로 알려진 것 중에서도 가장 닌자의 이미지와는 거리가 먼 것이 모략이다. 꾀를 내어 적의 품에 아군을 심어놓거나, 적을 이간질시켜 약체화한다.

## ● 모략의 수족

**인술비전서**에서 최고의 인술로 소개되는 것이 모략(謀略)이다. 적 안에 배신자를 심어놓거나 이쪽에서 가짜 배신자를 준비하여 숨어들게 하는 등 인간을 함정에 빠뜨리는 것이 모략이다.

실제로 인술비전서에서도 상당한 분량을 할애하고 있어서 내용 면으로도 인술의 최고봉이라는 평가를 받고 있다.

하지만 유감스럽게도 닌자가 이 인술을 사용할 기회는 거의 없었을 것으로 생각된다. 그 이유는 모략을 하기에는 닌자의 지위가 너무 낮기 때문이다.

적 안에 배신자를 만들고 싶어도, 닌자와 같은 지위가 낮은 인간이 권유해봤자 좋은 대답을 듣기 어렵다. 듣는 상대도 자신의 목숨과 일족과 가신의 미래가 걸린 일이다. 지위가 높은 인간이 배신한 뒤의 처우를 약속하지 않는 한 순순히 승낙해줄 리가 없다.

또한, 적국으로 가서 고용되려고 해도 원체 지위가 낮아서야 높은 지위로 고용해줄 리도 없다. 물론 그만큼 쉽게 고용될 수 있을지도 모르겠지만, 잡병으로 고용되어서야 그다지 도움도 되지 않는다.

닌자가 종사한 일은 신분이 높은 인간이 모략을 실행할 때 편지 등을 운반하는 일이나, 적국에 소속된 무장의 가신과 같은 단역에 지나지 않았다. 닌자에게 딱 맞는 일은 편지를 슬쩍 운반하거나 고향에 소식을 보내는 것과 같은 은밀한 임무였을 것이다.

단, 이렇게 지위가 낮기는 했지만 모략에 가담하거나 그 수법과 효과를 보아왔을 닌자들의 자손은, 그 내용을 선조의 것이라 여기며 비전서를 기록했을 것이다. 자신들의 선조를 찬양하고 기리며, 조금이라도 지금의 지위를 높이기 위해서.

## 모략인술

| 모략이란 | 꾀를 내어 적 안에 아군을 심어놓거나, 적과 적 사이를 이간질시키는 일. 인술의 최고봉이라 여겨진다. |
| --- | --- |

| 인술 | 용도 |
| --- | --- |
| 카츠라오술 (桂男の術) | 몰래 고용해둔 아군을 적국에서 오랫동안 살게 하여 적국의 국민으로 만든 뒤 관직에 오르게 한다. |
| 자루뒤집기술 (袋翻しの術) | 아군 닌자를 적국에 심어놓고 어느 정도의 공적을 세우게 하여 신뢰를 얻은 뒤 크게 배신한다. |
| 천타술 (天唾の術) | 적의 간첩을 붙잡고는 아군으로 삼는다. 그리고 이쪽에서는 컨트롤한 정보를 보내어 적을 뜻대로 움직인다. |
| 이궁술 (弛弓の術) | 적에게 사로잡혀 배신하도록 권유받을 경우, 그것을 받아들여 적의 아군인 척한다. 천타술과는 반대되는 술책. |
| 메아리술 (山彦の術) | 인술의 극의라고도 할 수 있는 술책으로, 사소한 실패로 일부러 추방 보내고는 적국으로 가서 주군을 악담하면서 관직을 요구한다. |
| 여영술 (如影の術) | 전쟁이 가까워지면 적이 병사를 모집할 때 끼어들어 닌자를 대량으로 심어놓는다. |
| 이인술 (里人の術) | 적국의 인간을 이쪽의 간첩으로 삼는다. |
| 도롱이벌레술 (蓑虫の術) | 적국에 내통자를 만든다. |
| 반딧불이술 (蛍火の術) | 가짜 서신을 사용해 적의 중신을 제거한다. |

모략이 성공하면 적에게 줄 수 있는 타격은 매우 크다! 하지만…

이러한 술책을 하려고 해도 닌자의 지위는 너무 낮다.
모략에 가담하더라도, 편지 등의 운반책이나
무장의 가신과 같은 단역이 고작.

선조의 지위를 높이기 위해 자손들이 비전서에 기록했다?

### 관련 항목
● 인술비전서 → No.053
● 카츠라오술 → No.080
● 도롱이벌레술 → No.081
● 반딧불이술 → No.082

# No.005

# 비정규전

## Unconventional Combat

닌자는 병사가 아니기 때문에 군대와 군대가 정면으로 충돌하는 전장에서는 그 행동이 크게 제한된다. 하지만 그런 닌자라도 충분히 활약할 수 있는 장소가 있다.

## ● 현대전과는 다른 닌자의 비정규전

닌자가 하는 비정규전은 현대의 그것과는 다소 다르다. 현대의 비정규전은 게릴라전을 기본으로 테러리즘, 정치적 선전, 민중의 교육 등을 포함해서 아군의 대의를 강조하고 적의 대의가 실추되는 것을 노리며, 적국가의 전의를 잃게 하는 전쟁을 말한다. 여기에는 비정규전을 하는 조직(국가에 한정되지 않는다)에 대한 민중의 서포트를 빼놓을 수 없다.

하지만 당시의 비정규전에는 민중이 존재하지 않는다. 왜냐하면 대다수의 농민 입장에서, 영주가 누구인지는 크게 개의치 않았으며, 조세에 변함이 없다면 영주가 누구든 별로 차이가 없다. 심지어는 아무런 감흥 없이 도시락을 들고 합전(合戰)을 구경하러 가는 자조차 있을 정도였다. 이 때문에 민중을 향한 선전활동은 거의 의미가 없었다.

따라서 전국시대의 비정규전은 창·도·궁·화승총을 사용한 부대끼리의 전투 이외의, 화공(燒き討ち) 등과 같은 전투를 의미한다.

이러한 전투 방식도 전쟁에서 승리하기 위해서는 필요하다. 대체로 무장이 이끄는 잡병이 작업하지만, 이럴 때 닌자에게 시키면 효율이 올라간다. 그 이유는 그들은 불을 취급하는 일이나 토목 관련 작업에 강하기 때문이다(에도막부에서 이가 집단이 토목 공사를 했던 것도 이러한 이유 때문이다).

또한, **성으로 가는 잠입공작**도 비정규전 중 하나인데, 이러한 것들은 닌자의 독무대다. 무사로서는 돌입은 할 수 있어도, 잠입은 어렵기 때문이다.

이러한 비정규전은 무사에게는 그다지 의미가 없는(다시 말해 한다고 해도 공적으로 인정받기 어렵다) 싸움이다. 이 때문에 더더욱 무장이 아닌, 닌자와 같은 특수기술을 가진 잡병들이 담당하게 되었다.

# 닌자의 비정규전

전국시대의 비정규전 **=** 부대 간 전투 이외의, 화공 등과 같은 전투.

불의 취급이나 토목공사에 강한 닌자에게 시키면 효율이 좋다!

## 비정규전의 종류 1 : 발목잡기
나리를 무너뜨리거나, 벼랑길에 바위를 떨어뜨리거나, 좁은 산길을 붕괴시켜 진군하기 어렵게한다. 싸워서 발목을 잡는 것은 무사의 공적이지만, 토목공작에 의한 발목잡기는 잡병의 임무.

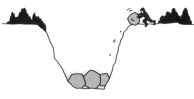

## 비정규전의 종류 2 : 화공
마바리부대가 운반하는 식량을 태우거나, 야영중인 천막을 태우는 일을 한다. 불을 능숙하게다루는 닌자가 특히 잘하는 기술이었다.

## 비정규전의 종류 3 : 암살
성공하는 일은 흔치 않지만, 적 무장을 암살하는일도 했다. 화승총에 의한 저격은 실패할 경우도망치는 일도 비교적 쉬웠기 때문에 자주 시도되었다.

## 비정규전의 종류 4 : 잠입공작
적의 성에 몰래 들어가서 다양한 파괴 공작을 한다. 식량고 방화, 중요인물 암살. 그밖에도 파괴공작으로 적 요새의 활동을 곤란하게 만든다.

### 관련 항목
● 에도의 닌자 이가 닌자의 후예 → No.020     ● 척후술 → No.075

# 닌자의 기원 중국설

## The Origin of Ninja : China Theory

닌자의 기원은 종류가 많아서 어느 것이 진실인지는 아직 확실치 않다. 그중에서 가장 오랜 시대에 기원을 두고 있는 것이 고대중국에서 왔다는 설이다.

## ● 신화시대의 닌자

고대로부터 수많은 사람이 중국에서 일본으로 이주해왔다. 그중에는 닌자의 선조도 있지 않았을까? 여기에서 시작한 가설이 중국설이다. 하지만 중국이라 하면 시대도 길고 지역도 넓다. 중국에서 왔다는 설만 해도 몇 가지나 존재한다.

가장 오래된 설이 복희설(伏羲說)이다. 『만천집해(萬川集海)』에 인술의 시작에 대해 「복희제께서 시작하시고 헌원황제(軒轅黃帝)께서 널리 퍼뜨려주셨네」라고 되어 있다. 중국에서조차 신화로밖에 알려지지 않은 시대에서 닌자가 시작되었다고 보는 것은 아무리 그래도 과장이 지나치다. 인술에 권위를 부여하기 위해 창작되었을 것으로 생각되지만, 전국시대에 실제로 그렇게 주장하는 집단도 있었다. 우에스기 켄신이 이끌었던 닌자조직은 노키자루(軒轅. 軒猿라고 쓰는 경우도 있다)라고 불린다. 이러한 것들이 헌원황제에서 따온 이름일 것이다.

다음으로 오래된 것이 손자설(孫子說)이다. 이것도 『만천집해』에 기술된 것이지만, 닌자문답 항목에 「인술이라는 것은 어느 시대부터 시작되었는가」라는 의문이 복희시대부터 있지만, 기록은 남아 있지 않다. 남아 있는 것은 『손자』의 용간편부터다. 즉, 손무가 있었던 기원전 6세기부터 닌자의 기록이 있다고 한다. 확실히 전쟁에서 첩보가 가진 역할의 중요함은 『손자』에도 강조되고 있다. 하지만 그렇다고 해서 『손자』가 닌자의 직접적인 선조라고 주장하는 것은 지나친 과언일 것이다.

마지막이 서복설(徐福說)이다. 『이난기(伊乱記)』에는 「상고로부터 이가의 유풍이란 그 태고의 어색다유야(御色多由也)가 첩술을 전하였으니」라고 되어 있다. 이 어색다유야가 서복을 가리킨다고 한다. 서복은 시황제시대의 도사로 시황제의 불로불사의 방법을 연구하도록 명령받았지만, 동쪽 바다로 떠나버렸다. 그가 일본에 정착해서 전한 것이 인술이라는 것이다.

## 닌자는 중국에서 전해져왔다?

> 닌자의 기원이 중국이라는 설도 있다.

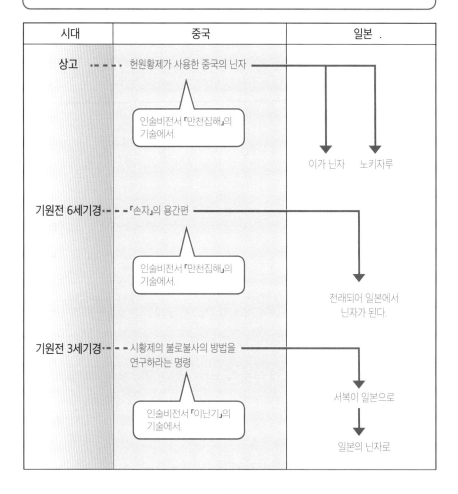

| 시대 | 중국 | 일본 . |
|------|------|--------|
| 상고 | 헌원황제가 사용한 중국의 닌자<br><br>인술비전서『만천집해』의 기술에서. | 이가 닌자　노키자루 |
| 기원전 6세기경 | 『손자』의 용간편<br><br>인술비전서『만천집해』의 기술에서. | 전래되어 일본에서 닌자가 된다. |
| 기원전 3세기경 | 시황제의 불로불사의 방법을 연구하라는 명령<br><br>인술비전서『이난기』의 기술에서. | 서복이 일본으로<br><br>일본의 닌자로 |

어느 것도 신뢰성은 낮고, 과장, 창작과 같은 것으로 추정된다.

**관련 항목**

● 만천집해 → No.054

# 닌자의 기원 고대일본설

## The Origin of Ninja : Ancient Japan Theory

닌자의 기원이 일본이라고 보는 견해도 있다. 역사가에게 물어보면 대부분 그렇다고 대답할 것이다. 하지만 아무리 그래도 닌자의 역사를 고대일본까지 거슬러 올라가는 사람은 많지 않다.

## ● 닌자신화

고대 일본설에는 몇 가지가 있다. 가장 오래된 것은 『선대구사본기(先代旧事本紀)』의 아마테라스오미카미와 타카미무스비노미코토가 오모이카네노카미의 진언으로 돌아오지 않는 아메노와카히코의 조사에 나나시키지를 보냈다는 이야기에서 유래된 것도 있다.

다음으로 하야스사노오노미코토가 야마타노오로치를 퇴치할 때 재물이 된 쿠시나다히메를 빗으로 바꿔버린 것이 인술의 시작이라는 설이 있다. 이러한 것들은 닌자의 시작에 대한 신화라고 생각하면 될 것이다. 또한 역사시대에 들어 쇼토쿠 태자가 「지능변(志能便, 시노비)」을 수족으로 부렸다고 하는 인술비전서도 있다. 만요가나(万葉仮名, 아직 일본어 문자인 가나가 없었던 시절에 한자의 음을 빌려 쓴 문자-역자 주) 같은 「지능변」을 시노비로 보는 것인데, 쇼토쿠태자가 10명의 호소를 동시에 들을 수 있었던 것도 시노비를 이용해서 정보를 사전에 수집했기 때문이라고 한다. 당시의 일본 정부의 공식 기록에 있는 『일본서기(日本書紀)』의 스이코 9년에는 「가을 9월 신사(辛巳) 초하루 무자(戊子), 신라의 간첩자 카마타가 대마도에 도달한 것을 바로 붙잡아 헌상하였다. 이를 우에노로 유배를 보냈다」라는 내용이 존재한다. 이 시대에도 국제 스파이전은 존재했던 것이다.

더욱이 진신의 난(壬申の乱, 오아마가 숙부인 고분을 몰아내고 왕위에 오른 사건-역자 주) 때 오아마 황자는 「타코야」라는 이름의 시노비를 수족으로 거느렸던 것으로 알려져 있다. 이것은 「만천집해」에 쓰여 있다. 전쟁에 능숙했던 황자의 휘하에 있었기 때문인지, 타코야도 **비정규전**이 우수했던 시노비였다고 한다. 수험도(修験道, 사람이 살지 않는 산속에 들어가 엄격한 수행을 함으로써 깨달음을 얻는다는 일본의 옛 산악 신앙-역자 주)와 인술은 깊은 관계가 있다. 인술의 수행장은 토카쿠시나 쿠라마 등처럼 빠짐없이 수험도의 수행장으로도 이용되었다. 그리고 수험도의 시조, 엔노교자(役行者)가 인술의 시조였다는 설도 있다. 엔노교자가 수족으로 부렸던 전귀후귀(前鬼後鬼)가 닌자였다고 한다. 또한, 닌자가 야마부시(山伏, 수험도의 수도자) 가 되는 일도 많았지만, 이것은 항상 가까이 있었기 때문에 흉내 내기 쉬웠기 때문일 것이다. 애당초 닌자는 수험자가 부업삼아 했던 것일지도 모른다는 설조차 있을 정도다.

# 일본기원의 닌자

> 닌자의 기원이 고대일본에 있다는 설도 있다.

| 닌자를 부리는 자 | 한 일 | |
|---|---|---|
| 아마테라스오미카미<br>타카미무스비노미코토 | 나나시키지를 정찰보냈다 | 닌자의 시작 |
| 하야스사노오노미코토 | 쿠시나다히메를 빗으로 바꿔버렸다 | 인술의 시작 |
| 쇼토쿠 태자 | 지능변에게 조사를 맡겼다 | 시노비의 시작 |
| 오아마 황자 | 타코야라는 이름의 시노비에게 전쟁의 뒷공작을 시켰다 | 시노비의 시작 |
| 엔노교자 | 전귀후귀도 시노비이며<br>수험도는 인술의 모체 중 하나 | 수험도에서<br>인술이 발생 |
| 후지와라노치카타<br>덴지 천황 시대 이가의 호족. 조정에 반역해서 몰살되었다고 전해진다 | 반란을 할 때, 산츄키·미카와보·효고주샤·츠쿠시보의 4명의 법사를 거느렸다.<br>거느리고 있었던 것은 이가의 호족. 금귀·풍귀·수귀·은형귀의 사귀라는 설도 있다. | 수험도에서<br>인술이 발생 |

**시노비와 비슷한 것은 있었지만 신화 수준의 이야기에 그친다.**

관련 항목
- 비정규전 → No.005
- 인술비전서 → No.053
- 만천집해 → No.054
- 질방출 → No.079

21

# 닌자의 기원 중세일본설

## The Origin of Ninja : Medieval Japan Theory

중세쯤 되면 닌자 그 자체는 아니더라도 닌자의 선조라고 할 수 있는 사람들이 등장하기 시작한다. 이쯤 되어서야 드디어 역사적 존재로서 닌자의 기원을 검토할 수 있게 된다.

## ● 일본의 위인과 닌자

중세 일본에서 닌자의 선조를 수족으로 부렸을 것으로 여겨지는 최초의 인물이 미나모토노 요시츠네다. 『정인기(正忍記)』에는 「일본의 시노비는 오래전부터 그 이름이 있었으니, 겐페이(源平) 때 미나모토노 요시츠네가 용사를 선택하여 이를 거느렸다는 사실로 알 수 있다」는 내용이 있다. 실제로 요시츠네는 **비정규전**의 전문가였다. 예를 들어 이치노타니(一ノ谷) 전투 때, 산속에서 말을 타고 헤치고 들어가 공격 예정 시간에 언덕 위에 나타났다는 것은, 길 없는 산야를 빠져나가는 기술이 없으면 불가능하다. 이러한 사실에서 비추어보면 요시츠네가 닌자, 또는 그 선조로서의 수험자(요시츠네가 맡고 있었던 쿠라마테라鞍馬寺는 수험도로도 유명하다)를 수족으로 부렸을지도 모른다. **이가**에는 요시츠네 휘하의 이세 사부로가 남겼다고 하는 『이세 사부로 시노비 군가』라고 하는 와카집(和歌集)이 남겨져 있다.

다음으로 쿠스노키 마사시게 설이 있다. 마사시게는 남북조 시대에 남조의 고다이고 천황을 도와, 처음에는 카마쿠라 막부와, 나중에는 북조와 게릴라전으로 전투를 계속했다. 북조 측 30만 명을 상대로 불과 수백 명으로 치하야아카사카 성에 틀어박혀, 상당히 긴 농성전을 계속했다. 그리고 더 이상 손쓸 도리가 없을 때, 가짜 시체를 남겨두고 도망쳤으며 적이 안심한 틈을 타 다음 성에서 준비를 했다. 마사시게는 유력자는 아니고 출신이 불분명한 카와치의 「악당」이다. 같은 시기에는 이가의 악당 핫토리씨(핫토리 한조의 선조) 등, 수많은 악당이 있었다. 전설에 의하면 마사시게의 아래에는 이가에서 보낸 원군인 닌자 48명이 따랐다고 한다.

도래인(渡来人, 다른 나라에서 건너 온 사람-역자 주)이 닌자의 계통일지도 모른다는 설도 있다. 그들이 가져온 재주나 기예와 같은 예능(산악散楽, 또는 원악猿楽이라고 불렀다)을 비밀 임무에 사용한 것이 닌자가 아닐까 하는 설이다. 특히 서역환기(西域幻伎)라 불리는 환술(일종의 최면술인가?) 중에는 소를 통째로 삼키는 것도 있어서, 이것은 에도 시대 때 **닌자의 기예**로서 다루어지고 있다.

## 닌자의 시작

중세에는 닌자의 기원으로 보이는 자들이 있었다.

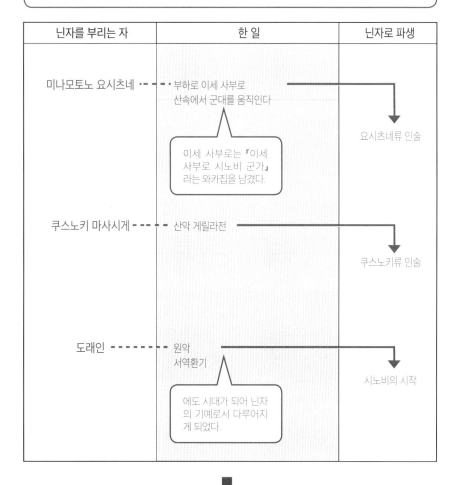

| 닌자를 부리는 자 | 한 일 | 닌자로 파생 |
| --- | --- | --- |
| 미나모토노 요시츠네 | 부하로 이세 사부로<br>산속에서 군대를 움직인다<br><br>이세 사부로는 『이세 사부로 시노비 군가』라는 와카집을 남겼다. | 요시츠네류 인술 |
| 쿠스노키 마사시게 | 산악 게릴라전 | 쿠스노키류 인술 |
| 도래인 | 원악<br>서역환기<br><br>에도 시대가 되어 닌자의 기예로서 다루어지게 되었다. | 시노비의 시작 |

역사적 존재로서 닌자의 기원으로 검토할 수 있다.

### 관련 항목
- 비정규전 → No.005
- 이가 닌자 → No.009
- 핫토리 한조 → No.012
- 에도의 닌자 광대로서의 닌자 → No.024
- 정인기 → No.055

# 이가 닌자

## Iga Ninja

닌자라 하면 흔히 이가를 떠올리지만, 그것은 어째서일까. 왜 이가라고 하는 땅에서 닌자가 태어난 것일까. 여기에는 분명한 이유가 있다. 그리고 그것은 다른 닌자의 출생과도 밀접한 연관이 있다.

## ● 교토에 가까운 산속

 인술이 산악지대의 병법에서 시작된 것은 거의 틀림없다. 하지만 그것만으로는 인술이 아니라 산악전의 전문가에 지나지 않는다. 인술에는 **정보수집**이라는 면도 존재하기 때문이다. 그리고 정보수집이라 하면 닌자에게는 나름 교양이 필요해진다. 밀서를 빼앗더라도 문자를 읽지 못한다면 어느 것이 밀서인지 알 수 없기 때문이다.

 또한 정보수집이라는 일의 최대 고객은 물론 교토의 주민들이다. 이 때문에 교토에 가까운 산악지대로서 이가·**코가**에서 닌자가 생겨났다. 그밖에도 쿠라마류(요시츠네류라고도 한다)는 교토의 북쪽 산지를 기반으로 한다. 특히 이가는 교토에서 실각한 인간이 도망치는 곳이기도 해서 도읍의 교양을 가진 인재가 유입되었다.

 다른 이유도 있다. 이가는 원래 도다이사(東大寺)의 소마(장원으로 재목의 공급지)였다. 하지만 전국시대가 되니 당연하게도 이가의 지방 호족들은 도다이사의 명령 따위는 듣지 않게 된다. 이리하여 이가는 악당이라는 이름의 지방 호족들이 할거하는 땅이 되었다. 도다이사에게는 악당이긴 하지만, 그들에게는 자신들의 땅에서 수확한 것을, 다른 곳의 절 따위가 거두어 가는 것이 싫어서 반항했던 것이다.

 일반적으로는 지방 호족 중에서 영지를 넓힌 다이묘가 등장하곤 하지만 이가는 산이 많은 토지이기 때문에 큰 세력이 발달하기 어렵다. 미에현 전체의 10분의 1 정도의 면적밖에 안 되는 이가에, 미에현에 있는 약 1,000곳의 성채의 반이 집중되어 있다. 얼마나 많은 소영주들이 다투는 세분된 땅인지 짐작할 수 있을 것이다. 산투성이에 수입이 적은 이가를 공격하는 것은 수고만 들 뿐 이익이 없기 때문에 다른 나라도 방치했다.

 이리하여 이가는 닌자라고 하는 특수능력자를 보유한 땅이 되었다.

## 이가에 닌자가 발달한 이유

산이 많은 땅이기 때문에…

→ 1. 산악지대에서 소수를 대상으로 한 병법이 발달했다.

→ 2. 땅이 세분화되어 큰 세력이 형성되지 않은 채, 소영주만 늘어났다.

교토에 가깝기 때문에…

→ 3. 교토에서 정변으로 밀려난 인간이 도망치며 유입되었기 때문에 정치적 센스를 가진 자가 많다.

→ 4. 교토의 교양을 가지고, 글을 읽을 수 있는 인간이 많다.

## 이가의 장소

&lt;이가의 입지&gt;

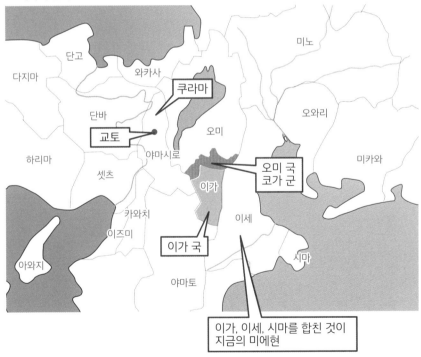

미노

단고

다지마

와카사

쿠라마

단바

교토

오미

오와리

하리마

야마시로

셋츠

오미 국
코가 군

미카와

이가

카와치

이즈미

이세

아와지

이가 국

시마

야마토

이가, 이세, 시마를 합친 것이
지금의 미에현

### 관련 항목

● 닌자의 임무 정보수집 → No.002          ● 코가 닌자 → No.015

# 이가 소국 봉기
## Iga Rebellion by So

이가의 나라가 아무리 작은 토호들이 서로 다투는 세분된 지역이라고 해도 다른 곳의 큰 세력으로부터 개별로 공격당하면 상대가 안 된다. 여기서 이가는 소(惣)를 만들어 대항했다.

## ● 전국의 공화정체

**이가**는 소영주가 작은 땅을 둘러싸고 싸우는, 그야말로 컵 속의 전쟁을 벌이는 지역이다. 하지만 이런 전투를 할 수 있는 것도 다른 나라에서 큰 세력이 쳐들어오지 않는 상황이기에 가능한 것이다.

이가를 침략하려고 할 경우, 두 가지 문제가 있다. 하나는 이가는 온통 산뿐인 데다 쌀도 그다지 수확할 수 없는 변변찮은 지역이다. 그렇기 때문에 닌자라는 존재가 탄생할 수 있게 된 것이다. 그런 땅을 손에 넣어도 그다지 수지가 맞지 않는다.

또 한 가지, 이가는 소영주가 활개를 치고 있기 때문에, 여기를 함락해야 이가 전토를 정복했다고 할 만한 주성이 없다는 점이다. 이 때문에 곳곳에 있는 성을 개별로 함락하지 않으면 안 된다. 그것도 함락한 뒤에 방치해두면 어느 순간 도망쳤을 터인 영주가 돌아와서 요새를 다시 건축하는 경우도 생긴다. 요컨대, 이가를 정복하는 것은 매우 귀찮은 일이다.

즉, 이가는 외부의 큰 세력이 볼 때 쳐들어가려니 수고가 너무 들고, 게다가 함락에 성공해도 얻을 수 있는 이득이 너무 적어서 전혀 달갑지 않은 땅이었다.

하지만 이가도 그렇다고 해서 절대로 쳐들어오지 않는다고는 생각하지 않았다. 그렇기 때문에 외부의 위협에 대비해 소국 봉기(惣国一揆, 소영주들의 공화제)를 만들었다. 평소에는 대립해도 이가의 밖에서 공격당했을 경우에는 일치단결해서 맞서기로 한다는 약속이다. 그렇다고는 해도 어제까지 싸워왔던 다른 영주들이 밖에서 공격해온다고 해서 어깨를 맞대고 싸울 수 있는 것일까?

하지만 실제로 **텐쇼**(天正) **이가의 난**에서도 그럭저럭 유효하게 작용했다. 적어도 오다 노부카츠에 의한 제1차 텐쇼 이가의 난에서는 아군의 수배나 되는 노부카츠의 군대를 패퇴시킨 것이다.

## 이가 소국 봉기란

| 이가 소국 봉기란? | 이가 영주들의 협정. 외적에 대해서는 일치단결해서 맞서 싸우기로 약속했다. |

### 이가는 다른 나라가 공격하기 어렵다!
· 땅이 온통 산뿐이라 변변치 않다.
· 소영주뿐이라 중심이 될 만한 주성이 없다.

하지만 방비를 전혀 하지 않을 수도 없었기에…

이가 소국 봉기를 결성!

## 이가 소국 봉기 정서

| 이가 소국 봉기 정서란? | 1560년쯤에 성립되었다고 전해지는 전 11개조항이나 되는 정서. |

## 소국 봉기 규칙

하나, 타국에서 당국으로 침공해왔을 경우 「소국 일미동심」하여 방어한다.

하나, 나라의 특수성에 따라 의견을 수렴이 곤란한 결과 다툼과 같이 결정한다. 위험상 소국경의 파수병에게서 보고가 있을 경우에는, 한시의 오차도 없이 각 마을의 종을 울린 뒤 군을 배치하여 대비한다. 식량, 확 방패를 준비하여 국경을 빈틈없이 수비한다.

하나, 위로는 오식, 아래로는 십사 세까지 출진한다. 장기간 출진할 경우에는 교체제를 적용한다. 각각 무사대장을 지정하여 모두 그 지시에 따른다. 소국의 각 절에 있는 노인들은 나라의 풍요를 기원하며 젊은 자들은 군에 참가한다.

하나, 나라의 각 무사는 신분에 관계없이 미요시 가문 및 그 가신에게 봉공해서는 안 된다.

하나, 당국의 각 무사는 타국으로 출병하여 성을 빼앗아야 마땅하다. 해서 국경에서 적이 성을 짓고 있을 경우, 최학급무사로서 그 성을 빼앗아 충절을 다하는 백성이 있다면, 충급한 포상을 줌과 동시에 그 자를 무사로 등용한다.

하나, 오래전부터 야마토국은 당국에 대하여 불온한 움직임을 수차례 보여왔다. 따라서 야마토국의 대장들의 낭인을 당국으로 들여서는 안 된다.

하나, 당국은 문제없이 의견의 일치를 보았다. 이웃하는 코가 군과의 협력을 최우선으로 해야 하므로, 소국이 비용을 부담하여 이가와 코가의 국경에서 만나 가까운 시일에 야외 회합을 했다.

**관련 항목**
● 이가 닌자 → No.009                ● 텐쇼 이가의 난과 이가모노 → No.011

# 텐쇼 이가의 난과 이가모노

Tensho Iga War and Iga-mono

에도시대에는 전국에 이가모노=닌자가 존재해서 각지의 다이묘에게 고용되었다. 이가에 살지 않는 이가모노란 도대체 어떻게 생겨난 것일까. 그것은 전쟁 때문이다.

## ● 이가를 황폐하게 만든 전투

전국시대, **소국 봉기**(惣国一揆)라고 하는 소토호들의 공화제를 선택한 **이가**에 비극이 일어난다. **오다 노부나가**의 불초자식 노부카츠가 노부나가의 명령에 반하여 이가에 쳐들어가서, 그것도 대패한 것이다. 이것을 「제1차 텐쇼 이가의 난」이라고 한다.

원래라면 이것은 필요 없는 전투였다. 왜냐하면 그 당시 이가의 주위가 전부 노부나가의 지배하에 있어서 아무리 생각해도 이가가 독립한 상태를 유지하는 것은 불가능했기 때문이다. 남은 건 어떻게 항복해서 얼마만큼의 권리를 남길지와 같은 조건전쟁 수준에 불과했다.

그것을 노부카츠가 엉망으로 만들었다. 이렇게 된 이상 노부나가는 오다 가문의 위엄을 유지하기 위해 이가를 이겨야만 했다. 노부나가는 총인구(여자, 아이, 종자를 포함해서)가 10만 정도인 이가에 4만의 대군을 이끌고 쳐들어왔다. 이것이 「제2차 텐쇼 이가의 난」이다. 이렇게까지 격차가 벌어지면 인술도 게릴라전도 무의미해진다. 게다가 노부나가는 **코가 닌자**를 아군으로 삼아 코가 측에서 쳐들어왔다(이것이 훗날 이가와 코가 사이의 **불화**의 원인이 되었다는 설도 있다).

그런데도 이가의 무사들은 분전했다. 마지막으로 남은 가시와라 성에 틀어박힌 2,000명 정도를 4만의 대군이 공격하다가 지쳤을 정도다. 최종적으로 오쿠라 코로우지라고 하는 나라의 원악사(猿楽師)가 중개해서 가시와라 성은 개성하고 이가의 난은 종료되었다. 그 뒤 노부나가가 혼노지에서 살해당한 직후에도 이가에서는 반란이 일어나지만, 노부카츠에 의해 제압된다. 참고로 이 반란이 한창일 때 도쿠가와 이에야스는 이가 지역을 경유하는 탈출을 하던 중이었다.

패배해서 황폐해진 이가에서는 많은 사람이 도망쳤다. 그리고 각지의 다이묘에게 시노비로서 고용되었다. 이것이 전국에 이가 닌자가 존재하는 원인 중 하나다. 그리고 닌자를 「이가모노(伊賀者)」라고 부르게 되었다.

## 이난기(伊乱記)에 기술된 이가공략전

### <이가의 난의 전말>

오다 노부나가의 자식 노부카츠가 이가에 쳐들어가서 대패!
**→제1차 텐쇼 이가의 난**

노부나가는 4만의 대군을 이끌고 침공!
**→제2차 텐쇼 이가의 난**

> 농성군 2,000명 정도로 4만의 군세를 괴롭혔다!

오쿠라 코로우지의 중개로 마지막에 남은 가시와라 성이 개성. 이가의 난은 종료.

패배해서 황폐해진 이가에서 도망친 인재가 각지의 다이묘에게
시노비로서 고용되고 전국에 이가 닌자가 존재하게 되었다.
**→닌자를 「이가모노」라고 부르게 되었다.**

### <이가의 난 전투>

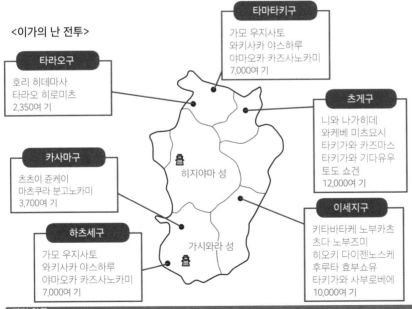

**타마타키구**
가모 우지사토
와키사카 야스하루
야마오카 카즈사노카미
7,000여 기

**타라오구**
호리 히데마사
타라오 히로미츠
2,350여 기

**츠게구**
니와 나가히데
와케베 미츠요시
타키가와 카즈마스
타키가와 기다유우
토도 쇼겐
12,000여 기

**카사마구**
츠츠이 쥰케이
마츠쿠라 분고노카미
3,700여 기

히지야마 성

**이세지구**
키타바타케 노부카츠
츠다 노부즈미
히오키 다이젠노스케
후루타 효부쇼유
타키가와 사부로베에
10,000여 기

**하츠세구**
가모 우지사토
와키사카 야스하루
야마오카 카즈사노카미
7,000여 기

가시와라 성

**관련 항목**
● 이가 닌자 → No.009
● 이가 소국 봉기 → No.010
● 이에야스의 이가고에 → No.013
● 코가 닌자 → No.015
● 이가와 코가의 대립 → No.016
● 노부나가와 닌자 → No.018

# 핫토리 한조

## Hanzo Hattori

일본에서 가장 유명한 닌자라 하면 핫토리 한조를 들 수 있다. 도쿠가와 이에야스의 고굉지신으로서 이에야스가 미카와의 소다이묘였던 시대부터 정이대장군이 될 때까지 충성을 다해 섬겨왔다.

## ● 일본에서 가장 유명한 닌자

 닌자의 두령이라 하면 핫토리 한조 마사나리의 이름이 오른다. 하지만 사료를 조사해도 마사나리가 닌자였는지 아닌지는 확실히 알 수 없다. 사료에 등장하는 한조는 성실하고 용맹한 무장이지만 닌자는 아니다. 전장에 나와 적을 쓰러뜨려서 **이에야스**에게도 몇 번이나 창을 하사받았을 정도의 용장이다.

 핫토리 가문은 원래 **이가**의 대성(유력자)이었지만, 마사나리의 아버지인 야스나가가 이가를 나와 각지의 무장을 섬겨왔다. 그리고 도쿠가와 가문을 섬겼을 때 마사나리가 태어났다. 즉, 마사나리는 이가에서 자란 것이 아니다. 또한, 이에야스의 자식 노부야스가 오다 노부나가에게 할복을 명령받았을 때는 카이샤쿠(介錯)역으로서 목을 베어야 했음에도 불구하고 주군의 자식의 목을 베지 못했다. 마사나리는 정에 약한 인물인 듯하다. 이러한 에피소드 이후로는 그다지 닌자답지 않은 마사나리의 인물상이 떠오른다.

 하지만 닌자다운 에피소드도 있다. 기록에 의하면 마사나리는 타케다 가문의 첩자인 치쿠안을 토벌한 일로 포상을 받은 일이 있다. 하지만 닌자를 토벌하는 것은 닌자다. 왜냐하면 닌자는 무사와는 싸우려고 하지 않고(싸우면 지기 때문) 도망쳐버리기 때문이다. 또한, 애당초 숨어 있거나 변장하는 닌자를 발견할 수 있는 것도 아군 닌자다. 그런 의미에서 마사나리는 자신이 닌자인지 아닌지는 둘째 치더라도 적어도 닌자를 통솔한 것은 확실한 듯하다.

 참고로 한조는 조정에서 쿠론도(藏人)의 지위를 얻은 한로쿠(半六)라는 선조의 이름에서 한로쿠 쿠론도가 생략되어 한조가 되었다고 전해진다. 그리고 이가에는 야스나가의 형인 야스모토가 있어서 그 자손도 한조를 칭하고 있다. 순서대로 말하면 정말로 한조라고 칭할 수 있는 것은 이가의 본가에 있으며, 야스나가는 그저 자칭했을 뿐이라는 말도 있다.

## 핫토리 가문의 가계도

| 핫토리 한조란? | 도쿠가와 이에야스를 섬겼던 유력한 가신. 닌자였는지는 확실치 않다. |
|---|---|

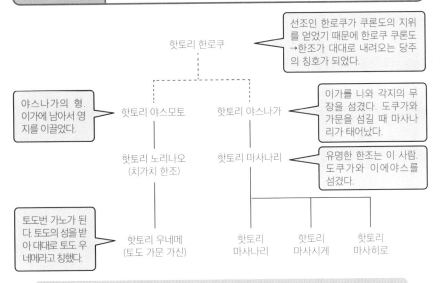

핫토리 한로쿠

선조인 한로쿠 쿠론도의 지위를 얻었기 때문에 한로쿠 쿠론도→한조가 대대로 내려오는 당주의 칭호가 되었다.

야스나가의 형. 이가에 남아서 영지를 이끌었다.

핫토리 야스모토

핫토리 야스나가

이가를 니와 각지의 무장을 섬겼다. 도쿠가와 가문을 섬길 때 마사나리가 태어났다.

핫토리 노리나오
(치가치 한조)

핫토리 마사나리

유명한 한조는 이 사람. 도쿠가와 이에야스를 섬겼다.

토도번 가노가 된다. 토도의 성을 받아 대대로 토도 우네메라고 칭했다.

핫토리 우네메
(토도 가문 가신)

핫토리
마사나리

핫토리
마사시게

핫토리
마사히로

> 본래「한조」는 야스모토의 자손에게 계승되었지만, 핫토리 마사노리가 정이대장군 도쿠가와 이에야스의 유력가신이 되어버렸기 때문에 아마도 자칭이었던 한조의 이름을 인정할 수밖에 없었던 것은 아니었을까.

## 핫토리 한조의 일화

### 닌자답지 않은 일화

· 전장에 나와 적을 쓰러뜨려서 이에야스에게도 몇 번이나 창을 하사받았다. 이 때문에「창의 한조」와타나베 모리츠나와 나란히「오니 한조」라고 불렸다.
· 이에야스의 자식의 카이샤쿠역이 되었지만 목을 베지 못했다.
· 무덤이 남아 있으며 죽은 때가 기록되어 있다.

### 닌자다운 일화

· 타케다 가문의 첩자인 치쿠안을 토벌한 일로 포상을 받았다.

↓

닌자를 토벌할 수 있는 것은 닌자뿐.

↓

자신이 닌자가 아니더라도 닌자를 통솔한 것은 분명.

관련 항목
● 이가 닌자 → No.009          ● 이에야스의 이가고에 → No.013

# 이에야스의 이가고에

## Ieyasu traveled across Iga

> 핫토리 한조의 가장 큰 활약으로 평가받는 것이 도쿠가와 이에야스의 최대 위기라고 불리는 이가고에(伊賀越え, 이가를 경유)다.

## ● 신군 최대의 위기

**오다 노부나가**가 아케치 미츠히데에게 암살당한 혼노지의 변. 이때 도쿠가와 이에야스는 사카이에 있었다. 그것도 관광과 인사차 방문을 목적으로 **핫토리 한조** 등 얼마 안 되는 종자를 데리고 왔을 뿐이었다. 노부나가가 있는 한 미카와에서 키나이까지의 여정은 안전할 터였다.

하지만 노구나가의 죽음으로 모든 것이 틀어졌다. 키나이는 다시 전란의 땅이 되었다. 그리고 미츠히데에게도 노부나가와 동맹을 맺었던 이에야스는 서둘러 없애야만 할 대상이었다. 그리고 교토에는 미츠히데의 병사가 버티고 있었다.

여기서 이에야스의 필사의 탈출이 시작된다. 도읍을 지나가지 않기 위해 교토 남부에서 이가, 그리고 이세로 이동하는 코스를 잡았다. 하지만 여기서 이가가 문제였다. 전년의 **텐쇼 이가의 난**으로 이가는 노부나가에게 공격받아 철저하게 탄압되었으며 살해당했다. 그 원한은 동맹이었던 이에야스에게도 향하고 있을 터였다.

하지만 정반대의 상황이 일어났다. 이가의 토착 사무라이(거의 닌자와 그 두령이라고 생각해도 될 것이다)가 집결하여 이에야스의 호위를 맡은 것이다. 신뢰성 있는 사료에 따르면 한조의 행동은 그저 한 가지. 교토의 시가 근처에서 종자를 하고 있었다는 기술뿐이다. 하지만 한조가 이에야스를 위해 필사적으로 활약한 것은 확실하다. 그렇다면 그 후의 한조는 무엇을 하고 있었던 것일까? 여기부터는 불분명한 불전서 등을 토대로 재구성한 것으로 확실하다고는 할 수 없다. 하지만 한조라면 할 수 있는 일이며, 해야 할 일이기도 했다.

한조는 먼저 이가에 들어간 뒤 그 인맥을 활용하여 이가의 사무라이들에게 말을 걸었다. 그리고 이에야스 호위를 맡아준다면 반드시 은의를 보답받을 것이라고 전했다. 한조의 본가(인지는 확실치 않지만 유력한 인연이라는 것만은 분명하다)의 말에 이가의 사무라이(녹닌자)는 응답했으며, 산적 등의 공격이나 원한에 사무치던 이가 사무라이들의 공격으로부터 이에야스를 지켜냈다. 한조가 닌자인지 아닌지는 확실치 않지만 닌자의 두령으로서의 활동은 확실히 수행했다고 할 수 있을 것이다.

# 이가고에의 코스

## <이가고에의 경위>

핫토리 한조 및
수 명의 시종

도쿠가와
이에야스

혼노지의 변이 일어났으니 이가를 지나는 루트로
미카와로 돌아가고 싶다!

하지만 이전에 이가를 공격했기 때문에 보복을 당
할지도 모른다!

핫토리
한조

이가의 사무라이들이 호위해줘서 무사히 지나갔다!
한조 덕분?

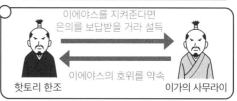

이에야스를 지켜준다면
은의를 보답받을 거라 설득

이에야스의 호위를 약속

핫토리 한조          이가의 사무라이

## <이가고에의 루트>

오토기 고개에서 카부토고에까지 거치는 지역이 이가국. 이가는 이
에야스의 도망 코스 전체로 보자면 단거리지만, 코스 중에서 가장
위험했기 때문에 도망가는 과정도 이가고에라고 불리게 된 것 같다.

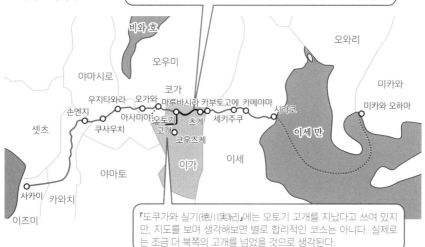

『도쿠가와 실기(徳川実紀)』에는 오토기 고개를 지났다고 쓰여 있지
만, 지도를 보며 생각해보면 별로 합리적인 코스는 아니다. 실제로
는 조금 더 북쪽의 고개를 넘었을 것으로 생각된다.

## 관련 항목

# 핫토리 한조의 후계자

## Successors of Hanzo

핫토리 한조는 우수했지만, 그 자손은 막부의 신하에 없다. 부모가 우수해도 자식이 꼭 우수한 것은 아니라는 사실을 보여주는 예가 핫토리 가문이다. 다이묘의 가신으로는 남았던 만큼 핫토리 가문은 운이 좋았다.

## ● 높으신 분의 철부지

**핫토리 한조 마사나리**는 막부가 성립될 즈음에는 8,000석의 타이신 하타모토가 되어 있었다. 그리고 3명의 자식(마사나리, 마사시게, 마사히로)이 있었기에 후계자도 충분해서 핫토리 가문의 앞날은 창창한 것처럼 보였다.

하지만 장남인 마사나리는 도쿠가와 가문이 대다이묘(大大名)가 된 뒤에 태어난 철부지로, 무능한 데다 거만한 인물이었다. 한조 휘하의 **이가조동심**(伊賀組同心)을 사적으로 혹사시키고, 거스르는 자에게는 급료를 주지 않았다. 결국 동심들은 절에 틀어박히며 마사나리의 처벌을 요구했다. 그리고 요구가 받아들여지지 않을 경우 마사나리를 죽이고 자신들도 전원 할복할 것이라고 주장했다.

동심들의 주장은 정당했다. 신분이 낮기는 했지만, 동심은 막신(쇼군의 신하)이지 마사나리의 신하가 아니다. 지금 기준으로 말하자면 마사나리는 에도막부 주식회사의 이가조과 과장이며, 그 과장이 사적으로 평사원을 혹사시키고, 그것도 모자라 반론하면 급여를 지급하지 않았던 것이다. 확실히 이가조동심들은 마사나리를 위해 고생을 마다하지 않고 움직였다. 하지만 그것은 지용을 겸비하고 정도 깊은 존경할 만한 무사를 위해서였지, 거만한 데다 아랫사람의 사정도 이해하지 않은 채 명령만 할 뿐인 2대를 위해서가 아니었다. 이가 닌자는 그렇게까지 겁쟁이는 아니었던 것이다.

이가동심의 지배역에서 해임되자 마사나리는 체면이 구겨졌다. 그는 주모자를 찾으며 마을을 돌아다니다가 착각해서 관동 8주 대관 이나 타다츠구의 가신(종자)을 칼로 베어 죽이는 추태를 저지른다. 마사나리는 개역(改易, 에도 시대에 무사에게 내린 벌. 신문을 평민으로 내리며 영지, 저택 등을 몰수. 조선의 파직과 비슷하다-역자 주)을 당하고, 체발(剃髮, 승려가 됨)되는 벌을 받았다.

한조의 이름은 차남인 마사시게가 이었지만, 운이 없게도 아내의 실가가 영지를 몰수당해 함께 연루되어 추방되고 말았다. 이렇게 **이가 닌자**는 핫토리 가문에서 떨어져 나와 도쿠가와 가문의 닌자가 되었다.

## 한조 마사나리의 자손

> 핫토리 가문은 마사나리의 다음 대에, 이가 닌자를 통솔하는 하타모토에서 전락했다.

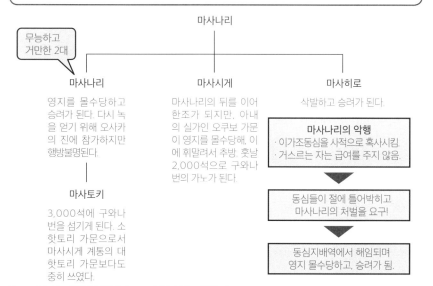

**마사나리**

무능하고 거만한 2대

**마사나리**

영지를 몰수당하고 승려가 된다. 다시 녹을 얻기 위해 오사카의 진에 참가하지만 행방불명된다.

**마사토키**

3,000석에 구와나 번을 섬기게 된다. 소 핫토리 가문으로서 마사시게 계통의 대 핫토리 가문보다도 중히 쓰였다.

**마사시게**

마사나리의 뒤를 이어 한조가 되지만, 아내의 실가인 오쿠보 가문이 영지를 몰수당해, 이에 휘말려서 추방. 훗날 2,000석으로 구와나 번의 가노가 된다.

**마사히로**

삭발하고 승려가 된다.

**마사나리의 악행**
· 이가조동심을 사적으로 혹사시킴.
· 거스르는 자는 급여를 주지 않음.

동심들이 절에 틀어박히고 마사나리의 처벌을 요구!

동심지배역에서 해임되며 영지 몰수당하고, 승려가 됨.

## 그 후의 이가조동심

마사나리의 손에서 벗어난 이가조동심은 어찌 되었는가.

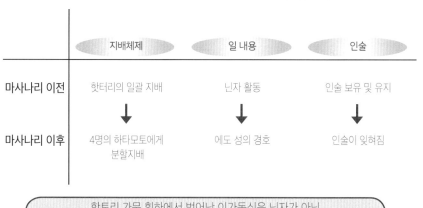

| | 지배체제 | 일 내용 | 인술 |
|---|---|---|---|
| **마사나리 이전** | 핫토리의 일괄 지배 | 닌자 활동 | 인술 보유 및 유지 |
| **마사나리 이후** | 4명의 하타모토에게 분할지배 | 에도 성의 경호 | 인술이 잊혀짐 |

> 핫토리 가문 휘하에서 벗어난 이가동심은 닌자가 아닌
> 단순한 하급 무사로 변화했다.

### 관련 항목

- 이가 닌자 → No.009
- 핫토리 한조 → No.012
- 에도의 닌자 이가 닌자의 후예→No.020

# 코가 닌자

## Kouga Ninja

이가와 어깨를 나란히 하는 닌자의 마을이 코가다. 사실 이가와 코가는 골짜기 하나를 사이에 두었을 뿐인 인접한 곳에 있다. 하지만 일국인 이가와 오미의 한 지방에 불과했던 코가 사이에는 커다란 차이가 있다.

## ● 다이묘 아래에 있었던 닌자

닌자의 발달에 대해서는 코가(甲賀)도 **이가**(伊賀)와 비슷한 이점이 있다. 온통 산투성이에 소영주가 많고 교토에 가까워서 유입자도 많다. 하지만 이가와 다른 절대적인 차이가 한 가지 있었다. 그것은 이가는 이가 국이었지만, 코가는 오미 국의 일부인 코가 군이었다는 점이다. 이 때문에 코가는 내부적으로는 군중소(郡中惣, 군 단위로 소 봉기를 하고 있다)지만, 외부적으로는 록가쿠씨(六角氏)의 휘하에 있었다.

코가로 유명한 것은 전국시대보다 조금 전인 「마가리의 진(鈎の陣)」이다. 이것은 무로마치 막부가 반항하는 오미 수호의 록가쿠씨를 토벌하려고 해서 시작되었다. 4배의 전력을 상대로 록가쿠 타카요리는 칸온지 성을 포기하고 코가로 도망쳤다.

막부 군은 본진을 마가리(지명)로 옮겨서 코가를 공격했다. 이 본진이 마가리의 진이다. 하지만 코가 무사들은 산속에서 게릴라전을 펼쳐 막부군을 혼란시켰다. 결국 전선은 교착상태에 들어간다.

이 코가무사의 필두가 모치즈키 이즈모노카미였으며 안개로 마법을 쓴다는 말이 나올 정도로 훌륭했다. 코가에 모치즈키가 있다면 이가에는 핫토리가 있다고 할 정도로 나란히 칭송받는 코가를 대표하는 성씨. 때로는 연막을 피워서 마가리의 진 그 자체를 검은 복장의 코가 무사들(마치 닌자 같은데 코가 무사의 대부분은 닌자라고 생각해도 될 것이다)이 공격했다는 일조차 있었다고 한다.

이 교착상대는 요시히사 쇼군이 마가리의 진에서 병사할 때까지 계속되었고, 막부의 록가쿠 토벌은 실패한다. 이 전투가 아시카가 막부의 권위를 떨어뜨리면서 전국시대에 이르게 된 원인 중 하나라고 전해진다.

이때 활약했던 무리가 코가 53가(甲賀五十三家)라고 불린다. 또한 그중에서 감장(다이묘가 주는 감사장. 이것을 가지고 있으면 유능하다는 뜻으로 다른 가문에 사관으로 들어가는 경우에도 후하게 대접받는다)을 가진 것을 코가 21사(甲賀二十一士)라고 한다.

## 코가 닌자의 실정

| 코가 닌자란? | 오미 국의 일부인 코가 군의 닌자들. 이가와 달리 한 지방이기 때문에 다이묘의 지배 아래에 있었다. |
|---|---|

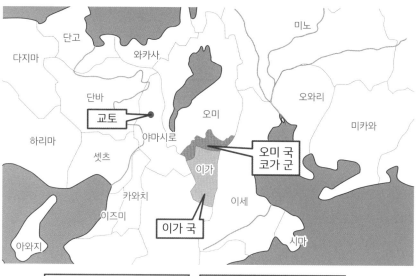

| 산이 많고 교토가 가깝다는 조건은 이가와 같다. | 지배자는 전국 이전은 록가쿠씨. 이후는 오다씨. |
|---|---|

## 마가리의 진

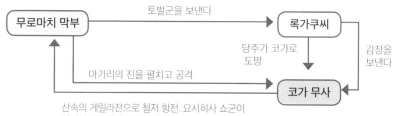

· 코가 무사의 필두는 모치즈키 이즈모노카미. 모치즈키는 이가의 핫토리와 어깨를 나란히 하는 코가의 대표격.
· 연막을 피우고 검은 복장의 무사가 공격한다는 닌자스러운 에피소드도 있다.
· 이때 활약한 가문을 코가 53가, 특히 감장을 받은 무사를 코가 21사라고 한다.

### 관련 항목

● 이가 닌자 → No.009

# 이가와 코가의 대립

## Conflict between Iga and Kouga

창작작품인 닌자물에서 가장 많은 설정이 이가 닌자와 코가 닌자의 대결이다. 하지만 이가 와 코가는 정말로 사이가 나빴을까? 어째서 대립한다는 말이 나오게 된 것일까?

## ● 영원한 라이벌

**이가**와 **코가**는 원래 사이가 좋았다. 한때는 「코이일국(甲伊─国)」이라는 말이 있을 정 도로 일체화했을 정도다. 실제로 **이가 소국 봉기**에 코가에서 원군이 오거나 코가 군중 소(甲賀郡中惣)에 이가가 원군을 보낸 사례도 과거에 몇 번이나 있었다고 한다. 또한 에도 시대에도 에도 막부의 이가 백인조의 옆은 코가 백인조였으며, 그 옆이 네고로(根来) 백 인조였다. 즉 에도 성의 경비를 같이 했던 것으로 적어도 서로 증오하며 죽고 죽일 정 도로 대립했다고는 생각하기 어렵다.

그러면 이가와 코가의 대립은 어디서 시작된 것일까. 그것은 오다 노부나가에 의한 텐쇼 이가의 난부터라고 한다.

이가도 코가도 소(惣)라고 하는 소영주들의 공화제를 펼쳤다는 점은 변함이 없다. 단 지 이가의 소는 위에 누구도 존재하지 않는 독립된 것이었지만, 코가의 소는 위에 록가 쿠씨라고 하는 다이묘가 있었다. 즉, 코가는 내부적으로는 소조직이지만, 록가쿠씨를 따르고 있었다. 록가쿠씨는 코가의 소를 인정하며 소에 대하여 명령을 내린다.

이 때문에 코가의 입장에서 보자면 록가쿠씨가 오다씨로 바뀌어도 코가의 소를 인정 해주기만 한다면 따를 수 있었다.

하지만 이가의 소는 위에 누구도 있어서는 안 된다. 이 때문에 오다씨가 소를 거느리 려고 명령해도 수긍하지 않았던 것이다. 그렇다고는 해도 당시의 상황에서는 언젠가는 코가와 같은 입장이 될 것이라고 짐작할 수 있었지만, 키타바타케 노부카츠(오다 노부카츠 는 당시 키타바타케 가문의 양자로 들어가 있었다)가 모든 것을 망쳐버렸다.

이 일로 노부나가를 따르며 이가를 공격하는 코가와 여기에 저항하는 이가라는 구도 가 만들어졌다. 하지만 도쿠가와 가문의 아래에서는 양쪽 다 이에야스의 패업을 도와 주게 되면서 양립하게 되었다.

## 이가와 코가의 관계 변천

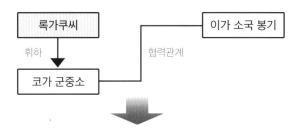

한때는 「코이일국」이라는 말이 있을 정도로 일체화했다.

**전국 초기**

록가쿠씨 → (휘하) → 코가 군중소

이가 소국 봉기 — (협력관계)

오다 노부나가에 의한 텐쇼 이가의 난으로 원한이 발생했다.

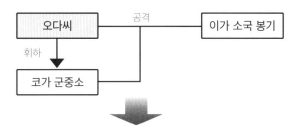

**전국 후기**

오다씨 — (공격) — 이가 소국 봉기

(휘하) → 코가 군중소

도쿠가와 가문 아래에서는 양쪽 다 이에야스의 패업을 도운 걸로 되면서 양립하게 되었다.

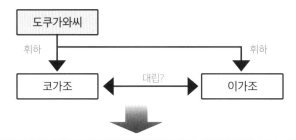

**에도 시대**

도쿠가와씨 → (휘하) → 코가조 / (휘하) → 이가조 / (대립?)

에도 성의 경비를 같이 했을 정도여서 심각한 대립이 있었다고는 생각하기 어렵다.

### 관련 항목
- 이가 닌자 → No.009
- 이가 소국 봉기 → No.010
- 텐쇼 이가의 난과 이가모노 → No.011
- 코가 닌자 → No.015
- 에도의 닌자 이가 닌자의 후예 → No.020
- 에도의 닌자 코가 닌자의 후예 → No.023

## No.017

# 일본의 닌자

## Ninja in Japan

닌자는 이가와 코가에만 있는 것이 아니다. 일본 전국에서 전투가 계속되었던 전국 시대. 선견지명이 있는 다이묘는 각자 독자적인 닌자를 거느리고 있었다. 이러한 경향은 큐슈에서 토호쿠까지 똑같았다.

## ● 닌자는 어느 곳에나 존재한다

전국시대. 선견지명이 있는 다이묘라면 반드시 닌자를 거느렸다. 왜냐하면 승리하기 위해서는 일단 충분한 정보가 필요했기 때문이다. 따라서 유력 다이묘가 있는 나라는 반드시 유력한 닌자조직이 존재했다.

예를 들어 다테 가문에는 「쿠로하바키조(黒脛巾組)」가 있다. 검은 각반(脚絆, 발목에서부터 무릎 아래까지 감거나 돌려 싸는 띠-역자 주)을 착용했다는 점에서 이 이름이 붙었다고 전해진다. 『다테비감(伊達秘鑑)』에는 다테 마사무네가 만든 조직이 있다. 다테 가문 최대의 위기라고 불리는 히토토리바시 전투(人取橋の戦い)에서 후방교란이나 유언비어에 의해 대다테 연합군에서 다수의 다이묘가 빠져나가고 말았다. 이것도 쿠로하바키조의 짓이라고 전해진다.

호조 가문에는 하코네(箱根)를 지반으로 하는 「후마당(風魔党)」이 있다. **후마 코타로**가 이끄는 랏파(乱波)집단으로 화공이나 잠입공작 등이 뛰어났다고 한다. 후마가 일을 끝내고 탈출할 때 고슈 슷파(甲州透破)가 잠입하려고 했다. 후마의 닌자들은 카와라에서 코타로를 중심으로 주저앉아 있었다. 슷파도 흉내를 내며 앉으려고 하자 어떤 암호로 전원이 일제히 일어났다. 암호를 알 리 없는 슷파는 일어나는 것이 늦어 그대로 살해당하고 말았다. 이것이 후마의 「이스구리(居すぐり)」로, 암호를 주고받아서는 집단으로는 도저히 타이밍을 맞출 수 없기 때문에 이러한 방법을 사용한다. 화공 등의 집단전이 특기인 후마다운 동료 간의 확인법이다. 타케다 신겐은 토미타 고자에몬이라는 인술의 명인이 관리하는 「미츠모노(三つ者)」를 거느리고 있었다. 미츠란 첩보·모략·방첩을 이르는 말로 현대의 스파이와 같다. 더욱이 소금 장사꾼 등의 네트워크, 도보 무녀 등의 종교까지 거느렸던 신겐은 「족장방주(足長坊主)」라고 불렸을 정도로 각지의 정보에 정통했다고 한다.

그밖에도 모리씨나 시마즈씨 등 유력한 다이묘는 대부분 시노비 집단을 거느리고 있었다.

# 전국 각지의 닌자

나카가와류
무츠
우고 리쿠츄
리쿠젠
하구로류 우젠
쿠로하바키조<다테 마사무네>
우에스기류 · 카지류
노키자루<우에스기 켄신>
무츠
에치고
이와시로 이와키
토카쿠시류 · 코요류 노토 시모노 마츠모토류
아오키류 · 이토류 코우즈케 마츠다류
아쿠타류 · 쿠사노모노<사나다씨> 엣추 시나노 히타치
누스미조<마에다 가문> 카가 히다 무사시 시모사
코가류 · 이극류 미노류 무츠 카이 사가미 후마당
타라오류 · 아노슈 미노 스루가 아와 <호조씨>
하타노류 탄고 와카사 오와리 미카와
비젠류 호키 타지마 탄바 오우미 토토미 이즈
하치야슈 이나바 하리마 셋츠 야마시로 타케다류 · 닌코류
<아마고씨, 모리씨> 이즈모 미마사카 카와치 이가이세 미츠모노(타케다 신겐)
비젠 이즈미야마토 시마 쿠로카와킨잔슈
후쿠시마류 이와미 빙고 빗추 아와지 마츠바류 · 이치젠류
아키 사누키 쿠로쿠와슈
나가토 스오 아와 키이 이가류 · 핫토리류
쿠로다류 이요 토사 모모치류 · 토카쿠시류
이키 쿠스노키류
치쿠젠 부젠
히젠 치쿠고 분고 네고로류 · 사이카류
히고 휴가 키슈류 · 나도리류(신쿠스노키류)
남만류
사츠마
오스미
사츠마 인법·야마모구리

## 관련 항목
● 노부나가와 닌자 → No.018
● 에도의 닌자 도적으로서의 닌자 → No.025

41

# 노부나가와 닌자

## Nobunaga and Ninja

유력한 다이묘는 정보수집을 중시해서 닌자를 이용했다고 전해진다. 하지만 가장 성공한 다이묘일 터였던 오다 노부나가는 닌자 집단을 거느리지 않았다.

## ● 노부나가의 닌자

타케다 신겐의 미츠모노(三つ者), 우에스기 켄신의 노키자루(軒猿), 호조 가문의 후마(風魔) 등 유력한 다이묘는 대부분 유력한 닌자 조직을 거느리고 있었다. 그리고 그 이름도 후세에 남겨져 있다. 하지만 오다 노부나가가 거느리는 닌자 집단은 그 이름조차 존재하지 않는다. 실제로 없었던 것 아니냐는 의문도 있을 정도다. 그러면 노부나가는 정보를 중시하지 않았던 것일까? 그렇지는 않다. 오케하자마(桶狭間) 때를 보면 이마가와 요시모토의 목을 벤 모리 신스케 요시카츠보다 야나다 마사카츠 쪽에 더 후한 대접을 해주고 있다. 요시카츠가 노부나가의 경호 기마무사에서 쿠로호로슈(黒母衣衆)가 된 정도인 데 반해, 마사카츠는 쿠츠카케(沓掛)의 성주까지 되는 출세를 했을 정도니 말이다.

마사카츠가 무슨 공적을 세운 것일까? 명확한 사료는 존재하지 않지만, 요시모토의 거처를 알려주었다는 이야기가 남아 있다. 또한, 오케하자마를 포함한 토지의 토호였기 때문에 지형지리에 밝았을 거라는 설도 있다. 어느 쪽이든 전과를 올린 것이 아니라 정보에 관한 공적으로 후한 대접을 받은 것만은 확실하다고 할 수 있겠다.

그런 노부나가에게 닌자의 그림자가 보이지 않는 원인으로 두 가지를 생각해볼 수 있다. 우선 카와나미슈(川並衆, 키소 강 유역의 하천 운송업자)나 바샤쿠(운송업자)의 존재다. 노부나가의 측실 이코마 쪽은 이코마 가문이라고 하는 바샤쿠로 카와나미슈와도 친분이 두터웠다. 이러한 사람들은 운송업 관련 일로 각지로 이동해서 그곳의 정세를 보고 올 수 있다. 이 때문에 일부러 닌자를 고용하지 않아도 그들에게 정보 수집을 의뢰하면 충분했을 것이라고 생각해볼 수 있다. 다른 하나는 천하포무(天下布武) 사상과의 괴리다. 노부나가의 천하포무(일본을 무로 다스린다)는 돈만 준다면 누구의 의뢰든 받는다는 닌자와는 맞지 않는다. 정보수집을 해줄 인재는 필요하지만, 그것은 오다 가문에 충성을 맹세하는 자여야만 한다는 것이 노부나가의 입장이다. 이러한 부분이 **이가**(伊賀)나 **코가**(甲賀)의 닌자와 얽힐 수 없었던 점이라는 견해도 있다.

## 노부나가는 닌자를 싫어한다?

> 노부나가는 닌자 집단을 거느리지 않았다고 전해진다.

**이유 1** 카와나미슈(키소 강 유역의 하천 운송업자)나 바샤쿠 (운송업자)와 같은 다른 정보망을 사용했다.

> 노부나가의 촉실 이코마 쪽의 실가는 바샤쿠 가문. 카와나미슈와도 친분이 있었다.

**이유 2** 천하포무 사상과의 괴리.

> 용병에 가까운 닌자 집단은 노부나가의 사상과 맞지 않았다.

## 전국의 정보요원

닌자 이외에도 전국 시대는 다양한 인간을 통해 정보 수집을 했다. 기본적으로는 각지에 이동해도 부자연스럽지 않으며 그 지역의 사람들과 교류할 수 있는 인간이 정보 수집 임무에 알맞았다.

**시노비**
지금 말로 닌자. 다양한 직업으로 변장해서 이동한다.

**카와나미슈**
강을 이용한 운송업자. 각지로 이동하기 때문에 그 지역의 정보를 입수하기 수월하다.

**바샤쿠**
말을 사용하는 운송업자. 각지로 이동하기 때문에 그 지역의 정보를 입수하기 수월하다.

**도보 무녀**
전국을 돌아다니며 기도 등을 하는 무녀. 전국을 자유롭게 돌아다니며 사람들의 이야기를 듣기 수월하다. 타케다 신겐이 이용했다고 한다.

**허무승**
반욕반승의 승려로 체발하지는 않았다. 수행을 위해 전국을 돌아다닐 수 있다. 후카아미 가사(深編笠)로 얼굴을 가리며 대도를 차고 다닌다.

**원악사**
원악사로 대표되는 광대도 각지를 돌아다니기 때문에 정보를 모으기 수월하다. 게다가 무사들이 업신여겼기 때문에 의심을 잘 사지 않는다.

**관련 항목**
● 이가 닌자 → No.009
● 코가 닌자 → No.015

# 이시카와 고에몬

Ishikawa Goemon

이시카와 고에몬은 지금은 루팡 3세의 동료로 유명해졌지만, 원래의 고에몬은 검객이 아니다. 대도둑으로서 그 이름을 알린 인물이다.

## ● 실제의 고에몬

루팡 3세에서 유명해지기 전의 이시카와 고에몬은 **가부키**(歌舞伎)나 죠루리(浄瑠璃)에 등장하는 **시라나미**(白波, 도둑)로 팽형(죄인을 끓는 물에 넣어 삶아 죽이는 극형-역자 주)으로 죽었다는 사실로도 유명하다.

「바닷가의 모래가 사라질지언정 세상의 도적 그 씨앗은 사라지지 않으리.」

이것은 고에몬이 팽형에 처할 때 읊었던 사세구(辭世句, 죽을 때 읊는 시. 절명시라고도 한다-역자 주)다. 가부키에서는 『산몬고산키리(楼門五三桐)』의 제3막 난젠지산몬(南禅寺山門)의 장에서 난젠지 정문의 고루에 눌러앉아 거대한 담뱃대를 물면서 읊는 긴 대사도 유명하다. 하지만 이래서는 이시카와 고에몬이 가공 인물인 것처럼 보이게 된다. 사실 이시카와 고에몬은 실존했던 인물이다.

당시 일본에서 체류하고 있었던 스페인 상인 아빌라 히론이 쓴 『일본왕국기(日本王国記)』에는 수도나 사카이에 출몰했던 도적단이 붙잡혀서 산 채로 기름에 삶아져 사형되었다는 사실이 적혀 있으며, 여기에 선교사 페드로 모레혼이 「그것은 1594년의 일이다. …Ixicavagoyemon과 그 가족이었다」라며 주석을 붙이고 있다. 스페인어의 발음을 토대로 일본어로 상상해보면 「이시카와 고에몬」이라고 발음했던 것이다.

그런데 이것만으로는 고에몬이 닌자인지 아닌지 알 수가 없다. 고에몬 닌자설은 1797년부터 발행된 『회본대공기(絵本大功記)』에서 주창했던 것이기 때문이다. 그 뒤에는 다양한 이야기에 등장하면서 황당무계한 활약을 하게 된다.

여기에 의하면 **이가**의 이시카와 마을의 출신이며, 모모치 산다유에게 인술을 배우고, 그 아내와 함께 사랑의 도피를 한다. 그리고 도요토미 히데츠구의 의뢰로 히데요시를 암살하려다가 붙잡혀서 팽형을 당하고 만다.

아무리 그래도 이러한 부분은 창작이겠지만 도적과 닌자는 같은 직종이라서 도요토미 통일 정권이 들어서면서 한가해진 닌자가 도적으로 전직했을지도 모르는 일이다.

## 이시카와 고에몬의 내력

이시카와 고에몬은 실존했던 대도둑이다.

&lt;사료&gt;

『일본왕국기』

· 저자 : 스페인 상인 아빌라 히론
· 수도나 사카이에 출몰했던 도적단이 붙잡혀서 사형당했다는 사실이 적혀 있다.
· 선교사 페드로 모레혼이 「Ixicavagoyemon」라는 주석을 붙였다.

&lt;창작&gt;

『산몬고산키리』

· 1778년에 각본이 집필된 가부키.
· 고에몬이 수리검을 던지는 장면이 있다.
· 고에몬이 난젠지산몬에 올라 「절경이구나, 절경이야」로 시작하는 대사를 말하는 장면이 유명.

『회본대공기』

· 1797년에 발행.
· 고에몬 닌자설을 주창했다.

**다양한 이야기에 등장하면서 황당무계한 활약상이 그려지게 된다.**

· 모모치 산다유에게 인술을 배운다.
· 도요토미 히데츠구의 의뢰로 히데요시를 암살하려다가 붙잡혀서 팽형을 당한다

### 관련 항목
● 이가 닌자 → No.009                    ● 가부키의 닌자들 → No.092

# 에도의 닌자 이가 닌자의 후예

## Ninja in the Edo Period : Descendant of Iga Ninja

에도 시대가 되자 닌자의 필요성이 희박해지고 만다. 그런 시대에 이가 닌자의 후예들은 어떻게 살아갔을까. 유감스럽게도 그다지 즐거운 생활은 아니었던 모양이다.

## ● 불필요해진 닌자의 후예

전국시대가 끝나자 막부의 녹을 먹었던 이가모노(伊賀者)는 이가 200인조로 편성되었다. 그들은 오쿠보 쵸에몬 타다나오, 쿠메 겐베에 시게카츠, 핫토리 나카 야스마사, 카토 칸에몬 마사츠구의 4인 휘하에 배치되었지만, 그들 중에는 누구도 닌자와 관계있는 무사는 없었다. 핫토리의 성을 가진 야스마사도 유명한 닌자처럼 보이지만 닌자는 아닌 듯하다. 그리고 그 아래에 조총 100인부대(鉄砲百人隊)로 편성되었다. 다시 말해 막부는 더 이상 그들에게 닌자로서의 일을 거의 요구하지 않았다.

또한, 평소에 하는 일도 아케야시키번(明屋敷番)·오히로시키번(御広敷番)·코부신가타(小普請方)·야마자토번(山里番) 등 이것 또한 닌자와는 관계가 없다. 그저 코부신가타의 일부가 잠행 임무를 했을 거라는 추측이 있을 뿐이다.

또한, **텐쇼 이가의 난** 이후 각지에 이주했던 이가모노는 여전히 시노비 활동을 하고 있었다고 하지만, 이것 또한 수상쩍다. 확실히 막부는 시노비를 이가모노만 하도록 명령했던 것 같지만, 그렇다고 해서 동족끼리 서로 싸우고 싶지는 않았을 것이다.

실제로는 이가모노끼리 적당한 정보를 주고받았을 거라고 추측해볼 수 있다. 예를 들어 이가모노가 어딘가를 조사해볼 거라고 가정하자. 그러면 그곳에 살고 있는 이가모노에게 소개해주는 것이다. 그리고 그 땅의 이가모노가 적당한 정보를 준다. 조사하러 온 이가모노는 그것을 가지고 귀환한다. 같은 고향 사람끼리 다툴 필요도 없으며 편하게 적당한 정보가 손에 들어온다.

물론 이것은 동병상련이므로 다른 곳에서 이가모노가 온다면 이번에는 자신이 그 이가모노를 돌봐주게 된다. 이렇게 닌자의 기술은 소실되어도 이가모노는 첩자로 남았다.

## 이가모노 그 후

전국 시대의 종언

| 막부의 이가모노 | 각지의 이가모노 |

이가 200인조로 편성된다.

막부는 이가모노만 시노비를 하도록 명령한다.

닌자와는 관계없는 무사의 밑에서
닌자와는 관계없는 일을 한다.

이가모노끼리 적당한 정보를 주고받게 된다.

일부가 시노비 임무를 했다고 전해진다.

서로 목숨을 빼앗는 부류의 인술은 사라졌다.

## 막부의 이가모노 임무

막부의 이가모노는 신군 도쿠가와 이에야스가 이가고에 탈출을 했을 때 도중에 경호했던 이가 닌자의 자손들로 이루어져 있다.

**아케야시키번**
· 막부가 소유한 주인이 없는 빈 저택의 관리와 새로운 저택을 줄 때 어떤 저택을 줄지 배분하는 일을 한다.
· 좋은 저택을 받고 싶어 하는 다이묘나 하타모토에게 선사(뇌물)를 받았다.
· 오오쿠(大奧, 쇼군의 부인이나 하녀들이 지내던 곳-역자 주)의 재산 중 일부였기 때문에 드나드는 상인들에게도 얼굴이 잘 알려졌다.
· 대요리키 10명, 동심 100명의 이가모노가 배치되었다.

**오히로시키번**
· 오오쿠에 있는 남자의 대기소인 오히로시키를 경호한다.
· 진짜 오오쿠는 오죠구치라고 하는 열쇠로 잠긴 문으로 분리되어 있다.
· 대궐의 여성이 드나들 때 맡는 경호역도 이들이 맡았다.

**코부신가타**
· 에도 성이나 각지에 소유하고 있는 저택의 정비나 수리를 했다.
· 이 역할로 각지에 하향하는 일이 많았기 때문에 초기에는 시노비 활동을 하던 이가모노를 이 일에 종사시키는 경우도 있었다고 한다.
· 진짜 부신 담당자는 소수인 데다 대부분은 역할이 없었기 때문에 임시로 자리에 앉혔다. 확실히 말해 좌천되는 곳.
· 오니와반도 코부신가타였지만, 오니와반은 도쿠가와 요시무네가 키이에서 데려온 부하에게 시켰기 때문에, 처음부터 이가모노였던 자가 오니와반이 되는 일은 없었다.

**야마자토번**
· 니시노마루에 있는 산골의 망루에서 보초를 선다.

### 관련 항목
● 텐쇼 이가의 난과 이가모노 → No.011

# 에도의 닌자 토도번의 닌자

## Ninja in the Edo Period : Ninja in Todo Clan

에도 시대, 이가는 토도 타카토라에서 시작되는 토도번이 되었다. 토도번의 통치는 매우 교묘해서 에도 시대 동안 봉기 등이 발생하지 않았다.

## ● 무족인

에도 시대 초창기. **이가**는 츠츠이 사다츠구의 것이었다. 사다츠구는 탄압으로 이가를 다스리려고 했지만, 전국을 살아남은 이가의 무사들은 강했다. 더욱이 사다츠구는 옛날부터 이가와 대립했던 야마토 출신이었다. 몇 번이나 반란이 일어나고 결국 막부는 사다츠구를 개역(영지 몰수)하고 만다.

그 뒤에 들어온 것이 토도 타카토라였다. 일곱 번 주군을 바꾸고 그것도 모자라 그때마다 녹을 늘린다는, 전국무장이 살아가는 법을 어떤 의미론 몸소 표현한 사내다. 하지만 그만큼 하급 무사를 다루는 법을 잘 이해하고 있었다.

타카토라도 처음에는 강권으로 임했지만, 효과가 없다는 사실을 알자 회유책으로 나갔다. 야스다 우네메 모토노리(핫토리 한조 마사나리의 종형제의 아들로 이가에 남은 핫토리 본가의 자손. 이 당시는 핫토리의 성을 칭하지 않았다)를 지성(支城)의 사성직에 앉히고 그 후 토도의 이름을 줘서 가로(家老, 다이묘의 중신 중 우두머리. 집안의 무사를 통솔하며 집안일을 총괄한다-역자 주)로 삼았다. 또한 몇 명인가는 이가모노로서 녹을 주고 그렇지 않은 자는 무족인으로서 성씨를 쓰고 칼을 차는 것을 허락했다.

무족인(無足人)이란 녹(일을 하지 않아도 받는 급료)을 받지 않는다는 점에서 이런 이름이 붙었다. 단, 역료(일을 하면 받을 수 있는 급료)는 받았다. 그리고 받은 돈으로 연찬(研鑽, 학문 등을 깊이 연구함-역자 주)해서 매년 1회 「무예일람(武芸一覧)」으로서 번주에게 기술을 선보일 기회를 얻었다. 또한 무족인은 부역(노동에 따라 지불해야 하는 세금)도 면제되었으며, 명주나 비단 착용의 허가 등 많은 특권이 있었다.

이 때문에 백성에 따라서는 너무 먼 존재인 번보다도 눈앞에 있었으며 특권을 가진 무족인이 증오의 대상이 되었다. 반대로 무족인은 적은 보수로 번의 곁에 붙어 있게 되었다. 이리하여 토도번은 막부 말기까지 봉기 등을 일으키지 않는 안정된 번으로서 그 존재가 계속 유지되었다.

## 에도 시대의 이가 국

**<에도 시대의 이가>**

**<회유책이란>**

> 무족인은 급료는 나오지 않았지만, 다양한 특권이 있었기 때문에 백성의 불만은 지배급보다 무족인을 향하고 있었다.

· 그 지방 유력자를 가로로 삼는다.
· 일부는 이가모노로서 녹을 주며 그렇지 않은 자는 무족인으로서 성씨를 쓰고 칼을 차는 것을 허락했다.
· 매년 1회 「무예일람」으로 번주에게 기술을 선보일 기회가 마련되었다.

번주 앞에서 무예일람을 선보일 때 무족인은 다음 5그룹으로 나누어졌다.

| 그룹 | 해설 |
|---|---|
| 조 외의 그룹 | |
| 호로 그룹 | 마술 등 |
| 조총조 그룹 | 조총술 |
| 루스이 그룹 | 검술 |
| 시노비 그룹 | 인술 |

## 최후의 닌자   사와무라 진자부로

사와무라 진자부로는 막부 말기에 마지막으로 시노비 활동을 한 것으로 알려져 있는 이가의 무족인. 페리 함대가 들어왔을 때 함대에 숨어들어 조사를 했다. 다만 닌자 복장을 하고 숨어든 것이 아니라 수행원이나 다른 무언가로 변장해 숨어들었으며, 선원들의 대화를 청취하는 등의 일을 했던 것 같다.

| 물건 | 해설 |
|---|---|
| 빵 2개 | 한 개는 번주의 아들이 원했기에 헌상했다고 기록되어 있다. |
| 담배 2개피 양초 2개 | 이러한 것들은 개항 후에 흔한 물건이 되었기 때문에 분실된 듯하다. |
| 문서 2통 | 한 통은 「Engelsch meid in de bed Fransch meid in de Keuken, Hollandsch meid de huishoulding(영국 여자는 밤일이 능숙하고, 프랑스 여자는 요리가 능숙하며 네덜란드 여자는 가사가 능숙하다)」으로 철자가 잘못된 것 투성이라 하급선원의 우스갯소리를 적은 것으로 보인다.<br>다른 한 통은 「Stille water heeft diept ground(소리가 들리지 않는 강은 수심이 깊다)」라고 하는 속담으로 여기에도 잘못된 철자가 존재한다. |

문서는 확실히 사와무라 진자부로가 닌자 활동을 한 증거다. 다만 유감스럽게도 중요한 정보는 얻지 못한 것 같다.

### 관련 항목
● 이가 닌자 → No.009      ● 핫토리 한조의 후계자 → No.014
● 핫토리 한조 → No.012

# 에도의 닌자 카와고에번의 닌자

Ninja in the Edo Period : Ninja in Matsudaira Clan

에도 시대가 되어도 여러 번들은 각자 자기 소유의 닌자를 거느리고 있었다. 물론 전국 시대만큼은 아니지만, 여전히 정보수집은 필요했기 때문이다.

## ● 평화로운 시대의 닌자 활동

카와고에번(川越藩)은 지금의 사이타마현 카와고에시에 있는 17만 석 정도의 중규모 다이묘다. 번주는 마츠다이라 나리츠네(이에야스의 아들인 히데야스의 자손)으로 처음에는 히메지번(姬路藩)이었다. 이때는 이즈모의 시노비를 고용했다. 하지만 이 번은 그 후 몇 번이나 영지를 바꿀 것을 명령받았으며 시노비들은 이에 따라 같이 이동했다.

그리하여 에도 시대가 되고 100년 정도 지난 1754년, 시노비가 지금까지 한 번도 언상(言上)하지 않은 것이 문제가 되었다. 시노비의 변명에 의하면 자신들은 감찰역이 아니었기 때문에 필요하지 않다면 언상은 하지 않는다. 지금까지는 별일이 없었기 때문에 언상하지 않았다고 한다. 그 뒤에는 제대로 임무를 수행했던 것인지 문제는 발생하지 않았다.

그로부터 20년 후인 1773년, 마츠다이라 나리츠네는 히다타카야마의 천령(막부의 영지)에서 일어난 농민봉기를 조사하도록 명령받았다. 봉기가 일어나면 수치가 되기 때문에 가능하면 다른 번에게 보이고 싶지 않았다. 하지만 다른 번으로서는 자신의 번에서 봉기가 일어나지 않도록 참고하기 위해 조사를 가고 싶어 했다.

카와고에번의 시노비는 제대로 임무를 수행했다. 보고서가 있기는 했지만 간단한 것이었기 때문에 자세한 내용은 구두로 했던 듯하다. 아무리 친번(親藩, 에도 시대에 쇼군 가문의 근친인 제후의 번-역자 주)이라·해도 막부의 천령에 시노비를 보냈다고 말할 수는 없기 때문에 시노비에게는 은밀히 금전을 주어 보상했다.

나아가 6년 후인 1779년, 이웃한 오시번(忍藩)에서 봉기가 일어난다. 이번에는 가로의 명령으로 조사를 나갔다. 상대가 막부가 아닌 데다 가로의 명령이어서 대놓고 해도 됐기 때문인지 자세한 보고서가 남아 있다.

이처럼 에도에 들어가도 정치에 관한 조사는 필요했으며 간첩도 활동하고 있었다. 하지만 죽고 죽이는 싸움을 동반한 조사는 거의 발생하지 않았다.

## 시노비의 행동범위

<카와고에판 닌자의 활동범위>

| 행선지 | 시기 | 목적 |
|---|---|---|
| 히다 천령 | 1773년 | 봉기 발생경위와 원인 조사 |
| 오시번 | 1779년 | 봉기 발생경위와 원인 조사 |
| 히로사키번 | 1834년 | 친번의 번주의 암살 소문과 조사 |

## 시노비 활동의 비용

| 항목 | 내용 |
|---|---|
| 인수 | 1인 |
| 여정 | 카와고에번(사이타마현)에서 히로사키번(아오모리현)까지 |
| 일정 | 약 3개월 |
| 비용 | 가불 금 85냥, 청산 후의 변제금 6냥 2푼, 실비용 78냥 2푼<br>지금 금액으로 약 800만 엔 |

여비라고 생각하면 매우 높지만, 조사비용도 포함한 것이라고 생각하면 제법 싸게 먹히는 것일 지도 모른다.

### 관련 항목
●닌자의 임무 정보수집 → No.002

# 에도의 닌자 코가 닌자의 후예

## Ninja in the Edo Period : Descendant of Kouga Ninja

코가 닌자의 자손들은 에도 시대에 어떻게 살았던 것일까. 일부는 코가 100인조가 되어 에도로 이동했지만, 대부분은 코가에 남아 토착민으로서 살아갔다.

## ● 코가 100인조

세키가하라 전투 직전 이시다 미츠나리는 우선 후시미 성을 습격했다. 그곳에서 농성하고 있던 **코가** 무사는 분전하였으며 모조리 토벌당했다. 그들의 자손은 이에야스가 고용하여 코가 100인조로 편성되었다. 그리고 **이가**·네고로(根来)들과 함께 철포조로서 받들게 되었다.

그들은 에도 성의 오테산몬을 수호하는 역할을 맡았다. 다시 말해 코가 100인조도 닌자로서 기대받은 것은 아니었다. 또한 코가 땅에 대한 취급도 달랐다. **토도번**이 되어 한데 정리되었던 이가와 달리, 코가는 도쿠가와 가문의 직할지, 다이묘 4가문, 하타모토 33가문, 사찰령 3곳으로 세분화되었다. 이 때문에 토도번의 무족인과 같은 특권은 주어지지 않았다.

코가 53가문은 「코가고사(甲賀古士)」라고 불리며 신분상으론 백성이었지만, 성씨를 쓰고 칼을 차는 것을 허락받은 명가였다. 하지만 주어진 것은 명예뿐으로 금전적 특권은 없었다. 그 때문인지 코가고사는 백성들의 신뢰를 얻어 오랫동안 쇼야(庄屋, 마을에서 정사를 맡아보던 사람-역자 주) 등을 맡게 되었다. 극심한 기근 때, 고사를 중심으로 백성 봉기가 일어난 것도 그들이 존경을 받았기 때문일 것이다.

하지만 그들도 인술의 계승은 어려웠다. 1789년에 고사의 대표가 사찰봉행에 『만천집해』를 헌상하며(이것이 내각문헌에 있는 『만천집해』) 구조를 요청했다. 그때 코가 21사 중 인술을 계승했던 것이 10가문, 8가문은 생활이 궁핍해서 계승을 하지 못했으며, 2가문은 두절되었다고 보고되고 있다. 하지만 막부는 더 이상 코가 인술을 필요로 하지 않았다. 구조 요청 후 돌아온 것도 약간의 금전과 말 정도에 그쳤을 뿐이다.

그 후에는 입 밖에 내지 않았던 인술을 가문들끼리 서로 배우고 가르치도록 약속까지 나누었지만, 결국 멸망은 피하지 못했다.

## 코가 100인조가 지켰던 에도 성의 오테산몬

에도 시대에는 코가도 인술의 전통이 두절되어갔다.

▼

| 막부의 코가모노 | 현지의 코가모노 |

▼

코가 200인조로 편성된다.

코가 53가문은 「코가 고사」라고 불렸고 백성 신분이었지만 성씨를 쓰고 칼을 차는 것을 허락받았으며 오랫동안 쇼야 등을 맡았다.

▼

에도 성의 문을 지키는 임무를 맡게 된다.

▼

점점 인술을 계승하기 어려워졌다. 1789년에 「만천집해」를 헌상하며 구조를 요청하지만 만족스러운 원조를 받지 못했다.

**＜코가 100인조가 지킨 문＞**

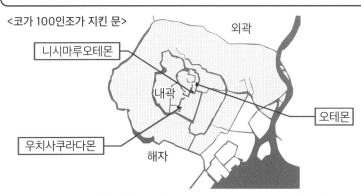

외곽

니시마루오테몬

내곽

오테몬

우치사쿠라다몬

해자

## 시마바라의 난의 코가 닌자

시마바라의 난에도 코가 닌자가 참전했다!

**참가자** 　코가 거주 대표 10명.

**성과**

· 파수역으로 성 안에 숨어들었다. 증거로 성 안의 토대에 떡갈나무를 박아넣은 흔적이 있다.
· 적의 식량 부족을 유도하여 신속하게 해치우기 위해 쌀가마니를 13섬 훔쳐냈다.
· 2인1조가 되어 성 안에 침입하면서 한 명이 함정에 빠지면 다른 한 명이 구해줬다.

### 관련 항목

● 이가 닌자 → No.009
● 코가 닌자 → No.015

● 에도의 닌자 토도번의 닌자 → No.021
● 만천집해 → No.054

# 에도의 닌자 광대로서의 닌자

## Ninja in the Edo Period : Ninja Entertainer

닌자는 에도 시대에 와서 완전히 쇠퇴하고 말았다. 그런데도 닌자의 굉장한 기술을 보고 싶어 하는 사람은 있었다. 이 때문에 기예로서의 인술도 생겨나게 되었다. 이른바 일본판 곡예사다.

## ● 닌자 기예

에도 시대가 되자 **가부키**(歌舞伎)나 닌교죠루리(人形浄瑠璃)와 같은 예능이 성행하게 되었다. 그중에는 닌자라고밖에 생각할 수 없는 배역이 왕성하게 등장했다. 또한 키뵤시(黄表紙)나 **독본**(読本) 등에도 닌자처럼 보이는 등장인물이 얼마든지 등장한다.

에도 시대가 되어 사라져버렸을 터인 닌자가 왜 예능에는 잔뜩 등장하였는가. 그것은 인술이 기예가 되었기 때문이다.

이것을 기록한 것이 큐슈히라도번의 전 번주 마츠우라 키요시(은거 후에는 세이잔이라는 호를 사용했다)다. 세이잔(静山)은 『갑자야화(甲子夜話)』라고 하는 일기라고도 수필이라고도 할 수 있는 저서를 남겼으며, 이것은 에도 시대 후기의 세상풍속의 일대기록으로서 중요한 사료로 취급된다.

여기에 「듣고 적은 글이지만」이라며 주석을 넣으면서 시노비의 기예를 본 사람들에게서 들은 이야기를 싣고 있다. 밤의 연회 자리에서 보았다는 이야기이므로 연회에도 불렸을 정도의 광대였을 것이다. 그렇다고 해도 이 광대가 정말로 시노비, 혹은 시노비의 자손인지, 그렇지 않으면 곡예사가 연출의 일종으로서 시노비를 칭한 것뿐인지는 알 수 없다.

하지만 어느 쪽이든 시노비라는 존재가 기예의 일종으로 취급될 정도로 시노비라는 단어가 일반인들에게 널리 퍼진 것은 사실이다.

키뵤시 책을 쓴 희작자(戯作者)나 죠루리나 가부키의 작자도 이러한 시노비 기예를 알고 있었기 때문에 이것들을 참고해서 등장인물을 만들어냈다. 이것이 가부키의 **이시카와 고에몬**이나 **지라이야**와 같은 도적이나 괴상한 환술사 등으로 결실을 맺었을 것으로 추측된다.

## 시노비 기예의 이모저모

에도 시대에는 시노비의 기술이 기예의 일종으로 취급되었다!

<시노비 기예의 예>

방을 어둡게 하고 닌자가 벽에 들러붙으면 모습
이 사라진다.

보이지 않는 닌자를 찾아 관객들이 손을 더듬어
서 찾으려고 하면 보이지 않는 닌자에게 코를 꼬
집힌다

한 칸(一間, 1.8m)의 덧문을 뛰어넘는다.

중인방

중인방(다다미방의 벽 위쪽에 옆으로 펼쳐져 있는 가로장. 상인방 위에 덮어서 장식용으로 사용되는 경우
도 있다)을 뛰어 올라간 뒤 옆으로 달려간다.

### 관련 항목
● 이시카와 고에몬 → No.019
● 가부키의 닌자들 → No.092
● 독본의 닌자들 → No.093
● 지라이야 → No.097

# 에도의 닌자 도적으로서의 닌자

Ninja in the Edo Period : Ninja Burglary

에도 시대가 되어 일거리를 잃은 닌자가 대량으로 넘쳐났다. 그들 중에는 닌자의 기술이 도적의 기술임을 이용해서 도적으로 전업한 자도 있었다.

## ● 도적으로 전락한 닌자

도쿠가와 가문이 정한 법칙에 의하면 다이묘는 받는 녹봉의 양에 따라 고용할 수 있는 시노비의 수가 달라진다. 하지만 그것은 전국 시대와 견주어보면 훨씬 적었기에 실업한 닌자가 다수 나왔다. 귀농한 자는 많았지만 그중에는 도적으로 전락해버린 닌자도 있었다.

애당초 닌자가 됐던 것은 농업만으로는 먹고 살기 어려운 산악부의 주민이었기 때문이다. 단순히 귀농하는 것만으로는 먹고 살 길이 막막했다.

특히 칸토(関東, 관동)로 들어선 도쿠가와 가문이 개발을 시작한 에도에는 호조 가문의 시노비였던 후마가 도적이 되어 날뛰고 있었다. 원래 고용주였던 호조는 멸망했고 새로 나타난 도쿠가와 가문에 호의적이어야 할 이유는 후마에게는 하나도 없었다.

도쿠가와 가문도 방치할 수만은 없었으므로 다양한 수단을 사용했지만, 썩어도 준치라고, 좀처럼 잡히지 않았다. 그 결과 경조대판 10개(지금의 1천만 엔 이상)이라는 막대한 현상금까지 걸었다. 그러자 카이의 슷파(透破)에 있었다고 하는 코사카 진나이가 응모했다. 원래 소슈 랏파와 코슈 슷파는 원수지간이기도 했던 데다 현상금의 액수도 매력적이었기 때문일 것이다. 후마 코타로의 아지트까지 관졸들을 안내하여 결국 코타로는 잡혔다. 후마 코타로는 그대로 책형에 처해졌다.

그러나 코사카 진나이의 영광도 오래가지 않았다. 후마 코타로가 처형된 지 10년 뒤 코사카 진나이도 붙잡혀서 처형되었다. 학질(주로 말라리아)에 걸려 도망치지 못했던 것이다. 처형될 때 진나이는 다음과 같은 말을 하며 울부짖었다. 「학질만 걸리지 않았더라도 호락호락 붙잡히지 않았을 것을. 내가 처형당하거든 제사를 지내도록 하라. 학질에서 구해주리라.」 이런 말을 남겼기 때문에 코사카 진나이는 학질을 고치는 신령이 되어 이를 믿는 신앙도 생겨났다고 한다.

## 도적과 닌자

> 전국 시대가 끝나면서 실업한 닌자가 도적이 되는 일도 있었다.

<원래 닌자는 도적>

| 도적 | 발자취 |
|------|--------|
| 후마 코타로 | 하코네를 지반으로 하는 소슈 랏파의 후마당의 두령. 호조씨가 오랫동안 고용해왔지만, 호조씨가 멸망하고 그 뒤에 들어선 도쿠가와씨가 정비하고 있던 에도의 마을 일대에서 도적이 되어 설쳤다. 코사카 진나이의 고발로 붙잡힌 뒤 책형에 처해졌다. |
| 코사카 진나이 | 에도의 삼진나이 중 한 사람. 코슈 슷파의 막내로 자신을 타케가씨의 중신 코사카 단죠라고 칭하지만, 아마도 사칭일 것으로 추측된다.<br>미야모토 무사시의 제자가 되었지만 칼의 마력에 사로잡혀 츠지기리(辻斬り, 무사가 칼을 시험하거나 검술을 수련하기 위해 밤거리에 나가 통행인을 베던 일-역자 주)를 반복하면서 파문되었다는 전설이 있다. 학질(주로 말라리아)에 걸리면서 붙잡혀 처형되었기 때문에 훗날 학질에 효험이 있는 신이 된다. |
| 쇼지 진나이 | 에도의 삼진나이 중 한 사람. 요시와라(에도의 대유곽)의 창설자. 『십방암유력잡기』라고 하는 에도의 관광지나 소문을 모은 책에 쇼지 진나이에 대한 내용이 있다. 그 책에 의하면 그는 도적이긴 하지만 검은 일류에 인술도 능숙해서 30인에 맞먹었으며 하루에 40리(160km)를 걸어도 멀쩡했다고 한다. 적어도 소문에서 쇼지 진나이는 닌자라고 여겨지고 있었다. |
| 토비사와 진나이 | 에도의 삼진나이 중 한 사람. 관동 소매치기의 총괄.<br>10간(18m)의 골짜기를 뛰어넘을 수 있었기 때문에 비타이라고 불렀다.<br>막부는 토비사와 진나이를 붙잡았지만 목숨은 살려주고 고물상의 총괄역으로 삼았다. 그 대신 에도에 도적이 드나들지 않도록 힘쓰라고 명령했다. |
| 이시카와 고에몬 | 모모치 단바에서 인술을 습득했다는 전설을 가진 도적. 아즈치 모모야마 시대에 기름물이 끓는 가마솥에서 처형되었다. |

## 후마 코타로와 코사카 진나이

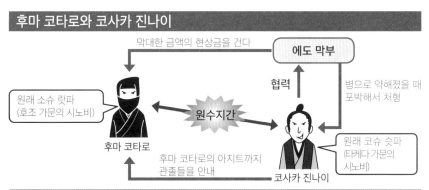

에도 막부

막대한 금액의 현상금을 건다

협력

병으로 약해졌을 때 포박해서 처형

원래 소슈 랏파
(호조 가문의 시노비)

원수지간

후마 코타로

원래 코슈 슷파
(타케다 가문의 시노비)

후마 코타로의 아지트까지 관졸들을 안내

코사카 진나이

### 관련 항목
● 일본의 닌자 → No.017

# 마츠오 바쇼

**Matsuo Basho**

> 마츠오 바쇼(松尾芭蕉)는 일본 최고의 예술가 중 한 사람이라 할 수 있다. 일단 「오래된 연못에 개구리 뛰어드는 물소리」라고 하는 하이쿠를 모르는 일본인은 없을 것이다.

## ● 바쇼 닌자설의 진위

바쇼는 일본에서도 유명한 인물이지만, 그 생애는 수수께끼에 싸여 있다. 바쇼는 **이가 무족인**(伊賀無足人)이다. 무족인이란 이가 **토도번**(藤堂藩)이 모든 지방의 토착 무사를 거느릴 수 없기 때문에 무녹(급여가 없음)이지만 사분(신분은 사무라이)임을 인정한 자다. 그들 중에는 각 번에 이가모노(=닌자)로서 고용된 자도 많았다.

바쇼는 문예를 즐겼던 토도번으로 무족인인 아버지와 모모치씨(百地氏) 출신인 어머니에게서 태어났다고 알려져 있다. 젊었을 적에는 토도 우네메 모토노리(핫토리 한조의 종형제의 자식)의 일족을 섬기며 그에게서 하이쿠의 풍류를 배웠다.

그랬던 바쇼는 29세에 에도를 나간다. 그 후에 종장(하이쿠 스승의 자격)을 얻었지만, 후카가와에 은둔하게 된다. 그리고 그 후 각지를 돌며 하이쿠를 짓게 된다. 오와리·미노·오미·야마시로·야마토 등을 돌며 쓴 『노자라시 기행(野ざらし紀行)』이나 이세에서 쓴 『오이노 고부미(笈の小文)』, 교토에서 신쥬를 돌며 쓴 『사라시나 기행(更科紀行)』 등이 유명하다.

그리고 그중에서 가장 유명한 것이 무츠·데와에서 에치고·카가를 돌며 쓴 『오쿠노 호소미치(奥の細道)』다.

하지만 당시로써는 초로인 45세의 몸으로 때로는 하루 수십 킬로미터나 되는 산길을 돌아다니는 체력, 「일단 너무 설레어서」라고 말하며 그토록 기대했던 마츠시마에서는 하루만 묵은 데다 한 구도 읊지 않았지만 다테 마사무네의 숨겨진 요새라고도 불리는 즈이간지를 몇 번이나 보러 갔던 일 등, 그 행동이 기이하게 보이는 것도 사실이다.

더욱이 에도에 막 들어갔을 시기의 바쇼는 토목공사의 감독으로 생계를 유지하고 있었다. 그 토목기술은 어디에서 배운 것일까. 코부신(小普請) 일을 하던 이가모노였던 것은 아니었을까? 게다가 각지를 여행하면서 돌아다녔던 바쇼의 여비는 누가 대주었는지 등 바쇼가 밀정(隱密)으로 추측되는 요소는 존재한다.

# 바쇼닌자설

## <바쇼의 기이한 점>

· 출신이 이가 무족인.
· 핫토리 한조의 종형제의 자식에게 하이카이를 배웠다.
· 에도 생활 당시에는 토목기술로 생계를 유지하고 있었다.
· 초로의 나이로 하루에 수십 킬로미터나 걸어 다녔다.
· 여정에 의문점이 많다.

이가 무족인은 닌자로서 고용되는 자가 많았다.

누구에게 토목기술을 배운 것일까?

애당초 여비는 누가 대준 것일까?

## <오쿠노 호소미치의 여정>

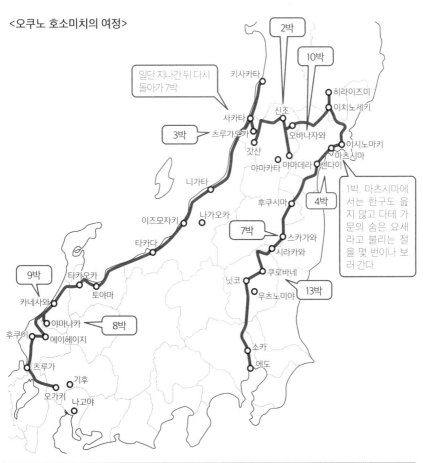

2박

10박

일단 지나간 뒤 다시 돌아가 7박

키사카타

히라이즈미
이치노세키

신조

사카타

오바나자와

아시노마키
마츠시마

3박

츠루가오카

갓산

야마데라
센다이

야마가타

1박. 마츠시마에서는 한 구도 읊지 않고 다테 가문의 숨은 요새라고 불리는 절을 몇 번이나 보러 간다.

니가타

후쿠시마

4박

이즈모자키

나가오카

7박

타카다

스카가와
시라카와

9박

타카오카

쿠로바네

카네사와

토야마

닛코

13박

야마나카

우츠노미야

8박

후쿠이

에이헤이지

츠루가

소카

기후

에도

오가키

나고야

## 관련 항목

● 이가 닌자 → No.009
● 핫토리 한조 → No.012

● 핫토리 한조의 후계자 → No.014
● 에도의 닌자 토도번의 닌자 → No.021

## No.027

# 관부 밀정

## Secret Agent

밀정(隱密)이란 넓은 의미로는 숨어서 비밀리에 행동하는 간첩을 말한다. 전국시대에는 무슨 일이든 분쟁으로 벌어지는 경우가 많았기 때문에 닌자가 맡았지만, 평화로운 에도 시대에는 서서히 변질되어갔다.

## ● 닌자는 아니었던 밀정

전국시대는 각 다이묘가 밀정을 거느리고 있었지만 에도 시대 이후의 밀정은 막부 소속의 관부 밀정(公儀隱密)을 가리키게 되었다. 게다가 막부는 **이가모노**(伊賀者)나 **코가모노**(甲賀者)에게 밀정을 시키려고는 하지 않았다.

전쟁이 없는 시대에는 무력이나 비합법적인 수단을 통한 첩보는 기본적으로 피하려고 했고, 주로 합법, 혹은 평화적 수단을 사용한 정보수집이 이루어졌다(비합법적인 수단을 사용하는 일도 물론 있다). 지금 시대에 빗대어 말하자면 공안경찰의 임무다. 그런 의미에서 보자면 관부 밀정은 닌자는 아니다.

밀정 임무를 맡은 것은 와카도시요리(若年寄, 에도 막부의 직명 중 하나-역자 주) 휘하의 「오메츠케(御目付)」와 그 부하들이다. 오메츠케 조직은 전부 3,000~4,000명 정도 된다.

그들이 원래 하는 일은 하타모토(1만석 미만)를 감찰하는 일이며, 다이묘(1만석 이상)의 감찰은 오오메츠케(大目付)가 맡았다. 다만 에도 초기를 제외하면 오오메츠케의 감찰은 의전 등을 대상으로 하였으며, 정치군사 방면은 다이묘도 오메츠케가 맡았던 것 같다.

일반적으로는 막부의 관리로서 공적인 입장에서 조사를 한다. 하지만 신분을 감추고 조사를 하는 일도 있었다. 이것을 「카쿠시메츠케(隱し目付)」라고 한다. 이때 오메츠케는 휘하의 오카치메츠케(御徒士目付)을 「쇼고로 씨, 우콘 경」이라고 부른다. 이것이 카쿠시메츠케의 암호로 실제 활동은 오코비토메츠케(御小人目付)가 행상인 등으로 변해서 각 번에 잠입한다. 특히 쿠로쿠와 정도 되는 자는 세상 물정에 밝으며 변장도 능숙했다고 한다.

「쿠로쿠와(黑鍬)」란 전국시대의 전장에서 토목작업을 했던 농민인부를 이른다. 그밖에도 공성도구의 작업이나 운송, 부상병의 회수까지 다양한 잡일을 도맡았다. 현대풍으로 말하자면 전투공병이라고 해야 할까?

이것과는 별도로 마을봉행(町奉行) 휘하의 동심이 마을을 순찰할 때 정순찰(定町廻り), 임시순찰(臨時廻り)에 더해 변장해서 순찰하는 밀정순찰(隱密廻り)이라는 것이 있었다.

60

## 오메츠케의 조직

| 관부 밀정이란? | 비밀리에 정보를 수집하는 막부의 관리를 이르는 말. 오메츠케와 그 부하가 역할을 맡았다. |
| --- | --- |

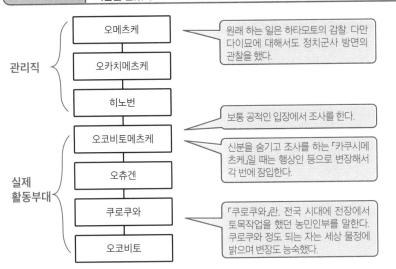

**관리직**
- 오메츠케
- 오카치메츠케
- 히노번

원래 하는 일은 하타모토의 감찰. 다만 다이묘에 대해서도 정치군사 방면의 관찰을 했다.

**실제 활동부대**
- 오코비토메츠케
- 오츄겐
- 쿠로쿠와
- 오코비토

보통 공적인 입장에서 조사를 한다.

신분을 숨기고 조사를 하는 「카쿠시메츠케」일 때는 행상인 등으로 변장해서 각 번에 잠입한다.

「쿠로쿠와」란, 전국 시대에 전장에서 토목작업을 했던 농민인부를 말한다. 쿠로쿠와 정도 되는 자는 세상 물정에 밝으며 변장도 능숙했다.

## 마을봉행 동심의 순찰 세 가지

오메츠케들과는 별도로 마을봉행 휘하의 동심이 마을을 돌 때 변장하며 순찰하는 밀정순찰이라는 것이 있었다.

| 명칭 | 정원 | 해설 |
| --- | --- | --- |
| 정순찰 | 6명 | 마을을 정기적으로 순찰하며 풍속을 어지럽히는 행위, 도박, 위법판매 등을 단속했다. 코이쵸 상투(보통 마을 사람들이 하는 상투)에 빨간 술이 달린 쇠막대를 등에 꽂은 채 걸어 다녔다. |
| 임시순찰 | 6명 | 정순찰 근무를 오래한 베테랑이 정순찰의 보좌와 지도를 목적으로 한다. 덤으로 인원이 부족한 정순찰을 보충하는 목적으로도 한다 |
| 밀정순찰 | 2명 | 다른 순찰과 달리 마을사람 등으로 변장해서(이 때문에 상투를 코이쵸로 튼다) 마을 시내를 돌아다닌다. 그리고 모은 정보를 마을봉행에게 보고했다. |

**관련 항목**
- 에도의 닌자 이가 닌자의 후예 → No.020
- 에도의 닌자 코가 닌자의 후예 → No.023

# 오니와반

## Oniwa-ban

오니와반(御庭番)은 8대 쇼군 도쿠가와 요시무네가 만든 관리직이다. 그 이름대로 정원을 관리하는 일이지만, 신분이 낮은 데 비해 쇼군 곁에 있는 경우가 있다. 그것을 이용해서 다른 임무가 내려졌다.

## ● 키이에서 온 밀정들

8대 쇼군 도쿠가와 요시무네는 에도의 도쿠가와 본가가 단절되어버렸기 때문에 키이 도쿠가와에서 양자가 되어 쇼군의 지위를 이었다. 이 때문에 에도에는 요시무네가 신뢰할 수 있는 인물이 전혀 없었다.

그러한 이유로, 키이에서 신분이 낮은 자들 17 가문을 데려왔다. 그리고 그들을 오니와반이라고 하는 새로운 관리직에 앉혔다. 오니와반은 오히로시키반(御広敷番, 쇼군의 부인이 거처하던 곳을 경비하는 담당으로 오히로시키라고 하는 장소에서 근무했다는 점에서 이런 이름이 붙었다)의 한 부문으로, 에도 성 본채의 정원에 있는 오니와반쇼(御庭番所)에서 근무하면서 정원의 경비와 정비를 하는 역할이다. 다만 직무상 신분이 낮음에도 불구하고 쇼군 가까이에 접근할 수 있었기 때문에 쇼군의 명령을 직접적으로 받을 수 있었다. 이러한 점 때문에 키이 도쿠가와 가문에서 정보 수집을 했던 약입역(薬込役, 탄약을 끼워 넣는 일을 하던 무사들-역자 주) 중 일부를 자신의 눈과 귀로 삼기 위해 에도로 데려왔다. 평소에는 쇼군의 고요가카리(御用懸り, 요시무네가 신설한 쇼군의 측근직으로 이쪽 인원도 키이에서 데려왔다. 훗날 오소바고요토리츠기라는 명칭으로 바뀌며 로쥬 이상의 권위를 휘둘렀다)에게서 명령을 받아 정보를 모았지만, 때로는 쇼군으로부터 직접 명령을 받고 보고하는 일도 있었다. 이중에 지방에 조사를 하러 가는 것을 원국고요(遠国御用)라고 했다. 이 임무를 수행할 때 공식적으로는 병결로 처리되었다.

오니와반은 쇼군의 신임을 얻었기 때문인지 출세한 자도 많았다. 원래의 오니와반은 불과 35섬 3인으로 부지했다(이럼에도 일반적인 고히로야시키반보다 위였다). 하지만 오히로야시키소에반나미(御広敷添番並, 50섬)이나 오히로야시키소에반(御広敷添番, 100섬)으로 출세한 자도 많았으며, 1,200석을 받는 당당한 하타모토로 출세한 자까지 있었다. 역대 감정봉행(勘定奉行) 중에 오니와반 출신자가 3명이나 된다. 하지만 희한하게도 오니와반은 출세해도 오니와반 직무를 유지한 자가 많았다. 다른 사람으로는 대체하기 어려운 직능이 있었다고 봐야 할 것이다.

## 오니와반의 역할

| 오니와반이란? | 에도 성 본채의 정원을 관리하는 일. 쇼군의 신용을 받으며 명령을 직접 받는 일도 있었다. |
|---|---|

### <오니와반의 특징>

· 8대 쇼군 도쿠가와 요시무네가 신뢰할 수 있는 자를 데려와서 곁에 두었던 것이 시작.
· 평소에는 쇼군의 고요가카리에게서 명령을 받았다.
· 오니와반에서 출세한 자도 많았다.
· 오니와반은 출세해도 오니와반의 직위를 유지하는 자가 많았다.

에도 성 천수
에도 성 오쿠
에도 성 오모테
오니와반쇼
에도 성 나카오쿠
에도 성 소천수

## 소철 문답

| 원국고요란? | 오니와반이 쇼군에게서 직접 명령을 받아 지방으로 조사를 가는 일. |
|---|---|

### <원국고요의 유명한 일화>

도쿠가와 이에나리

그대의 저택에 있는 소철은 훌륭하구나.

에도 저택 말씀이시옵니까?

시마즈 공

아니, 사츠마 저택 말이네. 답사한 증거로 가장 커다란 소철의 뿌리에 계(빗의 일종)를 꽂아두었다네.

사츠마는 방언도 특이해서 밀정조차도 두 번 다시 되돌아오지 못할 거라는 말조차 있을 정도다. 하지만 만일을 위해 조사를 시켜야겠어.

틀림없이 소철에 해바라기의 문장(도쿠가와 가문의 문장)이 새겨진 계가 꽂혀 있사옵니다.

가신

(이럴 수가, 말도 안 돼)…이렇게까지 우리 국정을 검분하시다니. 실로 황공하기 그지없구나.

관련 항목
● 관부 밀정 → No.027

# 야규 일족

**Yagyu Clan**

> 야규 가문은 야마토(나라)에 있었던 토호로 검호를 많이 배출했다는 것으로 유명하다. 하지만 그보다 유명한 것은 픽션에 암살집단이나 밀정으로서 등장하는 야규 일족(柳生一族)이다.

## ● 야규 일족의 음모?

야규 일족은 본래 검호로 잘 알려져 있다. 그런데도 불구하고 픽션에는 우라야규(裏柳生)라 칭하며 비합법 활동을 하는 일이 많다. 왜 그럴까?

우선 야규의 본가는 오와리 도쿠가와 가문을 섬겼던 야규 토시요시가 이었으며 에도 야규는 분가라는 설이 있다는 점이다(다만 막부의 공식 기록인 『도쿠가와 실기』에 본가의 당주는 무네노리로 되어 있다). 이것이 정확하다면 야규 무네노리가 정말 2대 쇼군 히데타다, 3대 쇼군 이에미츠의 쇼군 검술사범인지는 의문이 남는다. 야규 무네노리는 이 권위를 이용해서 많은 다이묘에게 검술사범역으로 수제자를 보내기까지 했다.

그리고 무네노리는 검술사범이라는, 원래라면 정치와 연관이 없는 직책이었을 텐데도 5년 동안이나 오오메츠케(大目付)를 맡았으며, 자리에서 물러난 뒤에도 바로 4,000석씩이나 가증받으며 다이묘가 되었다. 다시 말해 오오메츠케(다이묘의 감찰역)로서 대단히 유능했다는 말이다.

『도쿠가와 실기』에는 시마바라의 난(島原の乱)으로 이타쿠라 시게마사가 추토사(追討使, 반란이 일어났을 때 이를 평정하기 위해 임시로 임명하는 관직-역자 주)로 결정되었을 때 무네노리는 야간에 쇼군과 면회하여 시게마사의 임명을 거두어달라고 진언했다고 적혀 있다. 시게마사는 소다이묘이기 때문에 큐슈의 대다이묘들을 제어하기 힘들어 토벌은 실패할 것이라는 사유를 댔는데, 실제로 그 말대로 되었다. 이후 원군이 온다는 소식을 듣고 면목이 없어진 시게마사는 원군이 오기 전에 적 요새로 공격을 감행하다가 전사했다.

이 일로 무네노리는 밤중에도 쇼군을 만날 수 있게 되었으며, 더 나아가 쇼군이 결정을 거두어들이도록 진언할 수 있게 되었다. 그런데도 쇼군 이에미츠도 그 점에 의문을 느끼지 않았음을 알 수 있다. 심지어는 먼 장소였던 큐슈(당시의 큐슈는 지금의 해외보다도 멀었다)의 상황을 속속들이 알고 있었으며 그 정보를 토대로 진언했다. 대체 정체가 무엇일까? 그것은 정보부의 톱 말고는 설명이 안 된다. 이러한 점이 야규 일족이 첩보를 담당했을 거라는 추측이 나오는 이유이기도 하다.

## 야규 일족의 가계도

야규 일족이 왜 픽션에서 밀정으로 등장한 것일까?

· 당주가 오오메츠케에서 다이묘로 발탁되었다.
· 쇼군에게 직접 진언할 수 있었으며 먼 지역의 정세를 정확히 파악하고 있었다.

에도의 야규 가문은 정보부의 톱이었을 것으로 추측된다.

&lt;야규 일족 가계도&gt;

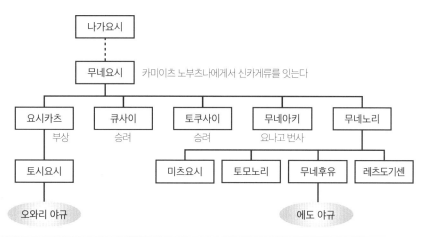

## 야규의 정보수집 시스템

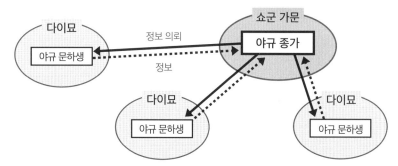

각 다이묘 가문이 검술 사범으로서 거느리고 있는 것이 야규의 문하생들이지만, 그 다이묘의 정보를 스승에게 보낸다. 이에 따라 야규는 문하생을 보낸 곳에서 다이묘의 정보를 얻을 수 있게 된다.

### 관련 항목
● 닌자의 임무 정보수집 → No.002      ● 오니와반 → No.028
● 관부 밀정 → No.027

# 마미야 린조

## Mamiya Rinzo

카라후토(樺太)와 대륙 사이를 가로막고 있는 마미야 해협을 발견한 모험가로서 교과서에도 실려 있는 마미야 린조. 하지만 그 정체가 막부의 조사관이었다는 사실은 의외로 잘 알려져 있지 않다.

## ● 밀정 탐험가

현재 카라후토의 지명은 전부 러시아풍으로 개명되고 말았지만, 마미야 해협만은 국제 해협으로서 각국에 알려져 있기 때문에 명칭이 그대로 남아 있다.

마미야 린조는 히타치(常陸)의 농민이었지만, 계수(計數)에 뛰어났기 때문에 무사의 신분으로 발탁되었으며, 막부의 고케닌(御家人, 쇼군 직속의 하급 무사-역자 주)까지 올랐다. 그리고 후신역(普請役, 토목건축직)이 되어 측량 기술 등을 배웠다.

린조는 겨울에도 단의(삼베 한 장짜리 옷)로 지냈으며 맨발로 걸어 다녔다. 발바닥이 연해지면 곤란했기 때문이었다고 한다. 게다가 겨울에도 화로 한점 피우지 않고 여름에도 모기장조차 치지 않았다. 항상 자신을 몰아붙이며 계속 단련했다.

린조는 나중에 막부의 카라후토 조사의 일환으로 카라후토가 섬이었음을 확인했다(당시의 세계지도에 카라후토는 반도로서 그려져 있었다). 평소의 단련 덕분에 카라후토에서도 견딜 수 있는 육체를 얻었기 때문일 것이다.

공적을 세우고 돌아온 린조는 시볼트 사건(シーボルト事件)과 마주한다. 그것은 시볼트가 보낸 짐이 린조의 상사인 타카하시 카게야스에게 도착했던 일에서 시작되었다. 의문을 가진 린조는 카게야스의 상사인 감정봉행(勘定奉行)에게 상담한 끝에 카게야스를 감시하기로 했다.

감시를 눈치 챈 것일까. 시볼트는 출국을 시도하지만 다행히도 시볼트의 배는 난파하고 구조할 때 짐에 일본지도가 들어 있었다는 사실이 발각되었다. 당시 일본지도를 반출하는 것은 중죄였다. 지도야말로 국방상 최대 기밀이었기 때문이다. 시볼트는 국외로 추방, 카게야스는 사형이 내려졌다.

메이지 유신 시기에 일본이 외국의 식민지가 되지 않았던 이유 중 일부는 린조의 공적이다. 그야말로 프로 첩보원의 임무다. 하지만 상관을 고발한 린조를 이해하는 자는 적었으며, 친구를 잃은 린조는 고독하게 살아가게 되었다.

## 마미야 린조의 생애

히타치(지금의 이바라키현)의 농민 출신.

⬇

계수에 뛰어나서 무사의 신분으로 발탁됨.

⬇

막부를 섬기며 후신역(토목건축직)이 되어 측량 기술 등을 배웠다.

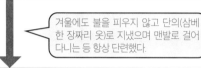
겨울에도 불을 피우지 않고 단의(삼베 한 장짜리 옷)로 지냈으며 맨발로 걸어 다니는 등 항상 단련했다.

⬇

막부의 카라후토 조사의 일환으로 카라후토가 섬이었음을 확인.

⬇

상사와 시볼트의 관계를 의심하여 감시한다(시볼트 사건).

⬇

상사를 고발한 일로 주위의 눈은 차가워졌지만, 말년까지 막부의 관료로 일하다가 죽었다.

## 카라후토 반도와 카라후토 섬

마미야의 조서 이전의 북방 지도

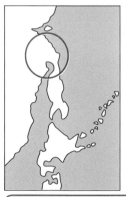

실제 카라후토

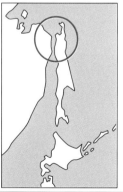

마미야 린조의 조사로 확인.

카라후토는 반도로서 육지에 붙어 있다.

카라후토는 섬이었고, 해협이 존재한다.

린조의 지도는 축척 1:36000의 상세 지형도로 지도 7장 범례·이정(里程)기 1첩으로 이루어진 큰 지도였다.

### 관련 항목
● 닌자의 임무 방첩 → No.003

# 도막파의 닌자

## Ninja for Overthrow of Tokugawa Shogunate

막부 말기쯤, 막부 측도 도막파(倒幕派)도 다양한 모략을 하고 있었다. 특히 혼란을 원했던 도막파는 에도 시내의 치안 악화를 노린 행동도 일으켰다. 그중에는 랏파(乱破) 등을 이용했던 자도 있었다.

## ● 에도의 치안을 악화시켜라

막부 말의 도막파인 쵸슈번(長州藩), 사츠마번(薩摩藩)은 양쪽 다 **모략**과 사회불안을 가속화시키기 위하여 다양한 수단을 이용했다. 거기에 각각의 번의 **오니와반**(御庭番)이 이용되었다고 한다. 심지어는 말단을 고케닌(御家人)으로 심어두는 짓까지 했다.

사츠마번에서는 랏파를 이용했는데 그 지휘관은 사이고 타카모리였다고 한다. 사이고 타카모리는 사츠마번의 오니와번이었다고 전해지며 랏파는 그 명령으로 움직이고 있었다. 다만 랏파는 닌자였던 것은 아니다. 랏파가 했던 일은, 말하자면 에도 사츠마 저택에 모여서 때때로 에도 시내의 대상인의 집에 쳐들어가 칼이나 총을 들이대고는 양이(攘夷, 외국과 싸워 일본에서 쫓아내는 일)를 위한 군자금이라며 제멋대로 창고에서 금품을 들고 나간다는, 강도나 다름없는 행위를 하고 있었다.

심지어는 에도 성에 숨어들어 방화까지 하며 지나치게 노골적인 도발마저 자행했다. 이 일을 더 이상 두고 볼 수만은 없었던 도쿠가와 가문(왕정복고 대호령이 나온 뒤였기 때문에 이미 막부는 아니었다)은 사츠마 별채를 태워버렸다. 하지만 이것이 도쿠가와 가문의 명을 재촉하게 된다. 관군이 되었던 사츠마를 일개 다이묘 가문이 화공을 했기 때문에 토벌 명령을 내릴 대의명분을 얻었기 때문이다. 이렇게 보신 전쟁(戊辰戦争)이 일어나면서 도쿠가와 가문을 해치울 수 있게 되었다.

사이고 타카모리도 젊었을 적에는 제법 더러운 권모를 부렸다. 그 정도의 술책을 부리지 않고서는 도저히 살아남을 수 없는 시대였다.

그런 의미에서 유신(維新)의 원훈(元勲)이 될 만한 재능이 있었다고 볼 수 있다.

## 난세의 막부 말기

막부 말기에는 도막파의 번이 오니와반 등을 이용해 활동하고 있었다.

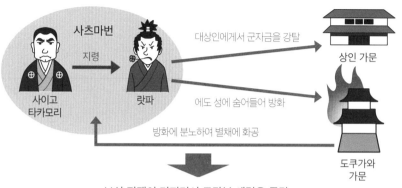

보신 전쟁이 터지면서 구막부 세력은 몰락.

## 쵸슈번 말단 출세

막부의 중직자까지, 반막부파의 스파이가 숨어들었다!

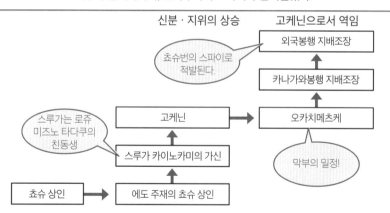

쵸슈 출신의 마을 사람이 외국봉행 조장(외교담당자)가 되기까지 불과 10년 정도밖에 안 되는 이례적인 출세이며, 두 번째 흑선내항(黑船来航, 미국의 제독 매튜 C. 페리가 이끄는 미국 해군의 함선이 일본에 내항한 사건-역자 주)이 발생한 1854년 정도부터 막부에 숨어들어 막부의 외교정책을 쵸슈번으로 착착 보냈을 것으로 추측된다.
적발당했을 때는 막부 외교정책의 실무담당으로서 활동하고 있었다. 이를 해낸 것이 쵸슈번의 말단이었으니, 어설픈 스파이 영화 이상의 전개가 된 것이다.

관련 항목
● 닌자의 임무 모략 → No.004　　　　　　● 오니와반 → No.028

# 이쯤 되면 마법

에도 시대에 마츠우라 세이잔이 쓴 수필집 『갑자야화(甲子夜話)』에는 술사의 이야기를 들었다면서 마법이라고밖에 생각할 수 없는 이야기도 실려 있다.

먼 곳에서 시집 온 아내에게 어느 날 남편이 이야기를 했다. 그 아내는 시집오기 전에 병에 걸렸던 적이 있다. 물론 그때 남편(아직 남편은 아니었다)은 없었지만 없었을 터인 남편이 아내가 병에 걸렸을 때의 이야기를 마치 보고 온 듯이 말한다. 이야기도 완전히 아내의 기억 그 자체다. 남편이 말하기를 머리맡에 숨어들어 보고 있었다고 한다.

아내가 놀라서 묻자 술사에 홀려 그곳에 간 것으로 남편이 은술(隱術)을 사용한 것은 아니라고 말한다. 술사가 은술을 사용했기 때문에 남편도 보이지 않았던 거라고 말한다. 다만 술사는 한 명밖에 빙의할 수 없다고 대답했다.

『갑자야화』에 수록되어 있는 다른 이야기에서는 친구들이 모여 있을 때 한 명이 감이 먹고 싶다고 말한다. 그때 술사 한 명이 자리를 뜨더니, 잠시 시간이 지나 어린아이가 바구니 잔뜩 감을 담은 채 들어왔다. 거기서 손님들은 다 같이 감을 먹었다. 모임이 끝나고 손님이 돌아간 뒤에 문득 정신을 차리고 보니 아까 어린아이가 들고 왔던 감은 전부 정원에서 자라난 감나무의 열매였다.

또한 이런 이야기도 실려 있다. 손님이 왔을 때 그 손님이 평소에는 절대로 가지고 나오지 않는 비장의 술잔으로 대접했다. 그리고 돌아갈 때 상자에 넣어 돌려주었다는 못된 장난을 했다.

이것들 전부 술법에 의한 것으로 조금이라도 사욕이 있다면 술법은 성공하지 않고 반동으로 인해 벌을 받는다고 한다. 또한 복권을 사기 전에 선조의 묘를 닦은 뒤 오륜의 탑의 가장 위에 있는 보주의 파편을 품에 넣어두면 반드시 복권이 당첨된다고 한다. 이쯤 되면 이제는 인술인지 마법인지 구분이 가지 않는다. 이렇듯 인술은 어떤 의미로 보자면 옛날이야기와 같이 이야기되고 있다. 하지만 인술의 이미지가 어떤 것이었는지 쉽게 알 수 있는 에피소드도 수록되어 있다.

신슈의 타카토성(高遠城)의 가신 사카모토 마고하치가 마츠모토에 갔을 때 그곳의 가신 중 시노비를 하는 자가 있었다. 그는 가신의 가신으로 신분이 낮음에도 불구하고 타카토성의 내부에 대해 손에 잡히듯이 알고 있었다. 마고하치조차 잘 모르는 것을 어떻게 잘 아냐고 묻자 자신의 일은 시노비이며 인접 지역에 대한 것을 중요 여부를 가리지 않고 조사하는 것이 일이라고 말했다.

마고하치는 크게 감동해서 문하생이 되고 싶다며 요청했다. 하지만 그는 이것은 무사가 할 일은 아니라면서 자신은 가업이기 때문에 하고 있지만, 어디까지나 잡일에 불과하다고 말했다. 이에 그는 배우는 것을 포기했다고 한다.

# 제 2 장
# 닌자의 도구

# 닌자 복장
## Ninja cloth

드라마나 애니메이션에 등장하는 온통 검정색의 닌자 복장(忍者裝束)으로 몸을 두른 닌자들. 마치 특수부대라는 인상이 풍겨서 멋지다. 하지만 그들은 정말로 그러한 의상을 입었을까?

## ● 검지는 않은 닌자의 의상

검정은 매우 비싼 색이다. 지금도 비싼 상복이나 저렴한 상복은 둘 다 검은색이기는 해도 그 발색은 전혀 다르다. 물론 비싼 검정은 정말로 칠흑이라 훌륭하지만, 저렴한 검정은 짙은 회색이라는 느낌으로 싼 티가 난다.

게다가 밤의 어둠이라고 해도 달빛이나 별빛으로 인해 조금은 명도가 있기 때문에 정말로 검게 보이지는 않는다. 그렇지만 진정한 검은색은 명도가 0(혹은 매우 낮다)이기 때문에 오히려 그 부분만 검게 보이면서 눈에 띄고 만다.

검은 닌자 복장은 에도 시대에 닌자나 도적을 무대에 등장시키기 위해, 무대에서 돋보이게 하려고, 닌자다운 색으로서 선택받은 것이다.

실제 닌자가 선택한 것은 저렴하게 물들일 수 있으며(닌자는 빈곤하다) 밤에 주변 색깔로 녹아들 수 있는 어둡고 수수한 색이다. 주로 감즙색을 사용했다고 전해진다.

게다가 실제 닌자 복장 등은 좀처럼 사용되지 않았다. 왜냐하면 닌자는 먼 곳을 이동하는 일이 많았기 때문에 전용 닌자 복장은 그저 짐을 늘리기만 할 뿐이었다. 그렇다고 해서 대낮에 닌자 복장을 입고 돌아다닐 수도 없는 노릇이었다.

닌자는 평범한 복장 중에서 통소매(筒袖)나 노라하카마(野良袴)와 같이 소매나 하카마의 폭이 좁은 것을 즐겨 입었다. 이것은 평범한 사람으로 보일 뿐만 아니라 움직이기 쉽고 옷이 잘 걸리지도 않았기 때문이다. 색은 어둠과 혼동될 수 있는 짙은 색(다만 검정보다는 밝다)을 사용했다. 때로는 안팎으로 입을 수 있는 하오리(羽織) 등으로 신속하게 갈아입는 일도 있었다고 한다.

흔히 말하는 닌자 복장은 닌자가 사용했던 통소매 노라하카마 복장을 새카맣게 물들인 것으로 비슷한 복장을 입었다는 의미로 보자면 닌자 복장은 존재했다고 할 수 있다.

## 닌자가 입은 의상이란

### 닌자 복장은 검정이 아니다!

· 검정은 비싼 데다 어둠 속에서는 오히려 눈에 띈다.

검은 닌자 복장은 에도 시대에 닌자나 도적을 무대에 등장시키기 위해, 무대에서 돋보이게 하고자, 닌자스러운 색으로서 선택받은 것.

### 진짜 닌자 복장은 감즙색이었다고 전해진다.

· 제작비용이 저렴하며 밤에 주위에 녹아들 수 있는
어둡고 수수한 색.

### 흔히 말하는 닌자 복장 같은 건 좀처럼 쓰이지 않는다.

· 짐만 되고 낮에는 눈에 띈다.

### 닌자는 쉽게 구할 수 있는 옷 중에서 소매나 하카마 폭이 좁은 것을 즐겨 입었다.

· 평범한 사람으로 보이면서도 움직이기 쉽다.

## 닌자 복장

<흔히 말하는 닌자 복장>　　닌자가 사용했던, 통소매 노라하카마 복장을 새카맣게 물들인 것.

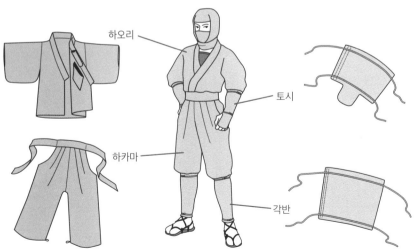

하오리

토시

하카마

각반

### 관련 항목
● 닌자 복장 2 → No.033

# 닌자 복장 2

## Cowl & Underclothes of Ninja

상의 말고도 닌자의 의류는 특징이 있다. 유명한 것은 시노비 두건(忍び頭巾)이다. 눈 부분을 제외한 나머지를 전부 숨겨버리는 닌자 두건의 의미는 어디에 있는 것일까. 또한 닌자의 하의도 조금 특이하다.

## ● 두발은 그 사람을 드러낸다

현대에는 정체를 숨기고 싶을 경우 얼굴을 숨긴다. 물론 방한모처럼 눈만 내놓고 대부분을 가려버리는 것도 있다. 하지만 머리카락은 내놓은 채로 두는 복면도 많다.

그러나 전국시대부터 에도 시대까지는 그럴 수 없었다. 당시에는 신분이나 직업별로 머리 모양이 정해져 있었다. 그것도 남성의 경우에는 사카야키(정수리를 깎은 부분)가 있기 때문에 머리 모양을 바꿔서 속이기도 어렵다. 이 때문에 머리 모양을 남이 보게 될 경우 신분과 직업이 들통 나고 만다. 다시 말해 정체를 거의 다 들키는 것과 마찬가지다. 물론 얼굴을 보이면 위험하다는 것은 두말할 필요도 없다. 이런 이유로 시노비 두건과 같이 얼굴과 머리 양쪽을 숨길 필요가 있었다.

이 시노비 두건은 쓰는 방법이 다양했다. 제각각 다른 방법으로 쓰는 것뿐으로 전부 올바른 방법이다.

닌자도 인간이기 때문에 물론 속옷을 입고 있다. 하지만 닌자의 임무를 생각하면 속옷도 제한이 생긴다. 움직이기 쉬울 것. 뭔가에 걸리지 않아야 할 것. 부피가 늘지 않을 것. 이 세 가지 조건이 필요하다.

그런 의미로 보자면 이른바 육척곤(六尺褌, 1척≒38cm의 경척을 사용하기 때문에 약 228cm나 된다)은 부피가 늘어난다. 또한 월중곤(越中褌)은 팔랑거려서 천이 걸릴 가능성이 있다. 분곤(畚褌)은 우수하지만, 가부키에서 여장을 한 남자 배우가 입는 것으로, 노출될 경우 특이하다는 점 때문에 눈에 띈다.

여기서 닌자는 특유의 훈도시를 입었다고 전해진다. 긴 월중곤의 양쪽에 끈이 달려 있다. 보통은 한쪽 끈을 빼두면 조금 긴 월중곤으로 보이기 때문에 숙소에 머물렀을 경우에도 문제가 되지 않는다.

## 시노비 두건을 쓰는 법

당시에는 신분이나 직업마다 머리 모양이 정해져 있었다.

정체를 숨기기 위해서는 얼굴과 머리를 둘 다 가릴 필요가 있다!

시노비 두건으로 얼굴과 머리를 감춘다!

<시노비 두건 쓰는 법의 일례>

① 수건으로 입가를 덮는다.

② 면적이 넓은 방한용 얼굴 가리개를 이마에 대고 끈을 머리 뒤로 옭아맨다.

③ 두건을 뒤로 돌려서 좌우의 끝부분을 턱 아래로 교차한다.

④ 끝부분을 뒤로 돌려서 묶는다.

## 닌자의 속옷

| 닌자 속옷의 조건 | 1.움직이기 쉽다 | 2.걸리지 않는다 | 3.늘어나지 않는다 |
| --- | --- | --- | --- |

**육척곤**
→늘어나기 때문에 ×

2m 이상이나 된다!

**월중곤**
→걸리기 때문에 ×

한쪽을 늘어뜨릴 뿐.

**분곤**
→특수성 때문에 ×

가부키의 여자 역을 맡은 남성 배우가 착용.

### 특유의 훈도시를 착용!

양쪽에 끈을 집어넣는다

긴 월중곤

· 한쪽 끈을 벗겨두면 긴 월중곤으로 보인다.
· 끈을 집어넣은 다음 목에 걸어두면 걸리지 않는다(오른쪽 그림).

**관련 항목**
● 닌자 복장 → No.032

# 봉수리검

**Straight Ninja Star**

닌자의 무기라 하면 수리검이 떠오르지만, 수리검은 크게 나누어 봉수리검(棒手裏劍)과 차검(車劍)의 2종류가 있다. 유명한 것은 별 모양이지만, 이용률이 높았던 것은 봉수리검이다.

## ● 싸고 편리한 봉수리검

봉수리검(棒手裏劍)이란 그 이름대로 죽 뻗은 봉 모양의 수리검을 말한다. 창작 속의 닌자가 사용하는 경우는 많지 않지만(만화에서는 봉수리검이 아니라 단검을 던지는 것처럼 잘못 그려지는 경우도 있다), 실제로는 **차검**(車劍)보다도 널리 사용되었다. 그 이유는 몇 가지 있다.

가장 큰 이유는 저렴하다는 점이다. 닌자는 가난하다. 그리고 차검과 같이 얇은 세공물은 당연히 비싸다. 던지면 사라질 가능성이 높은 수리검에, 그런 비싼 것을 쉽게 사용할 수는 없는 법이다.

다음으로 별로 걸리적거리지 않는다는 점을 들 수 있다. 차검은 그 모양 때문에 아무리 해도 부피가 커질 수밖에 없다. 게다가 주위가 전부 뾰족뾰족해서 수납하기 곤란하다. 이에 비해 봉수리검은 기본적으로 한 개의 봉이기 때문에 수납에 곤란함이 없다.

또한, 봉수리검은 그 이름대로 끝이 표족한 철봉이다. 손에 들고 찌르거나 쐬기 대신 꽂는 등 수리검 이외의 용도로도 사용할 수 있다. 왼팔의 전박 바깥에 꽂아두면 넣고 빼기가 편리할 뿐만 아니라 팔 덮개 대신으로도 쓸 수 있다.

그리고 무엇보다 봉수리검은 차검보다도 위력이 세다. 중량이 있어서, 적을 더 깊숙이 찌를 수 있다. 다시 말해 제대로 칼날 쪽이 명중한다면 차검보다도 대미지가 크다.

물론 단점도 있다. 봉수리검의 날은 한쪽만 있기 때문에 그 부분이 적에게 맞지 않는 한 단순히 봉으로 때리는 것이나 마찬가지다. 다시 말해 던지는 실력이 필요하다. 하지만 싸고 위력 있는 봉수리검을 사용하기 위해 닌자는 기량을 갈고닦았다. 또한 날이 앞쪽을 향하며 날아가도록 형태도 고안되었다.

## 봉수리검의 이모저모

| 봉수리검이란? | 쭉 뻗은 봉 모양의 수리검. 닌자에게 널리 사용되었다. |
|---|---|

봉수리검의
장점

· 싸다
· 걸리적거리지 않는다
· 재사용하기 좋다
· 위력이 크다

봉수리검의
단점

· 투법의 기량이
필요하다

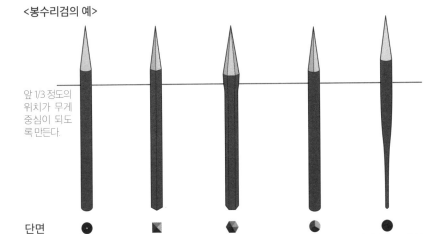

**<봉수리검의 예>**

앞 1/3 정도의
위치가 무게
중심이 되도
록 만든다.

단면

원　　　　사각형　　　　육각형　　　원이지만 끝　　원이지만 꼬리 부
　　　　　　　　　　　　　　　　　부분만 삼각　　분이 화살촉 모양

## 봉수리검의 수납장소

**봉수리검은 왼팔의 전박에 수납한다!**

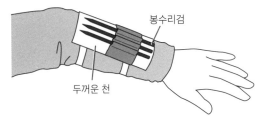

봉수리검

두꺼운 천

던질 때는 꺼내서 바로 사용한다.
봉수리검이 꽂힌 상태라면 왼팔
의 방어구로서도 도움이 된다.

**관련 항목**

● 차검 → No.035

# 차검

**Ninja Star**

닌자의 상징이라고도 할 수 있는 차검(車劍). 그 모양은 다양하다. 이것은 수많은 닌자들이 조금이라도 던지기 쉽고 적에게 명중하기 쉬우며 대미지가 커지도록 연구를 거듭한 결과다.

## ● 검은 수리검

수리검은 **봉수리검**(棒手裏劍)을 포함해서 모두 검다. 이것은 담금질을 해서 뜨거운 수리검에 견직물을 걸친 뒤 재를 배어들게 해서 만들어졌다. 이에 따라 눈에 띄지 않고 녹슬지도 않는 수리검이 만들어지는 것이다. 더욱이 수리검에 독을 바르는 경우에도 독이 순수한 철보다도 표면에 묻히기 쉽다.

실은 유체역학적으로 말하자면 매끈매끈한 철 표면보다도 까칠까칠한 수리검 쪽이 공기저항이 적다. 이 때문에 속도가 잘 떨어지지 않으며 멀리까지 날아갈 수 있다. 물론 닌자가 유체역학을 알고 있었을 리는 없지만, 경험적으로 표면이 까칠까칠한 쪽이 멀리까지 날리기 쉬웠다는 사실은 알고 있었을지도 모른다.

차검의 장점과 단점은 봉수리검과 반대다. 어떤 부분이 맞아도 적에게 대미지를 줄 수 있지만, 휴대성이 떨어지며 비싸고 대미지도 적다. 이 문제를 일부 해소한 것이 접이식 십자 수리검(折りたたみ十字手裏劍)이다. 접으면 1자가 되기 때문에 휴대성이 높아진다. 다만 공작이 필요하기 때문에 비용은 더 올라간다.

또한 차검을 2개 조합한 철국(鉄鞠)이라는 것이 있다. 이것이야말로 어디에 맞아도 대미지를 줄 수 있는 편리한 물건이지만 휴대성이 더욱 떨어지며 더 비싸서 좀처럼 쓰이는 일은 없었다.

차검의 뾰족한 끝부분은 찌르기 쉽도록 매끈하게 되어 있는 것 외에도 갈고리가 달려 있는 것도 있다. 갈고리가 있으면 잘 빠지지 않을 뿐만 아니라 억지로 빼려고 하면 상처가 더 크게 벌어진다. 빼지 않으면 행동에 장애가 생기고 빼면 상처가 벌어지기 때문에 적의 입장에서는 매우 성가신 물건이다. 다만 차검의 위력으로는 갈고리의 효과가 빛을 볼 정도로 깊게 찔리는 일은 그다지 없다는 점과 갈고리를 만드는 공작이 번거로워서 비용이 올라간다는 점 때문에 그만큼 널리 쓰이지는 않았다.

## 수리검의 이모저모

| 차검이란? | 평평하고 주위에 칼날을 둘러 만든 것. 창작물에서는 자주 사용된다. |

**차검의 장점**
· 그다지 투법의 기량이 필요하지 않다

**차검의 단점**
· 휴대성이 떨어진다
· 비싸다
· 대미지가 적다

**<차검의 예>**

삼광 수리검

갈고리
삼방 수리검

사방 수리검

육방 수리검

팔방 수리검

십자 수리검

卍 수리검

별 모양 수리검

## 특수한 차검

**접이식 십자 수리검**
· 접으면 1자가 되는 수리검.
· 휴대성이 뛰어나지만 비싸다.

**철국**
· 차검 두 개를 조합한 수리검.
· 어디로 맞아도 대미지를 줄 수 있다.
· 휴대성이 떨어지며 비싸다. 쓰이는 일은 좀처럼 없었다.

**관련 항목**
● 봉수리검 → No.034

## No.036

# 닌자도

**Ninja Sword**

닌자의 칼(刀)에는 「무사의 혼」과 같은 정신성은 없다. 단순한 도구에 지나지 않는다. 하지만 칼을 단순한 도구로 보는 것이야말로 닌자의 진정한 무서움이기도 하다.

## ● 짧고 일자로 뻗은 닌자도

닌자가 사용하는 칼을 닌자도(忍び刀)라고 한다. 애니메이션이나 만화의 이미지와는 달리 닌자는 전투의 프로는 아니다. 정면에서 싸우면 무사에게는 이길 수 없다. 그 때문에 닌자도는 순수 전투용에서 전투에도 사용할 수 있는 도구로 변화해갔다.

우선 짧다. 칼날의 길이가 40~50cm 정도밖에 되지 않는다. 일반적인 타도(打刀)의 칼날 길이가 70cm인 것을 생각하면 매우 짧다. 중간 정도의 와키자시(脇差)정도다.

이것은 닌자의 주요 임무가 싸우는 것이 아니기 때문이다. 닌자의 주요 임무는 **정보수집**으로 싸우지 않고 정보를 모을 수만 있다면 그보다 좋은 일은 없다. 도망칠 수 있다면 도망쳐도 상관없는 것이다. 닌자도는 어디까지나 어쩔 수 없이 싸울 때를 대비해 있으며 평소에 걸리적거리지 않고 도망칠 때 부담되지 않도록 짧고 가볍게 만들어졌다.

다른 특징은 일본도 특유의 휘어짐이 적으며 거의 일자로 뻗었다는 점이다. 휘어짐이 없는 칼은 인간을 베는 용도로 보자면 불리하다. 하지만 방해가 되지 않는 도구로서는 일자로 뻗은 편이 딱 좋다.

자루는 물에 젖어도 망가지거나 미끄러지지 않도록 옻을 바른 미끄럼방지용 끈을 두르고 있다. 눈에 띄어서는 안 되므로 검은색으로 광택을 지웠다.

칼집도 마찬가지지만 칼집의 끝을 벗기면 더욱 통짜가 되어 슈노르헬(Schnorchel, 물속을 헤엄치면서 숨을 쉴 수 있게 만든 입에 무는 관-역자 주) 대신으로도 사용할 수 있다.

칼집의 끝부분은 지면에 찔러 세우기 쉽도록 금속재질로 날카롭게 되어 있다.

사게오(下緒, 칼집에 달려 있는 끈)는 마찬가지로 눈에 띄지 않는 검은색이지만, 일반적인 칼보다 더 길게 만들어졌다. **사게오 칠술**(下緒七術)이라고 하는 다양한 용도로 이용하기 위해서는 긴 쪽이 유용하기 때문이다.

닌자도의 전투력은 여차할 때를 위한 보험으로, 본래 닌자는 전투를 피할 수 있다면 도망치는 것이 기본이다.

## 닌자도의 각 부분

| 닌자도란? | 닌자가 사용하기 위해 일반적인 칼에서 조금씩 변화한 것. 전투도 가능한 도구라는 위치에 있다. |

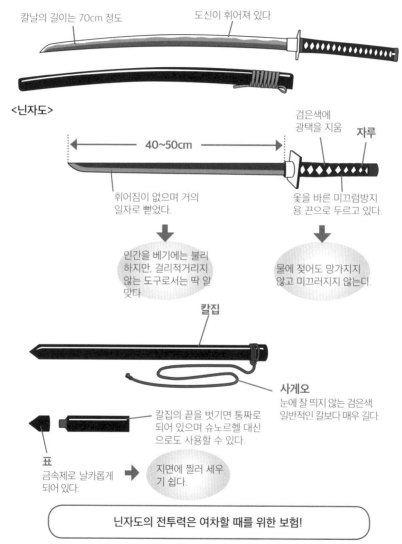

**<일반적인 칼(타도)>**

칼날의 길이는 70cm 정도

도신이 휘어져 있다

**<닌자도>**

검은색에 광택을 지움

**자루**

**40~50cm**

휘어짐이 없으며 거의 일자로 뻗었다.

옻을 바른 미끄럼방지용 끈으로 두르고 있다.

인간을 베기에는 불리하지만, 걸리적거리지 않는 도구로서는 딱 알맞다

물에 젖어도 망가지지 않고 미끄러지지 않는다.

**칼집**

**사게오**
눈에 잘 띄지 않는 검은색. 일반적인 칼보다 매우 길다.

칼집의 끝을 벗기면 통짜로 되어 있으며 슈노르헬 대신으로도 사용할 수 있다.

**표**
금속제로 날카롭게 되어 있다.

지면에 찔러 세우기 쉽다.

닌자도의 전투력은 여차할 때를 위한 보험!

### 관련 항목
● 닌자의 임무 정보수집 → No.002
● 사게오 칠술 츠리가타나 → No.060
● 사게오 칠술 → No.061

# 시노비의 육구

## Six Tools for Ninja

닌자가 전투원이 아니라 먼 장소를 조사하는 조사원이라는 점은 이 시노비의 육구(忍び
の六具)에서도 엿볼 수 있다. 무엇보다 중요하게 취급되는 도구 중에 전투용품은 하나도
들어 있지 않았다.

## ● 무사해야 명마

닌자는 대부분 혼자 멀리 떨어진 지역으로 가서 그곳을 조사하고 돌아온다. 불가능은
아니지만 싸울 틈은 없다. 적지에서 전투가 발생하여, 최초의 적을 쓰러뜨린다 하더라
도 계속해서 적이 나타나게 된다. 이쪽은 한 명이기 때문에 언젠가는 붙잡히고 결국 살
해당하고 만다. 또한 병에 걸려 쓰러지더라도 돌봐줄 사람은 아무도 없다. 자력으로 어
떻게든 해야 한다.

다시 말해 닌자는, 아무 일 없이 나가서 아무런 트러블도 일으키지 않고 무사평온하
게 돌아오는 것이 가장 중요한 임무였다. 「무사해야 명마(無事これ名馬)」라는 속담은 그야
말로 닌자를 위해 있는 것 같은 말이다.

시노비의 육구(忍びの六具)는 그러한 용도를 생각해서 닌자가 무사히 다녀올 수 있도록
선택된 최소한의 도구다.

얼굴을 가리기 위한 삿갓. 이것은 적이 간파하는 것을 방지하기 위한 도구다.

갈고리줄(打鉤)은 적지에 잠입할 경우 가장 범용성이 높은 도구로 항상 가지고 다녀야
할 물건이다. 또한 갈고리를 떼어내어 로프로 사용해도 된다. 이것 또한 용도가 몇십
가지나 될 것이다.

석필(石筆)은 조사를 위해 나가는 닌자라면 반드시 가지고 가야 할 필기구다. 또한, 성벽
등에도 쓸 수 있기 때문에 나중에 오는 아군 닌자를 위한 표식으로도 사용할 수 있다.

약은 여차할 때를 위해 갖추어야 할 도구임과 동시에 적을 재우거나 죽이는 등 전투
력이 낮은 닌자에게 알맞은 무기다.

삼척수건은 복면을 시작으로 수낭으로 사용하거나 포대 대용으로 사용하는 등 범용
성이 높은 천이다.

그리고 마지막으로 불 보존용품. 추울 때는 조금이나마 난로 효과가 있었을지도 모른다.

## 닌자의 필수품

| 닌자의 육구란? | 닌자가 무사히 다녀올 수 있도록 최소한의 도구로서 들 수 있는 것. |
|---|---|

천개

낭인 삿갓

### 삿갓

얼굴이 가려지며 이쪽에서는 상대가 잘 보인다. 다양한 삿갓이 있지만 허무승이 쓰는 천개나 낭인 삿갓은 얼굴이 완전히 가려지기 때문에 닌자가 변장시 곧잘 사용하곤 했다.

### 석필

납석이라고도 한다. 석판 등을 이용하여 기록하는 데 사용한다. 또한 성벽이나 그 주변의 바위 등에 표식을 남기는 데도 사용된다.

로프

갈고리

죽통

불씨

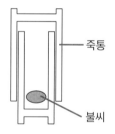

### 갈고리줄

로프 끝에 갈고리를 달아놓은 것. 올라가거나 내려가는 데 사용하는 것은 물론이고 로프로 인간을 묶는 데도 사용되며, 문을 졸라매는 데도 사용된다. 가능하다면 가늘고 튼튼한 편이 가지고 다니기에도 편리하며 오래 사용할 수 있다.

### 우치다케

두께가 다른 대나무통을 겹친 것. 안에 불씨를 넣어둔다. 이렇게 하면 급할 때 일일이 부싯돌을 사용하지 않아도 된다. 애당초 부싯돌은 소리가 나기 때문에 문제가 있다. 등불을 밝힐 때나 방화 등 다양한 용도로 사용된다.

### 약

복통약이 가장 중요하지만 상처약·벌레약·해독제부터 수면제·독약까지. 병이나 상처로 활동을 못하게 되는 것이 가장 큰 문제이기 때문이다.

### 삼척수건

· 하치마키와 같이 머리에 감아서 땀을 닦는 것은 물론, 얼굴을 둘러싸서 복면대신으로 사용된다. 띠를 더 연결해 길이를 늘려 담을 뛰어넘는 데도 사용된다.
· 탁한 물을 마셔야만 할 때 물을 여과하는 데도 사용된다.
· 유파에 따라서는 띠 아래에 넣어서 2중띠라고 부르지만, 이가에서는 옷깃에 접어서 넣어둔다.

## 관련 항목

● 화기 → No.041　　　　● 인약 → No.051

# No.038

# 마키비시

## Makibishi

닌자가 발길을 막는 데 사용하는 마키비시(撒菱)는 그 이름대로 마름이라는 수초의 씨앗, 또는 그것을 본따 만든 것이다. 정확히는 오니비시(鬼菱), 또는 히메비시(姫菱)의 씨앗이 사용되며 일반적인 마름의 씨앗은 사용되지 않는다.

## ● 함정으로서의 마키비시

창작작품인 닌자물에서는 도망치는 닌자가 자신의 등 뒤에 마키비시(마키비시는 흔히 마름 쇠라고 번역하지만 여기서는 재질별로 설명하고 있으며 우리나라의 마름쇠에 가장 가까운 테츠비시가 따로 언급되고 있기 때문에 여기서는 마키비시라고 번역하였다-역자 주)를 던지고 그것을 추격자가 밟고는 괴로워하는 장면을 종종 보게 된다. 근데 애당초 마키비시란 무엇일까.

마키비시는 작고 모든 방향에 뾰족한 부분이 있어서 지면에 뿌리면 반드시 뾰족한 부분이 위로 향하게 되어 있다. 하지만 과연 이런 것으로 발목을 잡을 수 있을까? 그것은 당시의 발치를 생각해보면 알 수 있다.

당시의 신발은 짚신(草鞋)이 일반적이었다. 지금과 같이 고무로 만든 신발이 아니다. 섬유를 교차하여 만든 것이 보호하고 있을 뿐인 발바닥은 틈이 있기 때문에 뾰족한 것은 빈틈을 파고들며 발바닥을 직접 찌르고 만다. 마키비시는 당시의 신발 사정에 맞춰 만든 시간벌이용 도구였다.

단, 일반적인 마름의 씨앗은 마키비시에 사용되지 않았다. 일반적인 마름의 씨앗은 가시가 두 개밖에 없어서 뿌렸을 경우 가시가 꼭 위로 올라가지는 않기 때문이다. 이에 반해 오니비시나 히메비시는 가시가 네 개나 있어서 대부분의 경우 가시가 위를 향하게 된다. 이 오니비시나 히메비시에서 힌트를 얻어서 단단한 나무를 4면체로 자른 키비시(木菱)나 4면체에 가시(갈고리가 달려 있는 것도 많다)를 붙인 철 재질의 테츠비시(鉄菱) 등이 만들어졌다. 이 중 창작물에서 친숙한 것이 테츠비시이지만, 한 번 쓰고 버리는 도구 주제에 무겁고 가격이 비싸기 때문에 거의 쓰이지 않았을 가능성이 높다. 마키비시는 평범한 대나무통에 넣어서 들고 다녔다고 알려져 있지만, 그러면 움직일 때마다 딸그락거리는 소리가 나기 때문에 천이나 무언가에 휘감은 다음 대나무통에 넣었을 것으로 추측된다. 마름의 씨앗은 영양도 있기 때문에 여차할 때는 내용물을 먹었을 거라는 말이 있지만, 양이 너무 적기 때문에 신빙성은 없다.

## 마키비시로 사용되었던 것

| 마키비시란? | 닌자가 시간을 벌기 위해 사용하는 도구. 마름의 씨앗, 또는 그것을 본떠서 만든 것이 사용되었다. |
|---|---|

마키비시로 사용하기 위해서는…
뿌렸을 때에 가시가 위로 향하지 않으면 안 된다!

모든 방향에 뾰족한 부분이 필요하다.

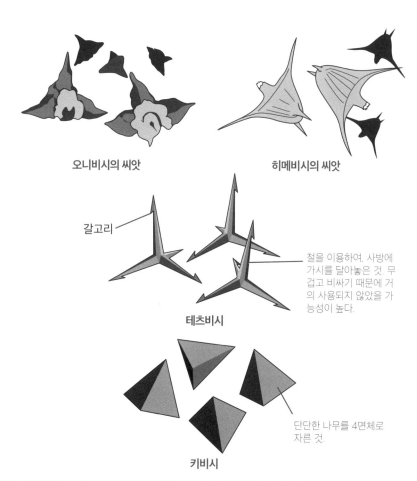

오니비시의 씨앗

히메비시의 씨앗

갈고리

테츠비시

철을 이용하여, 사방에 가시를 달아놓은 것. 무겁고 비싸기 때문에 거의 사용되지 않았을 가능성이 높다.

키비시

단단한 나무를 4면체로 자른 것.

**관련 항목**
● 마키비시 퇴각술 → No.073

## No.039

# 여궁

Ryokyu

총이 발달하기 이전에는 활이야말로 가장 적을 죽이기 좋으며, 적군을 격파하는 결정적인 무기였다. 물론 닌자도 활을 사용했지만, 닌자에게 활이란 너무 크기만 한 무기였다.

## ● 닌자의 작은 활

화궁(和弓)을 본 적이 있는 사람은 그 크기에 놀랄 것이다. 일반적으로 대궁(大弓)이라고도 불리며 7척 3촌(221cm)나 되어 몰래 가지고 돌아다니는 것은 절대로 불가능하다(전 세계적으로 봐도 최대급 활이다).

이 때문에 닌자는 반궁(半弓)을 사용한다. 그렇다고 해도 반궁은 6척 3촌(191cm) 이하의 활을 말하는데 반궁도 큰 것은 상당히 크다. 닌자가 사용하는 반궁은 3척 3촌(100cm) 정도로 정말로 작은 것이다.

하지만 그것도 너무 크다고 생각한 닌자가 있었다. 1m나 되는 활을 들고 돌아다니는 마을 사람이나 농민이 있다면 충분히 수상한 자라 할 만하다. 활을 들고 돌아다닐 경우, 사냥꾼 등으로 분장하는 일은 있었던 것 같지만, 산속 등이라면 괜찮을지 몰라도, 활을 들고 마을을 돌아다닌다면 역시 수상할 수밖에 없다.

그래서 만들어진 것이 여궁(旅弓)이다. 반궁을 절반으로 잘라서 바깥쪽을 경첩으로 이은 것이다. 이렇게 함으로써 길이를 절반으로 줄일 수 있다. 우비(合羽)와 같은 웃옷이라면 안에 숨길 수도 있다.

물론 위력은 일반적인 반궁보다도 더욱 떨어졌으며 사정거리도 짧아졌지만, 그런데도 휴대성을 우선했던 것이다. 접을 때는 시위를 벗긴 뒤 접어서 포개며 사용할 때에는 활시위를 메운다.

궁수라면 당연히 화살도 준비해야 한다. 하지만 화살통을 들고 돌아다니는 것도 '나는 활을 가지고 있소이다'라며 광고하는 것이나 마찬가지이므로 역시 곤란하다.

여기서 스게가사(菅笠)라고 하는 삿갓 안쪽의 바큇살에 화살을 배치한다. 이렇게 하면 필요할 때 빨리 꺼낼 수도 있고, 삿갓 안쪽에 있기 때문에 잘 보이지도 않는다. 또한 슬쩍 보이더라도 삿갓의 끈으로 잘못보기 쉽다.

## 닌자가 사용하는 활

평범한 활은 숨길 수 없으므로 닌자는 반궁을 사용한다.

| 반궁이란? | 6척 3촌(191cm) 이하의 활. 닌자가 사용하는 반궁은 3척 3촌(100cm) 정도로 작은 것. |
|---|---|

그런데도 마을 안에서 가지고 돌아다니는 건 부자연스럽다.

여궁을 사용!

| 여궁이란? | 반궁을 절반으로 잘라서 바깥쪽을 경첩으로 이은 것. 우비와 같은 웃옷이라면 안에 숨길 수도 있다. |
|---|---|

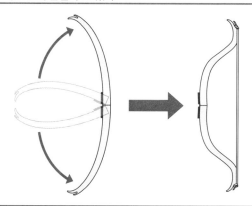

## 화살을 숨기는 법

활에는 화살이 필요!

화살통을 가지고 다니는 것도 부자연스럽다.

삿갓 안쪽에 숨기자!

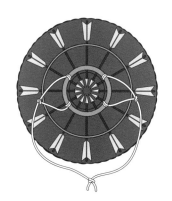

스게가사라고 하는 삿갓 안쪽의 바퀴살에 화살을 배치한다. 필요할 때 빨리 꺼낼 수도 있고, 삿갓 안쪽에 있기 때문에 잘 보이지도 않는다. 또한 슬쩍 보이더라도 삿갓의 끈으로 잘못보기 쉽다.

# 목포 · 지포 · 피포

## Wooden Cannon & Paper Cannon, Leather Cannon

대포라 하면 철로 만들었다고 생각하는 것이 일반적이다. 하지만 역사 속에는 금속 이외의 포도 존재했다. 그런 것이 실제로 도움은 되었을까?

## ● 탄이 나가기만 하면 포

대포란 화약의 반동으로 포탄을 쏘는 것을 말한다. 다시 말해 포의 재질은 무엇이든 상관없다. 다만 보통 포의 중량이나 수명(포탄을 몇 회나 발사할 수 있는지), 명중 정밀도나 공작하기 쉬운 정도 등을 생각해서 청동부터 쇠, 더 나아가 구리로 진보해왔다.

하지만 조건에 따라서는 그 이외의 포도 만들어졌다. 그것이 목포(木砲) · 지포(紙砲)다. 목포는 유럽에서도 금속제 포를 만드는 것이 쉽지 않았던 시기에 일시적으로 사용된 일이 있다.

닌자가 목포(라고 해도 대포만큼 크지는 않고, 화승총 정도의 물건이다)를 사용하는 것은 그 비용 때문이다. 닌자는 도망치는 것이 일이다. 그 때문에 포를 가지고 다녀도 그 자리에서 버려야만 하는 경우가 많다. 그런 용도로 비싼 금속제 화승총을 준비하기에는 돈이 너무 많이 든다.

어차피 1~2회밖에 쏘지 않기 때문에 내구성 따위는 무시할 수 있다. 약장(화약의 양을 줄이는 일)으로 하며 샷건과 같이 쇳조각이나 돌멩이(틈새에서 공기가 새기 때문에 포가 잘 부서지지 않는다)를 탄환 대신 채운다. 파편이 잔뜩 날아가면 명중 정밀도는 낮아도 찰과상이라도 입힐 수 있을지 모른다. 그리고 커다란 총성이 울리기 때문에 추격자는 진짜 총으로 노리고 있다는 것을 염두에 두고 행동할 수밖에 없다.

더욱이 방치해서 적에게 노획되더라도 목포는 금방 부서지므로 적이 사용할 수가 없다. 그런 의미에서 부담 없이 버릴 수 있는 편리한 무기로서 사용되었던 듯하다.

지포는 목포와 마찬가지로 종이를 두른 뒤 칠을 발라서 통 모양으로 만든 것이다. 피포(皮砲)도 가죽을 둥글게 만 뒤(철봉에 둘둘 둘러 감아서) 칠로 굳힌 것이다. 양쪽 다 목포 정도의 내구성은 있었다고 전해진다.

## 쓰고 버리는 포

| 목포란? | 나무로 만들어진 대포를 이르는 말. 내구성은 낮지만 비용도 저렴하다. |

<닌자가 목포를 사용하는 이유>
· 도망칠 때 버리고 가도 아깝지 않다.
· 1~2회밖에 쏘지 않기 때문에 내구성 따위는 무시해도 된다.
· 방치해서 적이 노획해도 목포는 금방 부서지기에 적이 사용하지 못하게 된다.

닌자에게는 속 편히 버릴 수 있는 편리한 무기!

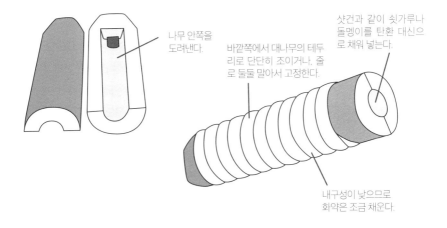

나무 안쪽을 도려낸다.

바깥쪽에서 대나무의 테두리로 단단히 조이거나, 줄로 둘둘 말아서 고정한다.

샷건과 같이 쇳가루나 돌멩이를 탄환 대신으로 채워 넣는다.

내구성이 낮으므로 화약은 조금 채운다.

| 지포란? | 종이를 말아놓고 칠을 발라 통 모양으로 만든 포. |

| 피포란? | 가죽을 철봉에 둘둘 둘러 말아서 칠로 굳힌 포. |

양쪽 다 목포 정도의 내구성은 있었다.

# 화기

## Fire Tools

화기(火器)라 해도 총을 말하는 게 아니다. 불을 사용하는 도구는 전부 화기라고 말한다. 등불도 화기의 한 종류다. 그밖에도 방화 도구, 신호용 연기를 피우는 도구 등이 화기에 들어간다.

## ● 하책이라고 하지만

『손자』에서 화공은 하책(下策)이라고 말한다. 확실히 파괴력이 너무 큰 화공은 효과만 보면 그야말로 절대적이지만, 당한 측의 원한이 커서 손해가 되는 일도 많기 때문에 하책이라고 한다.

하지만 직접 전투력이 높지 않은 닌자로서는 간접적 공격력인 화공·독약 등을 주체로 삼지 않을 수가 없다. 무기를 들고 정면에서 싸우는 한 닌자는 무사에게 이길 수 없기 때문이다. 따라서 수많은 화기가 고안되었다.

**인술비전서**를 총망라했다고 할 수 있는 『**만천집해**』에서는 파괴용 화기 91종, 봉화용 화기 13종, 등불용 화기 106종, 약품 3종의 213종이나 되는 화기가 소개되어 있을 정도다. 이것은 수기(水器), 개기(開器) 등 다른 도구 전부를 합친 것보다도 많다. 다시 말해 그만큼 다양한 화기를 만들지 않고서는 닌자 임무를 할 수 없었다는 의미이기도 하다.

파괴용이라고 해도 무언가를 부수는 작업이나 폭약뿐만은 아니었다. 방화약(放火薬)은 그 이름대로 방화 시에 목재 등에 불을 붙이기 쉽게 해준다. 발사약(発射薬)은 무언가를 날릴 로켓 연료다. 로켓은 오래된 것은 중국에서 기원전부터 존재했으며 일본에도 일찍이 알려져 있다. 점화약(点火薬)은 도화선 등에 사용해서 무언가에 불을 붙이는 도구다. 이것들 전부가 파괴용 화약으로 분류되어 있다.

봉화란, 불이나 연기로 먼 거리에 있는 아군에게 신호를 보내는 것을 말한다. 그리고 봉화용 화약도 크게 2종류로 나누어진다. 낮에 쓰는 연기를 피우는 것과 밤에 쓰는 불꽃을 터뜨리는 것이다.

그밖에도 난방용, 불씨용, 악취나 독가스 발생용 등 다양한 화기가 고안되었다. 모두 닌자가 연구를 거듭한 결과 나온 것들이다.

# 다양한 화기

| 화기란? | 불을 사용하는 도구는 전부 화기라고 한다. |

## <닌자가 사용하는 다양한 화기>

**파괴용**   작약이나 폭약 외에도 불을 붙이기 쉽게 해주는 방화약, 무언가를 날리기 위한 발사약, 도화선에 불을 붙이는 점화약 등 다양.

**봉화용**   봉화용 화약은 낮에 연기를 피우는 것과 밤에 불꽃을 터뜨리는 것으로 나누어진다.

**등불용**   광원 말고도 난방용이나 불씨용 등.

**약물용**   악취나 독가스 발생용 등.

## <화기의 예>

### 조총생포화(鉄砲生捕火)

| 사용법 | 조총의 탄환 대신 사용한다. 여기에 명중하면 죽지 않은 상태로 행동불능이 되기 때문에 쉽게 포로로 삼을 수 있다. |

솜을 탄환과 같은 크기로 둥글게 만든 뒤 가는 선으로 감는다.

물에 담가서 번초(고추)의 가루를 묻힌다.

### 야토천문화(夜討天文火)

| 사용법 | 야습 시 불화살로 사용해서 적의 천막이나 식량 등에 방화한다. |

주머니에는 초석, 유황, 용뇌(보르네오장뇌라고도 한다), 묵은 술, 쑥을 데친 즙을 섞어서 가루로 만든 것이 들어 있다.

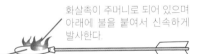

화살족이 주머니로 되어 있으며 아래에 불을 붙여서 신속하게 발사한다.

### 대촌우(大村雨)

| 사용법 | 봉화에 사용한다. |

대나무통에는 초석, 유황, 장뇌, 숯, 쥐똥, 쑥, 송만분, 삼베 가루를 넣고 도화선을 붙인다.

도화선에 불을 붙여서 쏘면 연기를 내면서 날아간다.

화살 끝에 가는 대나무통이 달려 있다.

### 부목화(付木火)

| 사용법 | 점화에 사용한다. |

| 제작법 | 장뇌, 유황, 초석을 풀로 반죽해서 종이에 바른 뒤 2장을 맞춰 붙인다. 이 종이를 적당한 크기로 잘라 펼친다. 이것으로 나무에 방화하면 금방 불탄다. |

## 관련 항목
● 인술비전서 → No.053            ● 만천집해 → No.054

# 등불

**Light**

닌자라고 해도 깜깜한 암흑 속에서는 아무것도 보이지 않는다. 따라서 반드시 등불을 준비해둘 필요가 있다. 그렇다면 닌자가 사용하는 등불이란 어떠한 것일까?

## ● 쓰기 편한 것이 제일

닌자가 사용하는 등불에는 몇 가지 종류가 있다. 닌자라는 사실을 숨기고 행동할 경우, 당연한 말이지만 그 등불은 평범하지 않으면 안 되기 때문에 특별히 생각할 필요는 없다.

문제는 닌자로서 행동할 경우다. 우선 중요한 것은 쉽게 등불을 붙이거나 끌 수 있는 간편성이다. 당시의 등불은 회중전등과는 달라서 일일이 불을 켜야만 했지만, 그래서는 점화하는 데 시간이 걸린다. 또한 부싯돌 따위를 사용한다면 소리가 울리면서 위치가 들통 나고 만다.

그래서 일일이 점화하지 않아도 되면서, 밖에서 불이 보이지 않도록 하는 등불을 만들었다. 『**만천집해**』에는 강도제등(強盗提灯)이나 입자화(入子火)와 같은 장치가 있는 등불이 소개되고 있다.

물론 점화하기 쉬운 것도 중요한 포인트 중 하나다. 수없이 부싯돌을 두드리기만 해서야 무의미하게 시간이 지나갈 뿐이다.

또 하나의 포인트는 지속성이다. 당시의 등불은 불꽃이기 때문에 바람이나 비로 인해 꺼지기 쉽다. 암흑 속에서 불이 꺼져버리기라도 한다면 오도 가도 못 하는 상태가 돼버리기 때문에 비바람으로도 잘 꺼지지 않는 불이 필요해진다. 잘 꺼지지 않는 화약을 만들기 위해 닌자는 다양한 약품이나 그 외의 것을 추가한 화약을 만들어서 비전으로 남겨왔다. 그 수는 화톳불용 17종, 횃불용 58종, 회중불용 28종, 양초 3종이나 된다.

단지 그중에는 유용해 보이는 것도 있는가 하면 정말 어이가 없는 것도 있다. 예를 들면 요시츠네류 인술(義経流忍術)의 비전으로서 요시츠네(義経)의 이름이 붙어 있는 등불이 몇 가지인가 있지만, 지금 시각으로 보자면 효과가 의심스러운 것도 있다.

## 강도제등과 입자화

**<닌자용 등불의 조건>**  · 불을 붙이거나 끌 경우의 간편성
· 지속성

### 강도제등

한 방향으로만 빛을 발하는 도구 중 하나. 지금의 회중전등보다도 훨씬 어둡지만, 암흑에 눈이 익숙했던 당시 사람들에게는 유용한 등불이었던 것 같다.

### 입자화

이쪽도 빛이 한 방향으로만 나오는 등불. 강도제등보다 작기 때문에 더욱 어두웠을 것으로 추측된다.

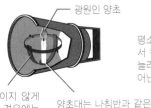

광원인 양초

등불이 보이지 않게 하고 싶을 경우에는 아래를 향하게 한 뒤 엎어 놓으면 빛이 거의 새지 않는다.

양초대는 나침반과 같은 구조. 어느 방향을 향해도 양초는 수직이 되도록 만들어져 있다.

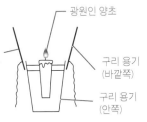

광원인 양초

평소에는 포개서 컴팩트하게, 늘리면 길게 늘어난다.

구리 용기 (바깥쪽)

구리 용기 (안쪽)

## 요시츠네류의 조금 수상쩍은 등불

### 요시츠네 수거화(義経水炬火)

**제작법** 장뇌, 유황, 초석, 쑥, 송만분을 가루로 만든 뒤 반죽한다.

**성능** 물에 젖어도 불이 꺼지지 않는다.

**실제로는…** 화약과 같은 성분이기 때문에 어느 정도는 물에도 견딜 수 있을지 모른다.

### 요시츠네 명송(義経明松)

**제작법** 물소 뿔 내부를 파서 안쪽이 비쳐보이도록 만든다. 따오기의 깃털 줄기 속을 얇게 벗겨낸 뒤 뿔 속에 끼워 넣고 빈틈은 칠을 발라서 물에 젖지 않게 한다. 홍(수은. 수은의 앙금)을 뿔 속에 술잔 한 잔분을 넣는다.

**성능** 깜깜한 밤중에도 달밤처럼 밝다.

**실제로는…** 이게 등불 기능을 할 거라고는 생각되지 않는다. 수은으로 등불의 불을 붙이기 위해서는 수은등과 같이 아크방전을 사용할 필요가 있다.

### 요시츠네 진중우화거(義経陣中雨火炬)

**제작법** 초석, 유황, 숯, 장뇌, 쑥, 송만분을 가루로 만들어서 마유(삼씨를 짜서 만든 기름)로 반죽한 뒤 길이 1척 정도의 목면에 늘여서 붙인다. 마각(껍질을 벗긴 삼의 줄기)에 목면을 말아서 칡의 덩굴로 연결한다. 그리고 이것을 대발로 감는다.

**성능** 빗속에서도 사용할 수 있다.

**실제로는…** 물에는 다소 견딜 수 있을지도 모른다.

---

관련 항목

● 만천집해 → No.054

# 무스비바시고

## Musubi-bashigo

닌자는 올라가는 것이 직업이다. 마을 안에서는 저택의 담이나 집의 지붕. 성채라면 돌담이나 토루, 성벽. 산야라면 나무나 언덕, 폭포나 거대바위 등. 올라가거나 내려가는 것은 닌자에게 일상이라고 할 수 있을 것이다.

## ● 닌자의 리얼한 등반도구

애니메이션이나 만화의 닌자라면 몰라도 실제 닌자가 단걸음에 지붕 위로 뛰어 올라갈 수 있을 리는 없다. 이를 위해 다양한 등반도구를 사용하고 있다. 다만 닌자가 올라가는 것은 적대세력의 지배지이며, 그런 곳에 사다리를 메고 찾아온다면 '나 좀 수상하게 봐줘요'라며 떠드는 것과 마찬가지다. 따라서 그 자리에 있는 것을 이용하여 사다리를 즉석에서 적당히 만들어낼 필요가 있다. 다행스럽게도 일본에는 사다리에 딱 맞는, 가볍고 튼튼하며 가늘고 긴 소재, 대나무가 존재하고 있다. 게다가 마디가 있어서 가로대를 설치하기 쉽다. 그것이 무스비바시고(結梯)다.

무스비바시고가 평범한 사다리와 다른 점은 2가지. 하나는 대나무 두 개의 간격이 6~8촌(18~24cm) 정도밖에 되지 않는다는 점. 이렇게 되면 가로대를 30cm 정도로 만들 수 있기 때문에 대를 한데 모아두면 장작을 운반하는 것처럼 보인다. 그리고 2개의 대나무를 장대처럼 짊어지면 위화감이 사라진다. 또 하나는 대나무 끝부분을 천으로 감아둔 점. 이것은 기대어 세워 놓을 때 소리가 나지 않도록 하기 위해서다.

대나무가 한 개밖에 준비되지 않았을 경우는 토비바시고(飛梯)를 만든다. 이거라도 제대로 연결해두면 문제없이 올라갈 수 있다.

대나무가 준비되지 않았거나 가지고 돌아다닐 수 없는 경우, 줄에 가로대만을 달아 마키바시고(卷梯)를 만든다. 이렇게 해도 끝이 제대로 걸리기만 한다면 충분히 도움이 된다. 문제는 어떻게 끝에 걸리게 할 것인가인데, 올라가는 게 특기인 자가 먼저 올라간 뒤 나중에 올라올 사람에게 내려주었을 것으로 추측된다.

마키바시고에 갈고리를 달아놓은 카기바시고(鉤梯)도 있는데 무슨 수를 써도 걸어놓을 때 소리가 나고 만다. 그런 의미에서는 그다지 쓰일 일은 없었을 거라 생각된다.

## 사다리의 이모저모

닌자도 때로는 사다리가 필요…

대나무가 있다! ➡ 무스비바시고를 만들자!

**무스비바시고란?** 2개의 대나무에 가로대를 달아놓은 사다리.

<무스비바시고의 특징> · 대나무 2개의 간격이 6~8촌(18~24cm) 정도밖에 되지 않는다.
· 대나무 끝부분을 천 등으로 감아놓았다.

대나무가 한 개밖에 없다! ➡ 토비바시고를 만들자!

**토비바시고란?** 1개의 대나무에 가로대를 달아놓은 사다리.

대나무가 없다! ➡ 마키바시고를 만들자!

**마키바시고란?** 줄에 가로대만을 달아 만든 사다리.

올라가는 게 특기인 자가 먼저 올라간 뒤 나중에 올라올 사람에게 내려주었을 것으로 추측된다.

마키바시고에 갈고리를 달아놓은 카기바시고. 걸어놓을 때 소리가 나기 때문에 그다지 쓰일 일은 없었을 거라 생각된다.

95

# 닌자 지팡이

## Ninja Staff

설령 잠깐이라도 사다리를 가지고 돌아다니는 것을 누군가가 봐서는 안 된다. 혹은 무스비바시고를 준비할 시간이 아깝다. 이런 경우에 사용되는 것이 닌자 지팡이다.

## ● 지팡이인데 사다리

닌자 지팡이(忍び杖)는 얼핏 보면 평범한 지팡이와 차이가 없다. 재질은 대나무를 쓴 것이 많지만, 나무지팡이인 경우도 있다. 길이는 일반적으로 5척(150cm) 정도지만 조금 더 긴 것도 있다.

평범한 지팡이와 다른 점은 곳곳에 끈이 들어갈 정도의 구멍이 뚫려 있다는 점이다. 구멍의 간격은 6~7촌(18~21cm) 정도다. 또 하나 다른 점은 물미(지팡이의 끝부분)에 쇠를 사용하여, 다소 뾰족한 느낌으로 만들었다는 점이다.

사용할 때는 구멍에 50cm 정도의 끈을 넣어서 고리로 만든다. 사용법은 두 가지가 있다. 하나는 물미를 지면에 꽂은 뒤 벽에 기대어 세운다. 그리고 고리에 다리를 걸쳐 벽을 오르는 것이다. 또 하나는 우선 가장 위에 있는 구멍에는 끈이 아니라 갈고리를 건다. 그리고 갈고리를 올라가고 싶은 지붕의 끄트머리에 건다. 남은 건 고리를 손으로 쥐어서 기어 올라가는 것이다.

어느 쪽이든 이 방법으로 올라갈 수 있는 것은 기껏해야 1장(3m) 정도까지다. 반대로 말하면 닌자가 1장의 높이를 뛰어 올라갈 수 없기 때문에 이러한 도구가 발달된 것이라고 생각할 수 있다. 유감스럽지만 높은 곳으로 힘껏 도약해서 뛰어넘는 닌자는 어디까지나 창작 속의 이야기라는 말이다.

높은 곳에 올라갈 때는 창작작품인 닌자물 등에서도 친숙한 우치카기(打鉤)도 사용되었다. 끈의 길이는 1장 5척(4.5m) 정도. 일반적인 저택이나 성이라면 이 끈의 길이로도 충분하다. 다만 걸릴 때 소리가 난다는 점이 문제다. 끝에 있는 갈고리 모양은, 네 개의 갈고리를 만들고 그것을 쇠고리로 조여서 만들었다.

## 닌자 지팡이의 사용법

| 닌자 지팡이란? | 얼핏 보면 평범한 지팡이와 차이가 없지만, 끈을 넣으면 사다리가 되는 지팡이. |
|---|---|

<닌자 지팡이의 특징>

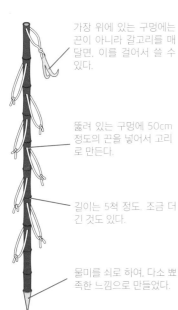

가장 위에 있는 구멍에는 끈이 아니라 갈고리를 매달면, 이를 걸어서 쓸 수 있다.

뚫려 있는 구멍에 50cm 정도의 끈을 넣어서 고리로 만든다.

길이는 5척 정도. 조금 더 긴 것도 있다.

물미를 쇠로 하여, 다소 뾰족한 느낌으로 만들었다.

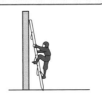

기대어 세운 뒤 사용할 경우

걸어서 사용할 경우

이 도구로 올라갈 수 있는 것은 기껏해야 3m 정도. 이것보다 높은 곳에 오를 때는 우치카기가 사용되었다.

| 우치카기란? | 줄 끝에 갈고리를 달아놓은 등반 도구. 높은 곳에 기어 올라가기 위해 사용한다. |
|---|---|

네 개의 갈고리를 만들고 그것을 쇠고리로 조여서 만든다.

끈의 길이는 4.5m 정도.

걸릴 때 소리가 나는 것이 문제.

# No.045

# 항아리뗏목

## Pot Raft

강을 건널 때 닌자는 어떻게 했을까. 중요한 것은 옷이 젖도록 놔둘 수는 없다는 점이다. 왜냐하면 물에 젖은 생쥐꼴로 돌아다녔다간 수상하게 여겨지면서 간첩이라는 사실을 들킬 우려가 있기 때문이다.

## ● 흔해빠진 물건으로 만든다

닌자는 몸을 가볍게 하고 다닐 필요가 있다. 따라서 가능한 한 그 장소에서 쉽게 손에 넣을 수 있는 물건을 이용해서 임무를 수행한다. 물론 이것은 시노비 임무에 필요한 비용을 절감하겠다는 의미도 있어서 닌자의 주머니 사정도 고려한 방법이다.

항아리뗏목(甕筏)은 그 전형이다. 강을 건널 때 이용하는 뗏목을 만들기 위해 필요한 것은 물동이(水甕) 따위가 몇 개, 나무나 대나무봉(창이라도 상관없다)이 십수 개. 나머지는 줄만 있으면 된다.

항아리(甕)는 다양한 크기가 존재한다. 지금은 그런 항아리 따위를 찾는 데 고생할 것이다. 하지만 냉장고도 수도도 없었던 전국시대에서 에도 시대에 걸쳐 항아리는 물이나 된장, 절임반찬(漬物) 따위를 넣는 그릇으로서 어느 집에 가도 반드시 가지고 있는 것이었다. 다시 말해 주변에 있는 수채의 농가에 숨어들면 손에 넣을 수 있다. 이런 것에 따로 종류는 없다. 근처 집에 있는 항아리는 전부 거의 같은 것이기 때문에 여기에 쓰기 딱 좋다.

항아리가 없을 경우 통이나 가마솥 등을 사용해도 된다. 나무절구도 부력용으로 사용할 수 있다.

봉은 주변에 있는 숲이나 대나무숲에 가면 손에 넣을 수 있고 전장터라면 창이 몇 개 정도 떨어져 있다. 즉, 닌자가 준비해둬야 할 것은 줄뿐이다. 줄만큼은 상당히 긴 것이 필요하며 이것을 적당한 길이로 잘라 사용한다. 줄은 다양한 용도로 사용할 수 있기 때문에 닌자라면 항상 가지고 다녀야 할 물건이다.

남은 건 봉을 격자꼴로 만들어서 그 격자에 항아리를 끼워 넣은 뒤 옭아맨다. 항아리에 물이 들어가지 않는 한 부력으로 뜰 수 있다. 100cm 정도의 항아리라면 한 개에 닌자 1명분의 부력은 얻을 수 있기 때문에 뒤집어지지 않도록 4개나 있다면 닌자 2~3명 정도는 충분히 여기에 타서 강을 건널 수 있을 것이다.

## 닌자의 즉석 뗏목

| 항아리뗏목이란? | 막대에 항아리를 묶어서 달아놓은 뗏목. |
|---|---|

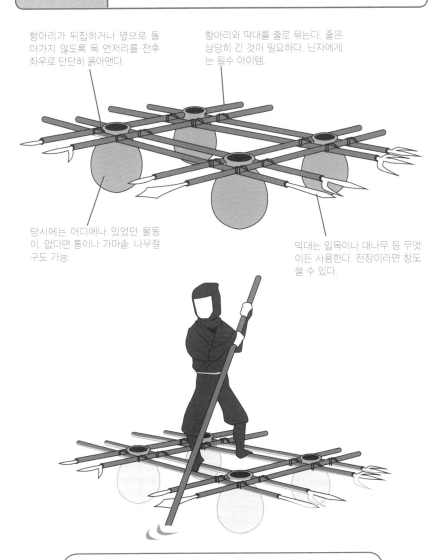

항아리가 뒤집히거나 옆으로 돌아가지 않도록 목 언저리를 전후좌우로 단단히 옭아맨다.

항아리와 막대를 줄로 묶는다. 줄은 상당히 긴 것이 필요하다. 닌자에게는 필수 아이템.

당시에는 어디에나 있었던 물동이. 없다면 통이나 가마솥, 나무절구도 가능.

막대는 잎목이나 대나무 등 무엇이든 사용한다. 전장이라면 창도 쓸 수 있다.

항아리의 크기와 닌자의 인수에 따라 필요한 개수는 달라진다. 100cm 항아리라면 한 개에 닌자 1명분의 부력은 얻을 수 있다. 30cm 정도라면 4~5개는 필요할 것이다.

# 미즈구모

**Mizugumo**

미즈구모는 인술비전서에 있는 물 위를 걷는 도구다. 이것을 다리에 달아놓으면 물 위를 걸어서 건널 수 있다고 한다. 닌자의 도구 중에는 수상쩍은 것도 존재하지만, 이것은 그중에서도 대표격이라 할 수 있는 나사가 빠진 물건이다.

## ● 훗날 만들어진 창작품

미즈구모(水蜘蛛)로 물 위를 걷기 위해서는 그 부력으로 인간의 전체 중량을 견딜 수 있어야 한다. 당시의 평균 신장(남성은 160cm 정도)를 기준으로 대략적으로 체중 50kg이라고 가정해보자.

부력 계산을 해보자. 가벼운 나무(평범한 나무는 1㎤당 0.5g 정도지만, 오동나무는 0.31g으로 매우 가볍다)와 물(1㎤당 1g)의 질량 차만큼 무게를 견디는 힘을 가진다. 다시 말해 오동나무의 1㎤당 0.69g의 무게를 견딜 수 있어야 한다.

인간을 지탱하기 위해서는 50kg÷0.69g=72,464㎤의 오동나무가 필요해진다. 한쪽 다리에 36,232㎤다. 그리고 비전서에 의하면 미즈구모의 직경은 2척 1촌 8분(62.3cm). 즉 미즈구모의 위쪽 면적은 31×31×3.14=3,018㎤다. 그렇다고 하면 미즈구모의 두께는 12cm 정도 된다.

현실에서 미즈구모는 원통이 아니며 틈새도 잔뜩 있고 물에 젖은 나무는 무거워지기 때문에 더욱 두꺼워질 필요가 있다. 실제로는 두께 30cm 이상이 될 것이다. 그런 것을 신다니, 말이 안 된다. 도무지 제대로 걸을 수 있을 거라고는 생각되지 않는다.

그렇다면 어째서 이런 써먹을 수 없는 닌자도구가 **비전서**에 실려 있는 것일까? 두 가지 가설이 있다.

실은 비전서를 쓴 사람은 닌자 본인이 아니라 후세의 자손들이다. 그들이 선조를 위대하게 보이기 위해 다른 책에서 적당히 인용한 것이라는 말이 있다. 참고로 미즈구모의 출전은 중국의 전술서다.

또 하나는 치수가 잘못되었다는 설이다. 미즈구모는 더 크고 가운데의 판에 올라타서 다리로 물을 저어서 전진하는 것이라고 한다. 하지만 이 경우 미즈구모가 둥글 필요가 없기 때문에 역시 잘못되었을 가능성이 높다.

## 전설의 닌자 도구

| 미즈구모란? | 물 위를 걸을 수 있는 닌자 도구로 취급되지만, 실제로는 전혀 쓸 수 있는 물건이 아니다. |
|---|---|

<비전서의 미즈구모>

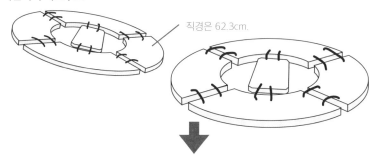

직경은 62.3cm.

비전서의 미즈구모 크기로는 나무의 두께가 30cm 이상은 되어야 한다!
→도저히 쓸 수 있는 도구가 아니다!

!!

우리!!

비전서의 크기가 잘못된 것이고, 실은 올라타는 도구?
→그렇다면 둥글 필요가 없다!

### 관련 항목

● 인술비전서 → No.053

# 개기

## Door Opener

개기(開器)란 숨어들기 위한 도구. 지금으로 말하면 피킹 툴과 같은 것이다. 닌자가 적의 저택 등에 잠입하기 위해서는 창문이나 문, 덧문 등을 열지 않으면 안 된다.

## ● 덧문의 문단속

당시의 개기(開器)는 지금의 피킹 툴(Picking tool)과 모양이나 기능이 전혀 다르다. 다만 이것은 닌자의 기술이 낮았기 때문이 아니다. 당시의 잠금장치가 지금의 자물쇠처럼 세밀한 작업을 필요로 하는 것이 아니라, 지주봉이나 빗장, 오토시와 같이 작동시키는 데 힘이 필요한 것이 주류였기 때문이다. 따라서 개기도 여기에 맞춰 발전해온 것이다. 자물쇠가 다르면 그에 대응하는 자물쇠를 따는 도구도 달라진다.

당시의 일본에서는 집의 잠금 장치는 대부분 덧문이 담당하고 있었다. 이 말은 장지나 맹장지로는 잠금 기능이 없기 때문이다. 여기서 닌자로서도 덧문을 열기 위한 도구를 개발할 필요가 있었다. 그리고 일본의 덧문은 오래된 것은 오토시나 비녀장으로 닫혀 있었다. 이것을 밖에서 열기 위해 고안된 것이 토이카키(問外)다.

당시의 덧문은 밖에서 열기 위해 작은 구멍이 뚫려 있었다. 그 구멍을 통해, 덧문용 열쇠로 열 수 있었다. 토이카키는 이 덧문용 열쇠의 범용품이다. 다소 어렵지만 토이카키를 사용하면 비슷하게 생긴 오토시 자물쇠는 전부 열 수 있었다.

열쇠 구멍이 없는 경우에도 덧문의 빈틈이나 고정되어 있는 판의 빈틈에서 토이카키를 억지로 비집어 넣은 뒤 오토시나 비녀장을 조작해서 덧문을 열어버리는 것도 가능했다고 한다. 이때 필요한 것이 가늘고 강도가 있는 토이카키였을 것이다.

도이가키의 아래쪽 손잡이에는 톱날이 있다. 이것은 무슨 수를 써도 덧문의 자물쇠를 열 수 없었을 때 사용한다. 우선 덧문을 조금 들어 올린 뒤 생긴 빈틈으로 오토시를, 혹은 덧문 위의 빈틈을 통해 비녀장을 톱으로 자르기 위한 것으로 알려져 있다. 오토시든 비녀장이든 나무로 만든 자물쇠를 쓰고 있기 때문에 시간만 들이면 톱으로 자를 수 있기 때문이다.

## 오토시 자물쇠

| 개기란? | 문을 열기 위해 사용하는 도구. 피킹 툴. |
|---|---|

<토이카키>

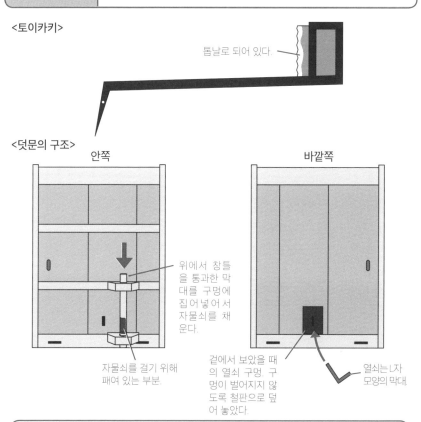

톱날로 되어 있다.

<덧문의 구조>

안쪽

바깥쪽

위에서 창틀을 통과한 막대를 구멍에 집어 넣어서 자물쇠를 채운다.

자물쇠를 걸기 위해 패여 있는 부분.

겉에서 보았을 때의 열쇠 구멍. 구멍이 벌어지지 않도록 철판으로 덮어 놓았다.

열쇠는 ㄴ자 모양의 막대.

바깥쪽에서 열 때는 구멍으로 열쇠를 꽂아 넣은 뒤 오토시의 패인 부분에 걸어 돌리면 들어 올려진다. 열쇠 구멍의 빈틈의 크기와 열쇠의 가로대의 길이 등에 따라 자물쇠가 열리는 경우도, 열리지 않는 경우도 있다.

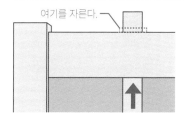

여기를 자른다.

덧문의 위쪽에도 오토시 자물쇠와 같은 열쇠가 달려 있다. 비녀장(버팀목)을 들어 올리고, 덧문 위에 나무막대가 나왔을 때 덧문의 테두리에 찌르면 덧문이 고정된다. 그것을 틈새를 이용해 날을 넣어서 절단하면 덧문을 움직일 수 있게 된다.

### 관련 항목

● 시코로 → No.049

# No.048

# 못뽑이

## Crowbar

덧문 따위를 여는 다른 방법으로 해체해버리는 수단이 있다. 여기서 필요한 것이 못뽑이다. 하지만 닌자의 못뽑이는 지금의 못뽑이와는 전혀 다르다.

## ● 옛날의 못을 뺀다

지금의 못은 뾰족한 쇠막대의 반대쪽에 둥글고 평평한 부분이 있다. 이러한 못을 빼기 위해 지금의 장도리가 존재한다.

하지만 닌자 시대의 못은 지금 말로 화정(和釘)이라고 한다. 화정은 사각 막대의 한쪽을 뾰족하게 만들고 다른 한쪽을 굽히거나 혹은 굽힌 뒤에 감은 것이다.

이러한 화정은 지금의 못뽑이(釘抜き)로 머리를 걸어서 뽑을 수가 없다. 지금의 못뽑이는 못의 머리가 균등하게 퍼져있다는 점을 전제로 해서 그러한 못을 뽑기 쉽게 만든 것이기 때문이다.

다시 말해 닌자의 못뽑이가 지금과 다른 이유는 닌자가 지금의 못뽑이를 발명할 수 없는 어리석은 자이기 때문이 아니고, 당시에 사용되었던 화정을 뽑기 위한 도구로서 못뽑이를 만들었기 때문이다.

닌자의 못뽑이는 두 가지 부품으로 만들어진다.

하나는 사각형 철판 가운데에 구멍이 뚫려 있는 형태다. 철판이라고 말해도 금방 휘어지는 얇은 것이 아니라, 인간의 힘 정도로는 휘지 않는 두꺼운 것이다. 안쪽의 구멍 주변은 파고들기 쉽도록 얇게 되어 있다.

또 하나는 쇠막대다. 이쪽도 쉽게는 휘어지지 않는 튼튼한 구리로 만들어져 있다.

사각형 철판의 안쪽 구멍에 못의 머리로 건 뒤 지렛대의 원리로 들어 올린다.

참고로 이 두 가지, 어딘가에서 본 듯한 모양새를 하고 있을 것이다. 그렇다. 전자는 **차검**(車劍), 후자는 **봉수리검**(棒手裏劍)이다. 다시 말해 못뽑이로서 사용할 수 있을 뿐만 아니라 여차하면 수리검 대신으로도 사용할 수 있다. 짐을 줄이고 싶은 닌자에게는 매우 편리한 물건이었다.

## 양정(洋釘)과 화정(和釘)

**현대의 못**

**현대의 못뽑이**

**옛날의 못**

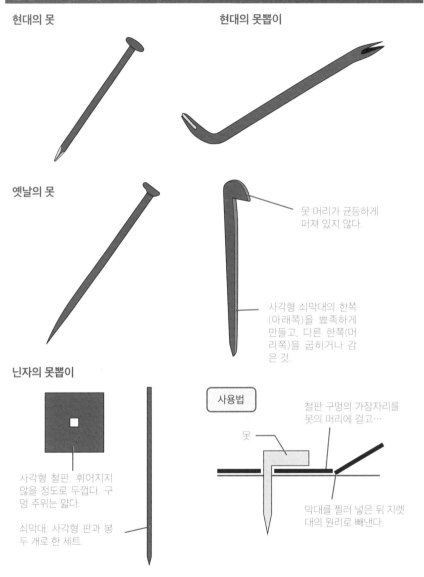

못 머리가 균등하게 퍼져 있지 않다.

사각형 쇠막대의 한쪽 (아래쪽)을 뾰족하게 만들고, 다른 한쪽(머리쪽)을 굽히거나 감은 것.

**닌자의 못뽑이**

사각형 철판. 휘어지지 않을 정도로 두껍다. 구멍 주위는 얇다.

쇠막대. 사각형 판과 봉 두 개로 한 세트.

사용법

철판 구멍의 가장자리를 못의 머리에 걸고…

못

막대를 찔러 넣은 뒤 지렛 대의 원리로 빼낸다.

못뽑이는 여차하면 차검과 봉수리검 대신으로 쓸 수 있었다.

**관련 항목**
● 봉수리검 → No.034          ● 차검 → No.035

# 시코로

## Shikoro

잠입 방법으로 자물쇠를 따거나 못을 뽑아서 문이나 덧문을 해체한다는 수단을 소개해왔다. 그리고 세 번째 방법이 시코로(錏)로 나무를 잘라서 구멍을 뚫거나 자물쇠를 잘라서 잠입하는 방법이다.

## ● 목조 건물 특유의 침입 방법

일본 집 문의 자물쇠 장치는 기본적으로 나무로 만들어져 있다. 따라서 톱이 있다면 잘라버릴 수도 있다.

그렇다고는 해도 닌자가 커다란 톱을 들고 돌아다닐 수도 없는 노릇이기 때문에 소형 경량화한 휴대용 톱을 만들어냈다. 그것이 시코로(錏)다.

시코로는 작은 것은 칼날의 길이가 4촌(12cm), 손잡이가 2촌(6cm) 정도 되는, 손에 들고 작업하기에도 너무 작은 것까지 있다. 양날이지만, 한쪽은 나무용, 또 한쪽은 대나무용으로 용도가 나누어진다. 조릿대의 나뭇잎 모양으로 만들어진 것은, 톱의 끝에서 끝까지 다 쓸 수 있도록 하기 위해서다. 칼날의 폭은 4~5분(1.2~1.5cm) 정도밖에 되지 않는데, 당연히 약하기 때문에 사용할 때 너무 힘을 주면 부서지고 만다.

다만 닌자의 임무를 생각하면 힘을 줘서 절단음이 들리는 순간 실패다. 따라서 어차피 미세한 소리밖에 나지 않도록 몰래 자르는 쪽에 적합한 도구다.

이 작은 시코로는 오토시가 꽂힌 부분 따위의 작은(수cm 정도) 나무를 자르는 데 사용된 것으로 보인다. 또한, 송곳 따위로 뚫린 작은 구멍에 찔러 넣어서 그 구멍을 넓히는 데에도 사용되었다. 덧문의 오토시 옆의 구멍을 크게 뚫어서 그곳으로 토이카키(問外)를 밀어 넣는 것이다.

커다란 시코로는 2척(60cm) 가까운 큰 물건이었다. 특징적인 부분은 칼날의 형태다. 일반적인 톱과 달리 칼날이 둥글게 되어 있다.

이것은 일반적인 톱처럼 판의 끝부터 잘라가는 것이 아니라 덧문의 정중앙 등을 직접 벨 수 있도록 이러한 모양이 된 것으로 보인다.

가장 작은 시코로는 길이 2촌(6cm) 정도의 양날의 조릿대잎 모형으로, 손잡이조차 달려있지 않다. 숨긴 채 가지고 다니다가 감옥에서 탈출 등을 할 때 사용되었다.

## 편리한 휴대용 톱

| 시코로란? | 소형경량화한 휴대용 톱. 잠입할 때 사용한다. |
|---|---|

### 큰 시코로

크기는 2척
(60cm) 정도.

날이 둥근
것이 특징.

### 작은 시코로

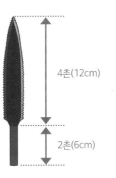

4촌(12cm)

2촌(6cm)

### 가장 작은 시코로

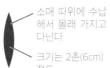

소매 따위에 수납
해서 몰래 가지고
다닌다.

크기는 2촌(6cm)
정도.

## 시코로의 사용 예

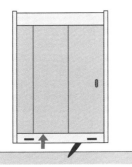

덧문을 살짝 들어 올린 상태로 그 아래에 작
은 시코로를 꽂아 넣은 뒤 톱으로 자른다.

덧문의 판에 직접 큰 시코로의 곡선 부분
날을 대면서 덧문에 구멍을 뚫는다.

### 관련 항목

● 개기 → No.047

# 쿠나이

**Kunai**

> 창작작품인 닌자물을 보다 보면 닌자들이 손에 단검과 같은 쿠나이(苦無)를 가지고 다니거나 투척 나이프처럼 던져서 싸우는 장면을 보게 된다. 하지만 실제로 닌자가 쿠나이로 싸우는 일은 없다.

## ● 쿠나이는 무기가 아니다

　창작 속에 등장하는 쿠나이(苦無)는 확실히 얼핏 보면 양날의 단검처럼 보인다. 하지만 실제로는 쿠나이에 칼날은 없다. 쿠나이는 애당초 무기가 아니기 때문이다.

　그러면 쿠나이는 무엇일까? 실제로는 구덩이를 파는 도구로, 또는 쐐기로 사용되는 것이 쿠나이다.

　쿠나이에는 두 가지 모양이 있다. 샤미센의 현처럼 생긴 것은 땅을 파내는 삽과 같은 용도로 사용된다.

　또 하나는 다른 이름으로 투척 쿠나이라고도 부른다. 창작 속에서는 무기로 사용되지만, 이쪽도 땅에 꽂아서 파는 데 쓰는 도구다. 홀쭉한 사각형으로 단단한 지면에 꽂아 넣어서 파내는 물건으로, 보면 알겠지만 칼날 따위는 존재하지 않는다.

　투척 쿠나이(飛び苦無)라고 불리는 이유는 손잡이의 고리 때문이다. 여기에 끈을 달아 놓고 던진 뒤 저편의 언덕에 꽂히면 로프만 내려온다. 하지만 던져서 꽂힌 정도로는 인간의 체중을 견딜 수 있을 것 같지는 않다.

　실제로는 쐐기와 같이 나무나 벽 따위에 찔러 넣고, 로프를 동여매서 등반 보조용 도구로 썼을 것이라는 견해가 있다. 지금의 등산 도구인 하켄(Haken)과 같은 역할이다.

　물론 쿠나이로 전투를 할 수 없는 것은 아니다. 실제 역사 속에서도 제1차 세계대전 때 참호 안에 백병전으로 가장 도움이 되었던 것이 총도 검도 아닌 삽이었다는 일화가 남아 있다.

　하지만 그렇다고 해도 쿠나이를 무기로 사용하는 것은 정말 어쩔 수 없는 상황에 처했을 때의 임시방편이지 창작 속에서처럼 당연한 듯이 쿠나이를 손에 들고 싸우는 것은 오류라고 볼 수 있다.

## 실제로는 땅을 파는 도구

| 쿠나이란? | 닌자가 사용한 금속제 소형 도구. 구덩이를 파는 도구나 쐐기 등으로 사용되었다. |
|---|---|

\<쿠나이의 형태\>

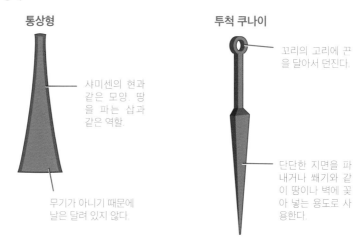

**통상형**

샤미센의 현과 같은 모양. 땅을 파는 삽과 같은 역할.

무기가 아니기 때문에 날은 달려 있지 않다.

**투척 쿠나이**

꼬리의 고리에 끈을 달아서 던진다.

단단한 지면을 파내거나 쐐기와 같이 땅이나 벽에 꽂아 넣는 용도로 사용한다.

## 투척 쿠나이의 사용법

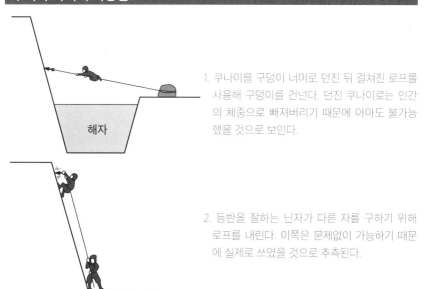

해자

1. 쿠나이를 구덩이 너머로 던진 뒤 걸쳐진 로프를 사용해 구덩이를 건넌다. 던진 쿠나이로는 인간의 체중으로 빠져버리기 때문에 아마도 불가능했을 것으로 보인다.

2. 등반을 잘하는 닌자가 다른 자를 구하기 위해 로프를 내린다. 이쪽은 문제없이 가능하기 때문에 실제로 쓰였을 것으로 추측된다.

## No.051

# 인약

**Ninja Drag**

짐을 최대한 많이 줄여야 하는 닌자에게 있어서 작고 가벼운 휴대식량의 개발은 필수였다고 전해진다. 인술비전서에도 소개되어 있지만, 과연 그 내용은 사실일까?

## ● 믿기 어려운 닌자의 처방전

닌자는 슈퍼맨은 아니기 때문에 식사를 하며 물을 마시지 않으면 죽어버린다. 물론 닌자로서의 활동 따위를 할 수 있을 리가 없다. 그래서 가능한 한 작고 가벼운 휴대식량을 만들 필요가 있었다. 물론 식량뿐만이 아니라 물도 필수다.

**인술비전서**의 집대성이라 할 수 있는 『**만천집해**』에는 수갈환(水渴丸)이라고 하는, 약이라기보다는 식품에 가까운 것이 있다.

매육 4, 빙사탕 2, 맥각 1의 비율로 혼합해서 건조시킨 것이다. 신 데다 설탕이 들어 있어서 핥으면 타액이 나와 일시적으로는 갈증을 잊을 수 있을 거라 생각되지만, 본질적인 물 부족은 극복하기 힘들었을 것이다.

같은 책에 기갈환(飢渴丸)이라는 캡슐 식량도 소개되어 있다. 인삼 150g, 메밀가루 300g, 밀가루 300g, 참마 300g, 이초(耳草) 15g, 율무 15g, 쌀겨 300g을 섞어서 일본주 5L에 3년 동안 절인다. 이것이 마르면 2cm 정도의 경단이 된다. 이것을 1일 3알 먹는 것만으로 식사를 대신할 수 있다고 한다. 다만 실제로 실험해보면 술이 마르기 전에 부패되는 모양이다.

『**인비전**(忍秘伝)』에는 더 굉장한 식량이 실려 있다. 검은콩 5되(9L), 마실 3되(4.8L)를 가루로 만들어 경단을 빚은 뒤 훈제한 것이다. 이것을 달여서(열탕에 넣고 부글부글 끓여서 성분을 우려낸다) 1첩 복용하면 7일 동안 아무것도 먹지 않아도 된다. 2첩이라면 49일, 3첩이라면 343일 동안 문제없다고 한다. 이쯤 되면 너무나도 효과가 뛰어나다 보니 오히려 신빙성이 없다. 사실 이것은 중국의 선술서에서 베낀 것으로 선조의 권위를 높이려다가 오히려 실패해버린 예 중 하나다.

# 여러 가지 독약

인약 중에는 효과가 의심스러운 것도 많지만, 그중에서 독약은 효과가 분명한 탓인지 신용할 수 있는 것이 많다.

| 명칭 | 주성분 | 해설 |
|---|---|---|
| 석견은산 (石見銀山) | 아비산 | 이와미 은광 근처의 사사가다니 광산에서 채집할 수 있는 비석을 부순 것. 비소를 많이 함유하고 있어 전국에서 쥐약용으로 팔렸다. |
| 자가라시 (座枯らし) | 매육 | 파란 매실에는 아미그달린이라는 청산화합물이 함유되어 있어 맹독성을 지닌다. 일정량 이상 먹으면 죽는다. |
| 숙차의 독 (宿茶の毒) | 옥로 | 진하게 넣은 옥로를 대나무통에 넣은 뒤 땅에 묻고 1개월 방치한다. 이것을 매일 2~3방울씩 먹이면 1개월 이내에 병사하며 2개월이 되면 죽는다고 한다. |

# 수상한 약

인약 중에는 말도 안 되는 효과를 주장하는 것도 있다.

| 명칭 | 주성분 | 해설 |
|---|---|---|
| 선방묘약 (仙方妙藥) | ? | 검은콩 5되, 마실 3되를 가루로 만들어 경단을 빚은 뒤 훈제하고 다시 분말로 만든 것. 1첩 복용하면 7일 동안, 2첩이라면 49일, 3첩이라면 343일… 5첩이라면 16,807일 동안 식사할 필요가 없다고 한다. 사실 이것은 중국의 선술서에서 베낀 것으로 오히려 비전서의 신용을 떨어뜨려 버린 예. |
| 수면 연기 | 피 | 도롱뇽, 두더지, 뱀의 피를 섞어서 종이에 깊이 배어들게 한다. 이것을 가늘게 꼬아 끈을 만들어서 불을 붙이면 연기로 사람이 잠들고 만다. 역시 효과가 말도 안 되는 약. |
| 수면약 | 마실 | 마실을 그늘에 말려서 가루로 만든 뒤 달여서 먹이면 한 잔에 잠이 오며 두 잔이면 잠에 빠진다. 일부 삼베에는 실제로 마약 성분이 들어 있기 때문에 잠들어버리는 경우도 있다. |
| 명랑고 (明郞膏) | ? | 눈꺼풀에 바르면 기분이 상쾌해지며 졸리지 않게 된다고 하지만, 상세한 내용은 불명. |

관련 항목
● 인술비전서 → No.053        ● 만천집해 → No.054

# 닌자의 요새

## Ninja Fort

이가에는 매우 많은 성채가 존재했다. 닌자의 두령들이 각자의 토지에 자신의 작은 성채를 만들었기 때문이다. 그렇다면 그들의 성채는 다른 곳과 어떻게 다를까.

## ● 이가의 성채

미에현에서 **이가**(伊賀) 지방은 면적이 10% 정도밖에 되지 않는다. 하지만 이 좁은 이가 지방에 미에현에 존재했던 성채의 과반수가 집중되어 있다.

이것은, 각 요새의 주인인 영주들의 영지가 다른 지역의 1/10의 면적밖에 되지 않았다는 점을 의미한다. 다시 말해 이가 지방은 매우 작은 영지밖에 가지지 않는 소영주가 군웅할거하는 지역이었다.

그런 소영주가 돌담이나 천수가 있는 훌륭한 성을 세웠을 리가 없다. 땅을 판 해자(적의 침입을 막기 위해 성 밖을 둘러 파서 만든 구덩이나 도랑, 연못-역자 주)에 쌓아 올린 흙 위로 세운 판자벽과 같은 방어력으로 대군을 맞서 싸울 수 있는 구조가 아니다. 하지만 그런 소영주를 일부러 대군을 이끌고 쳐들어오는 적도 없었기 때문에 평소에는 충분하다.

단지 이가만이 아니라 쳐들어오는 군세 중에는 닌자나 그 기술을 가진 자가 있을 가능성이 높다. 또한, 닌자가 몰래 잠입해올 가능성도 높다. 이 때문에 일반적인 성과 달리 닌자 대책이 충실한 요새로 만들어졌다.

닌자 대책과 군세 대책은 내용이 상당히 다르다. 다수의 병사에 의한 공격을 막기 위해서는 방어 시스템이 튼튼할 필요가 있다. 왜냐하면 한 명을 쓰러뜨려도 계속해서 병사가 쳐들어오기 때문이다. 따라서 한 번에 무너지는 방어 시스템은 도움이 되지 않는다. 하지만 닌자의 경우, 1명~몇 명 정도이기 때문에 저지하다가 부서지더라도 상관이 없다. 어차피 닌자는 누군가가 걸린 방어 시스템에는 걸려주지 않는 데다 부서지는 소리로 침입을 파악할 수도 있다.

또 하나가 시간이다. 같은 시간에 같은 행동을 하면 닌자는 간파해버린다. 1각마다 파수꾼을 교대할 시, 교대 직후에 파수꾼을 해치우면 그 후 1각의 시간적 여유가 생긴다. 이 때문에 파수꾼의 교대 시간이나 보초의 빈도 등도 랜덤으로 바꿔서 적 닌자가 예측할 수 없도록 한다.

## 닌자 대책이 준비된 성채

### 닌자 대책으로서 유효한 수단이란

→한 번에 부서져도 OK! 숨어들기 방지용 트랩을.

→파수꾼의 교대 시간이나 빈도는 랜덤으로!

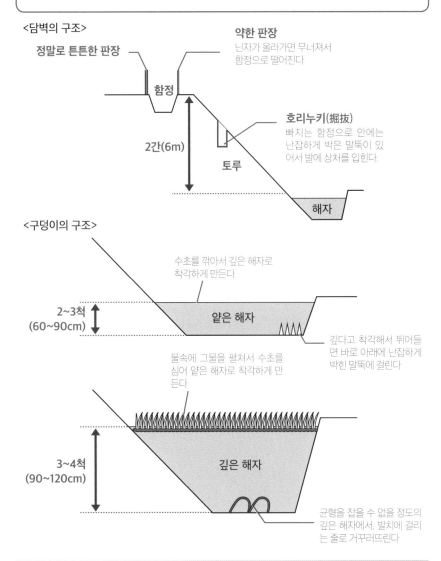

&lt;담벽의 구조&gt;

정말로 튼튼한 판장

약한 판장
닌자가 올라가면 무너져서
함정으로 떨어진다

함정

호리누키(掘抜)
빠지는 함정으로 안에는
난잡하게 박은 말뚝이 있
어서 발에 상처를 입힌다.

2간(6m)

토루

해자

&lt;구덩이의 구조&gt;

수초를 깎아서 깊은 해자로
착각하게 만든다

2~3척
(60~90cm)

얕은 해자

깊다고 착각해서 뛰어들
면 바로 아래에 난잡하게
박힌 말뚝에 걸린다

물속에 그물을 펼쳐서 수초를
심어 얕은 해자로 착각하게 만
든다

3~4척
(90~120cm)

깊은 해자

균형을 잡을 수 없을 정도의
깊은 해자에서, 발치에 걸리
는 줄로 거꾸러뜨린다

관련 항목

● 이가 닌자 → No.009

# 인술비전서

## Secret Manual of Ninjutsu

닌자를 논하면 수수께끼의 비전서가 따라온다. 인술의 비전을 기록한 두루마리를 두고 서로 빼앗는 닌자들은 창작 속에서도 단골장면 중 하나가 되었다. 하지만 실제로 비전서에 그런 힘이 있는 것일까.

## ● 인술이 사라진 뒤에 생겨난 비전서

실은 닌자가 활발히 활동하고 있었던 전국시대에 인술비전서(忍術秘伝書)는 존재하지 않았다. 이것은 당연한 일이다. 닌자들은 일이 바빠서 느긋하게 비전서를 쓰고 있을 틈 따위는 없었기 때문이다.

또한 일부러 책을 쓸 필요도 없었다. 왜냐하면 닌자가 되는 인간은 매우 많았기 때문에 그 기술은 각자의 술자들로부터 다수의 제자들에게 계승되어 술법이 소실될 일도 없었기 때문이다.

하지만 태평성대가 되자 모든 것이 바뀌었다. 우선 일거리가 없다. 도쿠가와 막부는 각 다이묘 가문이 거느리고 있는 시노비를 **이가모노**(伊賀者)로 한정했기 때문에 그 밖의 닌자는 실업했다. 그리되자 실업한 닌자는 다른 일로 먹고 살 수밖에 없었기 때문에 인술의 수행 따위를 할 여유는 없었다.

그러면 이가모노의 경우에는, 어디를 가도 같은 이가모노가 시노비를 하고 있는 것이다. 성실하게 잠입하고 싸울 필요 따위 어디에도 없었다. 적당히 정보를 서로 융통해서 맞추고 원만하게 헤어지면 끝이다. 다시 말해 인술의 수행을 진지하게 할 필요 따위 어디에도 없었던 것이다. 그리하여 수십 년도 지나지 않아 인술은 사라지고 말았다. 그때 선조의 기술이 소실될 것을 염려한 자손들이 만든 것이 지금 남아 있는 비전서. 이러한 사정 때문에 비전서는 커다란 결함이 생겼다.

우선 비전서를 썼을 시점에서 일부 정보가 이미 소실되고 말았다. 다음으로 인술의 비밀을 지키기 위해 일부러 일부 정보를 누락시켜 구전되어왔지만, 훗날 구전이 사라지고 말았다. 더욱이 닌자의 자손이 선조를 위대하게 보이기 위해 기술된 내용에 과장을 넣었다. 마지막으로 서술된 정보를 보완하기 위해 엉뚱한 서적에서 잘못된 정보를 끼워 넣고 말았다.

이러한 요인들에 의해 미묘한 오류가 들어간 비전서가 만들어지게 되었다.

## 비전서의 탄생

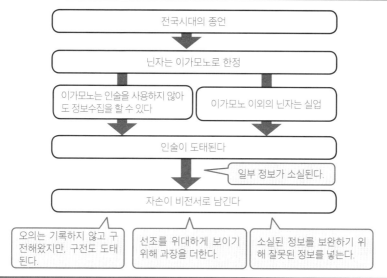

전국시대의 종언

↓

닌자는 이가모노로 한정

↓

이가모노는 인술을 사용하지 않아도 정보수집을 할 수 있다

이가모노 이외의 닌자는 실업

↓

인술이 도태된다

일부 정보가 소실된다.

↓

자손이 비전서로 남긴다

오의는 기록하지 않고 구전해왔지만, 구전도 도태된다.

선조를 위대하게 보이기 위해 과장을 더한다.

소실된 정보를 보완하기 위해 잘못된 정보를 넣는다.

## 비전서의 예

| 명칭 | 해설 |
|---|---|
| 인비전<br>(忍秘伝) | 핫토리 한조 야스나가(유명한 한조 마사노리의 아버지)가 1560년에 쓰고 그것을 1654년에 핫토리 미노베 사부로가 개정했다. 단지 이 유래는 수상쩍은 것으로 실제로는 1700년대에 작성되었다고 전해진다. |
| 인미래기<br>(忍未来記) | 1719년에 자신을 코가 닌자의 미래기문인(甲賀忍之未来記門人)이라 칭하는 인물이 썼다. |
| 인술비서응의전<br>(忍術秘書応義伝) | 코가 53가문 중 하나인 톤구 시카타의 가문에 남겨져 있었던 것으로 타케나카 한베에가 1575년에 쓰고 그것을 1841년에 톤구 모리시게가 옮겨 적었다고 되어 있지만, 아마도 모리시게의 작품. |
| 인술응의전<br>(忍術応義伝) | 코가의 모치즈키 시게이에가 1586년에 아부라히다케에서 터득했다. 실제로는 후손들이 쓴 것. |
| 인법비권<br>(忍法秘巻) | 이가의 이노우에 토로자에몬 마사야스가 쓴 것으로 텐포(天保)년 동안에 작성되었다고 하지만, 아마도 후손들이 쓴 것. |
| 노담집<br>(老談集) | 야마모토 칸스케와 바바 미노노카미 노부카츠(양쪽 다 타케다의 가신)이 썼다고 되어 있지만, 물론 허구일 것으로 추정된다. |

이밖에도 100권 이상의 인술비전서가 있다.

### 관련 항목

● 이가 닌자 → No.009
● 핫토리 한조 → No.012
● 핫토리 한조의 후계자 → No.014
● 에도의 닌자 이가 닌자의 후예 → No.020

# No.054

# 만천집해

## Bansenshukai

수많은 인술비전서 중에서 가장 많이 망라되었으며 가장 신뢰받는 비전서로 지목되는 것이 『만천집해(萬川集海)』다. 여닌자를 「쿠노이치」라고 부르는 것도 이 책이 출전이다.

## ● 최대의 비전서

이 책은 1676년에 쓰인 인술서다. 1615년에 일어난 전국 최후의 전투인 오사카 여름의 진(大坂夏の陣)으로부터 61년. 전국시대의 전투를 아는 자가 거의 사라질 무렵에 쓰인 것으로, 인술이 소실되는 것을 아쉬워하여 수많은 강이 바다로 모여들 듯이 각지에 남은 모든 인술을 모아놓은 것이라는 의미로 『만천집해(萬川集海)』라는 이름이 붙었다.

내각문고(도쿠가와 가문의 소장본을 계승한 것)에 저장된 판본에 의하면 저자는 코가군 은사 후지바야시 야스요시. 1789년에 곤궁했던 코가 21사가 막부에 구원을 요청하며 나갔을 때 제출한 책이다.

그런데 『만천집해』를 코가의 인술비전서라고 하기에는 큰 문제점이 몇 가지 있다.

일단 코가에는 후지바야시 가문은 존재하지 않는다. 그리고 이가군 유후네에는 후지바야시 가문이 존재한다. 『만천집해』의 사본은 몇 개정도 남아 있지만, 이가에 남아 있는 사본에는 저자가 이가군 은사 후지바야시 야스타케로 되어 있다.

그저 유후네는 **이가**와 **코가**의 경계에 있어서 지형적으로 이가에게는 공격받기 어려웠지만, 코가에게는 공격받기 쉬웠다. 이 때문에 후지바야시 가문도 지리상으로는 이가에 속해 있지만 코가와 결속했을 가능성이 컸으리라는 설도 있다.

무엇보다 문제가 되는 것은 『만천집해』의 내용이다. 같은 책에는 닌자의 명인으로 11명의 이름을 들고 있다. 그런데 그중에 코가 닌자는 한 명도 없다. 이것도 진짜 인술 명인은 이름이 알려지지 않았다고 되어 있기 때문에 코가의 닌자는 이름이 남아 있지 않다고 주장하는 것일지도 모른다.

하지만 쉽게 생각하면 이가의 비전서가 코가에도 사용되었을 거라고 생각하는 것이 타당하지 않을까.

## 만천집해란?

```
만천집해란?
```

**성립년대**  1676년

**저자**  내각문고판 : 코가군 은사 후지바야시 야스요시
이가에 남겨진 사본 : 이가군 은사 후지바야시 야스타케

**특징**  곤궁했던 코가 21사가 막부에 구원을 요청하며 나갔을 때 제출한 책. 인술비전서 중에서 가장 많이 망라되었으며 가장 신뢰받는 비전서로 지목되고 있다.

> 이 책에서 여닌자를 쿠노이치라고 부르기 시작하였다.

> 미즈구모 등 현재 유명한 닌자 도구의 도판이 다수 실려 있다.

## 만천집해의 출처

```
만천집해는 코가의 책? 이가의 책?
```

**<이가의 닌자?>**  같은 책에는 닌자의 명인으로 11명의 이름을 들고 있지만 코가 닌자는 한 명도 없다.

**<저자인 후지바야시란?>**

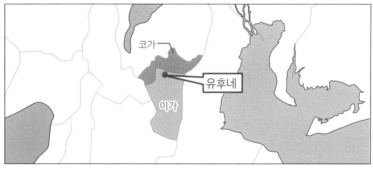

후지바야시씨의 영지인 유후네는 이가 중에서 코가에 인접해 있는 지역이었다. 이 때문에 후지바야시씨는 코가와도 교류가 있었을 것으로 생각된다.

```
이가의 인술서였던 『만천집해』가 코가에도 전해졌다?
```

### 관련 항목

● 이가 닌자 → No.009
● 코가 닌자 → No.015
● 인술비전서 → No.053

# 정인기
## Shouninki

『만천집해』와 어깨를 나란히 하는 인술비전서가 『정인기』다. 이 책은 이가도 코가도 아닌 도쿠가와 세 가문 중 하나인 키슈(지금의 와카야마)번에 전해졌던 인술의 비전서다.

## ● 3대 비전서 중 하나

『만천집해』가 완성되고 불과 5년 후인 1681년에 쓰인 것이 키슈 군학의 나토리류(名取流)의 책 『정인기(正忍記)』다. 나토리류는 다른 이름으로 키슈류(紀州流), 신쿠스노키류(新楠流)라고도 부른다. 여기에 『만천집해』, 『인비전』을 더해 인술 3대 비전서(忍術三大秘伝書)라고 한다.

여기서 재미있는 것이 『정인기』의 저자명이다. 후지잇스이·나토리 산쥬로 마사타케라고 하는데, 여기서 후지잇스이가 후지바야시를 가리킨다는 말이 있다. 나토리 산쥬로는 나토리류의 나토리라는 점을 생각하면, 본명은 후지바야시 마사타케다. 『만천집해』의 저자명이 후지바야시 야스타케, 그리고 쓰인 시기가 가깝다는 점을 생각해보면 양자 사이에 무언가 관계가 있으리라고 생각하는 것이 자연스럽다. 부모와 자식이거나 형제, 거기까지는 아니더라도 친척이나 일가일 것이라고 생각하게 된다.

실제로 오다 노부나가에 의한 **이가의 난**(伊賀の乱)으로 황폐해진 **이가**로부터 후지바야시 일족의 일부가 키슈로 이주했는데, 그중에 후지바야시 마사타케가 있었다는 설을 주장하는 자도 있다. 그렇지만 양자에 관계가 있었다고 하더라도 순순히 믿기도 어렵다. 최대 문제는 내용의 차이점이다. 닌자에 관한 사상만 해도 다소 다르다.

예를 들어 **인약** 리스트를 봐도 겹치는 것이 없다. 비슷한 술법이라도 이름이 다르게 붙여져 있는 등 같은 일족에게 전해졌던 인술을 한데 모아 정리한 것이라고는 도저히 생각할 수 없는 내용이다.

『정인기』는 어디까지나 나토리류의 비전서다. 후지바야시 마사타케가 이가 출신의(혹은 이가에 연줄을 가진) 시노비였다고 하더라도 나토리류의 책을 쓰는 경우에는 나토리류의 용어를 이용해서 쓰는 것이 당연한 법이다. 이 때문에 이러한 차이가 생겨났다. 또한 『만천집해』는 이가만이 아니라 각지의 인술을 모았기 때문에 더욱 차이가 벌어졌으리라 생각하는 것이 자연스럽다.

# 정인기란?

정인기란?

**성립년대** 1681년

**저자** 후지잇스이 · 나토리 산쥬로 마사타케
후지잇스이란 후지바야시를 가리키는 것으로 추측된다.
본명은 후지바야시 마사타케?

**특징** 도쿠가와 세 가문 중 하나인 키슈(지금의 와카야마)번에서 키슈 병법의 나토리류 서적으로서 전해졌다. 나토리류는 다른 이름으로 키슈류, 신쿠스노키류라고도 부른다. 코가(이가)의 「만천집해」와는 사상도 술법의 내용도 다르다.

## <키슈의 군학>

| 유파 | 전승가문 | 담당 | 특징 |
|---|---|---|---|
| 에치고류 | 우사미가 | 군사주재 | 우에스기 가문의 군법을 전하는 것. |
| 키슈류 | 나토리가 | 시노비 병법 | 타케다 가문의 코슈류를 나토리 가문이 나토리류로 확립하고, 그 후 쿠스노키류, 키슈류라고 부르게 되었다. |

8대 쇼군 도쿠가와 요시무네가 키슈번에서 쇼군이 되었을 때 키슈번사를 200명 정도 데려와서 오니와반(쇼군의 밀정)으로 삼았다. 그들은 키슈류를 배웠을 것으로 추측된다.

## 정인기의 시노비 분류

정인기는 시노비를 5종류로 분류하고 있다. 중요 포인트로는 여기서 「닌자」라는 용어가 사용되고 있다는 점이다. 아마도 최초의 사용례일 것으로 생각된다.

| | |
|---|---|
| 토칸(唐間) | 중국의 시노비. 시기는 헌황제 시대까지 거슬러 올라간다고 전해진다. 「좌씨전」에서는 첩이라고 불렀으며, 나중에는 사이사쿠(細作)이라고 부르게 되었다. |
| 쿄도(嚮導) | 길잡이를 하는 자. 토착민을 이용하는 것이 가장 좋다고 알려져 있다. |
| 가이분(外聞) | 직접 적의 본거지 등에 뛰어드는 것이 아니라 주변의 소문이나 물건의 움직임 따위에서 정보를 수집하는 자. 지금 시점으로 말하면 합법적 정보수집을 하는 자들이다. 일반적으로는 상인이나 편력종교인 따위를 이용하는 일이 많았다. |
| 닌자(忍者) | 일본의 간첩을 이르는 말로 다양한 곳에 숨어들어 정보 따위를 입수해온다. 단지 누슷토와는 다르게 사리사욕으로 물건을 훔치는 일은 하지 않는다. |
| 누슷토(盜人) | 그냥 도둑. 눈앞의 욕망에 눈이 돌아 결국 대국을 잃게 된다. 최종적으로는 도둑질로 인해 몸을 망친다. |

**관련 항목**
● 이가 닌자 → No.009
● 텐쇼 이가의 난과 이가모노 → No.011
● 인약 → No.051
● 인술비전서 → No.053
● 만천집해 → No.054

# 이에야스의 감사장

닌자의 1차 사료는 거의 없지만 그 몇 안 되는 예외가 코가에 존재한다.

도쿠가와 이에야스가 오다 노부나가와 손을 잡은 직후, 이마가와 쪽의 우도노 나가모치의 성을 함락하기 위해 코가의 닌자를 요청했다. 이에 응한 것이 반요 시치로 스케사다와 우카이 마고로쿠로 반은 80명, 우카이는 200명의 시노비를 거느리고 참전했다.

그들은 우도노 세력의 복장을 하고 우도노 측의 성 안으로 들어갔다. 그리고 밤이 되어 병사들이 잠들 시간이 되었을 때 야습을 걸어 성 안의 망루에 불을 붙이며 돌아다녔다. 적병과 싸울 때도 함성을 지르지 않고 침묵한 상태로 싸웠다. 이 때문에 우도노 측은 무슨 일이 일어났는지도 모른 채 배반당한 것이라고 생각하며 대혼란에 빠졌다. 코가 닌자는 적군의 후방으로 돌아간 뒤 암호를 듣고 기다리다가 나가모치가 도망칠 때에도 그 암호로 접근해 목을 베었다.

이에야스는 이 승리를 기뻐하며 반에게 다음과 같은 감장(感状, 다이묘나 성주가 좋은 활약을 해준 자에게 발행하는 감사장. 감장을 많이 받은 무사는 퇴전해서 다른 곳으로 가더라도 무용사로 고용되기 쉽다)을 보냈다.

<원문>
今般鵜殿藤太郎其元被討候(금반제전등태랑기원피토후) 近頃高名無比類候(근경고명무비류후)
我等別而彼者年来無沙汰候処弥□□祝着申候(아등별이피자년래무사태후처미□□축착신후)
委細左近雅楽可申上候(위세좌근아악가신상후)
恐々謹話(공공근화)
二月六日(이월육일)        元康(花押)(원강(화압))
伴与七郎殿(반여칠랑전)

<번역>
이번에 우도노 도타로와 그 일당이 토벌되었는데 그때의 그 고명함은 근래의 그 무엇과도 비할 데가 없습니다. 그 후 많은 일이 있어 격조했습니다만, 그 건승을 축복해야 마땅하기에 늦게나마 이를 전합니다. 자세한 내용은 마츠 사콘과 사카이 우타노카미가 전해드릴 것입니다.

이렇게나마 전하는 것을 양해바랍니다.

2월 6일                        마츠다이라 모토야스
반요 시치로 공께

이에야스가 모토야스라는 이름을 썼던 시기의 서장으로 생각된다. 다시 말해 코가나 이가의 닌자는 이 당시부터 일종의 용병으로서 각지에 고용되었음을 알 수 있다. 그리고 그 대표자쯤 되면 무사 취급을 받으며 감장을 받았다는 사실도 알 수 있다.

※원문에 있는 □는 현존하는 사료에서는 읽을 수 없는 문자이다.

# 제 3 장
# 인술

# 인술의 기본

## Basics of Ninjutsu

> 닌자가 인술(忍術)을 사용하는 것은 무엇을 위해서일까. 그 인술은 언제 어떻게 써야 하는 것일까.

## ● 의외로 쉬운 인술

**인술비전서**를 읽다 보면 의외로 맥이 빠지는 것이 많다. 비전으로서 전해졌어야 할 인술의 기원이 너무나도 간단하기 때문이다. 그리고 기술이 간단함에도 불구하고 제각각 착실하게 이름이 기록되어 있다. 요즘 이런 걸로 누가 속아 넘어가겠느냐며 따지고 싶어지는 기술이 잔뜩 있는 것이다.

이런 기술에 속아 넘어가다니, 당시 사람들은 어리석었던 것이었을까.

그렇지는 않다. 생사가 갈리는 전투에서 살아남은 전국시대의 사람들이 평화에 찌든 현대 일본인보다 어리석을 리가 없다. 과학기술에 관해서는 뒤처졌을지언정 사물을 바라보는 시각은 혹독해서, 현실적으로 바라볼 줄 아는 인간이었을 터이다.

다시 말해 간단한 기술이라고 바보취급하는 우리 쪽이 실은 현실을 보지 못하는 것일지도 모른다. 닌자는 우리를 놀라게 하려고 기술을 사용하는 것이 아니다. 아무리 시시한 기술이라도 그것들을 임무에 사용할 수 있다면 충분히 만족했을 것이다.

이 말은 즉, 우리가 쉬워서 금방 들통 날 거라고 생각하는 기술이 실은 당시 상황하에서는 문제없이 쓸 수 있는, 들통 나지 않는 기술이었다고 생각해볼 수 있다.

물론 간단한 기술일수록 제대로 사용하기는 어렵다. 마술도 가장 어려운 것은 큰 무대에서 하는 대규모 마술이 아니다. 테이블에 앉아 눈앞에서 트럼프 따위의 간단한 도구를 손기술만으로 하는 테이블 마술이다. 그것과 마찬가지로 간단한 기술이기 때문에 그것을 사용하는 타이밍, 사용하는 사람의 연기력, 상황에 맞춰 하는 애드리브 등, 술자의 기량 그 자체를 시험받게 된다.

인술은 어디까지나 실용품이다. 그렇기 때문에 가능한 한 간단한 기술을 선호하는 것이다.

## 인술이 간단한 이유

비전서의 인술의 기원은 맥이 빠질 정도로 간단하다.

간단한 기술이라도 충분히 실용적. 그리고 이것을 제대로 수행하기는 어렵다.

### <인술이 간단한 이유>

**1. 매스컴의 부재**
누군가가 속은 수법은 다른 곳까지 전해지지 않는다. **••••••••➤**
알고 있으면 당하지 않을 단순한 수법이라도 모르기 때문에 막을 수 없다.

**2. 닌자는 몸이 가볍다**
잠입하는 닌자는 몸이 가볍지 않으면 안 된다. **•••••••➤**
아무런 도구도 필요로 하지 않는, 적어도 작고 가벼운 도구만 있으면 충분한 술법이 필요했다.

**3. 닌자는 가난하다**
돈이 드는 도구나 술법은 쓸 수 없다. **••••••••••➤**
맨몸으로 쓸 수 있는 기술이 중요시되었다.

**4. 세계가 어둡다**
당시에는 전등 따위는 없었으며, 등불이라고 해봤자 양초, 사방등, 횃불 따위밖에 없었기 때문에 밤에는 매우 어두웠다. 당시 마을의 밝기가 지금의 산속 정도였다. 산속은 달빛 이외에는 아무것도 없기 때문에 현대인의 눈으로는 완전한 암흑으로밖에 보이지 않는다. 게다가 사용하는 등불은 불꽃이 흔들리기 때문에 그림자도 같이 흔들리면서 매우 보기 힘들었다. **••••••➤**
그림자에 숨는 것만으로도 쉽게 사람의 눈을 속일 수 있었다.

**5. 간단한 기술은 기억하기 쉽다**
간단한 술책이라면 신입이라도 배우기 쉽고, 새로운 기술을 배우는 것도 간단하다. **••••••➤**
간단하기 때문에 연기력이나 손재주 따위의 단련이 필요하지만, 처음 과정이 간단한 쪽이 입문하기 쉽다.

**6. 순식간에 쓸 수 있다**
이름이 있는 쪽이 여차할 때 써먹을 수 있다. **••••••••➤**
간단한 기술이라도 「인술」로서 전해졌다.

---

**관련 항목**
● 인술비전서 → No.053
● 만천집해 → No.054

123

# 수리검술

## Art of Ninja Star

수리검을 사용해서 적을 공격하는 것은 닌자에게 어떤 이점이 있을까. 또한, 실제로 싸울 경우 어떠한 방식으로 던지는 것일까. 적어도 왼손의 손바닥에 놓고 슈슉 하고 던지지는 못한다.

## ● 수리검은 도망치기 위한 무기

창작과는 달리 수리검의 살상력은 높지 않다. 목이나 눈 등, 치명적인 부위에 맞는다면 모를까 그 이외의 장소에 꽂혀도 죽을 정도의 대미지를 주긴 힘들다. 특히 갑옷을 입은 무사에게는 수리검을 던져도 어지간해서는 갑옷을 꿰뚫지 못한다.

그렇다면 수리검 공격은 무의미한 것일까? 그렇지는 않다. 갑옷으로 막을 수는 있어도 수리검이 꼭 갑옷으로 뒤덮인 곳으로만 명중하는 것은 아니다. 치명적인 장소(목덜미나 눈 등)일수록 갑옷으로 덮여 있지 않다. 즉, 수리검을 던지면 상대는 원치 않아도 방어할 수밖에 없다. 그만큼 빈틈이 생긴다.

또한 죽일 수 없더라도 어딘가에 명중하면 적의 전투력은 그만큼 떨어진다. 손에 맞으면 그쪽 손을 쓸 수 없게(혹은 쓰기 어려워지게) 되며 다리에 맞으면 달리는 속도가 떨어진다. 눈언저리에 맞으면 대성공이다.

왜냐하면 닌자의 공격은 적을 죽이는 것이 아니기 때문이다. 닌자의 주 임무는 **정보수집**, 다음이 식량을 태우는 일 등의 파괴 공작. 무사와 정면에서 싸워 쓰러뜨릴 필요 따위는 어디에도 없다. 수리검 공격은 닌자가 무사에게서 도망치기 위한 빈틈을 만들기 위해서다.

**차검**을 던질 때 쥐는 법은 몇 가지 있다. 단지 주의해야 할 점은, 차검은 모든 방향에 칼날이 있기 때문에 손이 베이지 않도록 해야 한다는 점이다.

차검은 집게손가락을 걸고 회전을 강하게 해서 던지는 방법도 있다. 단, 이 경우 차검의 뿌리 부근은 칼날이 없도록 만들어둘 필요가 있다. 그 방법에 능숙해지면 수리검이 잘 회전하면서 그만큼 비거리도 늘어나며 위력도 커질 것이다.

## 수리검을 쥐는 법

| 수리검의 목적 | 적을 죽이는 것이 아닌, 도망치기 위한 빈틈을 만드는 것. |
| --- | --- |

· 수리검을 적을 향해 던지면 원치 않아도 방어할 수밖에 없다.
· 어딘가에 명중한다면 적의 전투력은 그만큼 떨어진다.

&lt;수리검을 쥐는 법&gt;

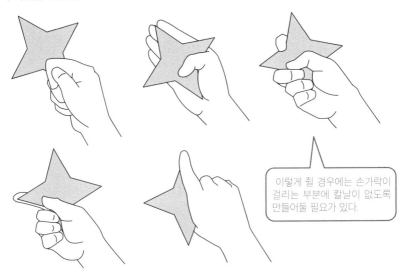

이렇게 쥘 경우에는 손가락이 걸리는 부분에 칼날이 없도록 만들어둘 필요가 있다.

## 수리검 백병술

적이 근거리에 접근했을 경우 수리검을 던져서 싸우는 것보다 그대로 수리검을 쥐고 백병전에 들어간다. 단, 옷이나 갑옷을 꿰뚫을 힘은 없기 때문에 적의 얼굴이나 눈을 노려야 한다.

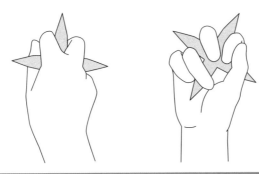

### 관련 항목
● 닌자의 임무 정보수집 → No.002
● 차검 → No.035

# 봉수리검술

## Art of Straight Ninja Star

봉수리검은 차검과는 사용법도 던지는 방법도 다르다. 봉수리검은 위력은 크지만 순간적으로 던지는 데는 맞지 않는다. 하지만 그렇게까지 차이가 나는 것은 아니기 때문에 비슷하게 사용되었다.

## ● 단검 투척과 비슷한 봉수리검술

**봉수리검**은 봉의 끝부분 이외에는 대미지를 줄 수 있는 부분이 없다. 따라서 적을 명중시킬 때 끝부분을 향하게 해서 던져야 한다. 봉수리검을 던지는 방법은 두 가지 존재한다.

하나는 직타법(直打法). 던지는 순간부터 끝부분을 향한 채 수리검이 날아가는 방법이다. 엄밀히 말하면 손에서 벗어난 직후는 조금 위를 향하고 있다. 중지를 조금 움푹 들어가게 받치고, 집게손가락과 약지로 집으며, 엄지로 위에서 누르듯이 잡는다. 그리고 끝부분은 손가락 끝에 댄다. 이대로 던지면 손을 벗어난 순간 끝부분이 향한 방향으로 똑바로 날아간다.

또 하나는 반전타법(反轉打法). 던진 순간은 꽁지가 앞을 향하지만, 날아가는 사이에 반회전해서 적에게 명중할 때쯤에는 끝부분이 앞을 향한다. 이 방법은 수리검을 위아래 반대로 잡는다.

다음으로 던질 때 팔을 움직이는 방법도 몇 종류 있다. 야구의 오버스로나 사이드스로와 같은 것 등, 여러 가지 투법이 있다. 하지만 야구와 같은 구기로는 절대로 쓸 수 없는 것이 횡타다. 던지는 기세가 약해서 일반적인 스포츠에서는 일단 쓰이지 않는다. 그렇다면 닌자는 어째서 그런 약한 투법을 사용하는 것일까.

하나는 폭이 좁아도 된다는 점이다. 스포츠와 달리 닌자가 수리검을 사용하는 것은 넓은 장소로 한정되지 않는다. 횡타라면 팔을 위나 옆으로 벌릴 수 없기 때문에 인간이 지나갈 수 있는 폭이 아슬아슬한 복도, 문미(鴨居, 창문 위에 가로 댄 나무. 그 윗부분 벽의 무게를 받쳐준다-역자 주)가 있어서 위로 뻗은 손이 걸리는 방 등에서도 수리검을 던질 수 있다.

또 하나가 꺼내기 쉽다는 점이다. 왼팔의 소매에 봉수리검을 수납해놓으면 꺼내는 자세에서 바로 던질 수 있다. 수리검을 뽑고 던지는 2동작이 아니라 뽑으면서 던지는 1동작으로 던질 수 있기 때문에 찰나의 순간을 노릴 때 유리하다.

## 수리검 던지는 법

<봉수리검을 던지는 법>

직타법

반전타법

수리검도 중력에 따라 포물선 궤도를 그리며 날아간다. 2간(4m) 정도까지는 직선으로 날아간다고 생각하고 던져도 적게 명중해서 꽂힌다. 하지만 그 이상이 되면 조금 비스듬히 아래를 향하며 날아가는 상태에서 명중하기 때문에 뾰족한 부분도 조금 아래를 향하지 않으면 안 된다.

## 다양한 투법

상단타

횡타

하수타

좌타

## 관련 항목
● 봉수리검 → No.034

# 사게오 칠술 자사구리

**Zasaguri**

닌자도의 특징 중 하나로 사게오(下緒)가 길다는 점이 있다. 쉽게 말해 칼집에 긴 로프가 딸려 있다고 생각하면 될 것이다. 그 사게오를 사용해 닌자는 다양한 잔재주를 부릴 수 있다.

## ● 어둠을 꿰뚫어 보는 눈

자사구리(座探り)는 어둠에서 적을 감지하고 그 자리에서 죽이기 위한 기술이다.

우선 칼끝에 조금만 칼집을 끼워 넣는다. 그리고 사게오는 입에 문 상태로 둔다.

이 상태로 어둠 속을 칼집과 칼을 같이 움직이면서 걷는다. 그리고 칼집 끝에 무언가가 닿기만을 기다린다.

칼집의 끝에 닿는 것이 있을 때 그것이 벽이나 기둥과 같이 단단한 것인지, 아니면 인간과 같이 부드러운 것인지를 감각으로 파악한다. 인간이라면 신속하게 칼을 뺀다. 그러면 칼집은 그 자리에 남겨진 채 칼에서 빠져나온다.

그리고 한걸음 내디디며 칼로 찌른다. 매우 높은 확률로 상대를 죽이거나 죽이지는 못하더라도 큰 상처를 입히며 무력화시킬 것이다.

사게오를 입에 물고 있으면 두 가지 이점이 있다.

하나는 칼집의 회수다. 칼집은 도를 잡아당기는 순간에 아래로 떨어지지만, 사게오에 매달려 있기 때문에 바로 회수할 수 있다.

또 하나는 목소리다. 인간은 깜짝 놀라면 순간 소리를 내고 만다. 이렇게 되면 발견한 상대에게 자신이 있다는 사실을 역으로 들키게 되면서 공격에 대처할 기회를 주게 된다. 또한, 발견한 상대를 쓰러뜨렸다고 하더라도 소리를 내면서 다른 누군가가 들었을지도 모른다. 하지만 사게오를 강하게 물고 있으면 놀라서 소리를 내는 일 없이 행동할 수 있기 때문에 적에게 잘 들키지 않는다.

이러한 술책에서 알 수 있는 점은 닌자는 어둠 속에서 눈이 보인다는 속설은 거짓이라는 점이다. 눈이 보인다면 이런 술책을 사용할 필요 따위 어디에도 없다. 하지만 이러한 지혜로 적을 감지해서 죽임으로써 닌자는 어둠에서도 눈이 보인다며 다른 자들의 두려움을 사게 될 수 있다. 그것은 닌자의 승리라 할 수 있을 것이다.

## 어둠 속의 암살술

| 자사구리란? | 사게오 칠술의 하나. 어둠 속에서 적을 감지해 그 자리에서 죽이기 위한 기술. |
| --- | --- |

①어둠 속을 칼집과 칼을 움직이면서 걷는다.

칼끝에  조금
만 칼집을 꽂
아둔다.

사게오는
입에 문다.

②칼집 끝에 인간이 닿으면 재빨리 칼을 뽑는다. 인간
인지, 아니면 기둥이나 벽인지는 감각으로 파악한다.

③칼을 잡아당기면 칼집은 그 자리에 남겨지며 칼에서
빠져나온다.

④칼을 뽑으면 한걸음 내디디면서 찌른다.

사게오를 입에 물어둠으로
써 칼집의 회수가 쉬워진다
는 점과 자신의 목소리를 죽
일 수 있다는 메리트가 있다.

### 관련 항목

- 닌자도 → No.036
- 사게오 칠술 → No.061

# 사게오 칠술 츠리가타나

**Tsuri Gatana**

닌자에게 닌자도란 만능 툴이다. 그중 하나로 담벽 따위를 뛰어넘기 위한 츠리가타나가 있다. 근데 사실 츠리가타나는 닌자의 전매특허는 아니었다.

## ● 리얼한 전쟁의 도구

츠리가타나(吊り刀)란 매우 간단한 술책이다. 담벽 따위를 뛰어넘을 때 담벽에 칼을 기대어 세워놓는다. 그리고 칼의 날밑을 발판 삼아 담벽을 뛰어넘는다. 닌자도의 칼집은 끝이 뾰족하기 때문에 땅에 꽂아도 안정적이다.

단, 벽을 뛰어넘은 것은 좋았지만, 안으로 들어가면 무방비 상태가 돼버린다. 또한, 돌아갈 때 벽을 뛰어넘으려고 해도 더 이상 발판으로 삼을 칼이 없다.

따라서 여기서는 사게오(칼집에 달려 있는 끈)를 입에 물고 담벽 위로 올라간 뒤 끌어올린다. 이것을 츠리가타나라고 한다.

여기서 분명해지는 사실은 닌자는 2m를 넘는 담벽을 뛰어넘을 수 없다는 점이다. 만약 가능하다면 이런 기술이 사용될 리가 없다. 닌자가 초인적인 점프력을 가지지 않았기 때문에 이러한 기술이 전해지고 있는 것이다.

단, 이 기술이 닌자의 전매특허인 것은 아니다. 전국시대의 무사들도 울타리나 담벽을 뛰어넘는 기술로 자신의 칼을 발판으로 삼았다고 전해진다. 겉멋만 갖춘 에도 시대의 무사들이라면 무사의 혼을 발판으로 삼을 수 있겠느냐며 도움도 안 되는 자존심을 세우면서 화를 낼지도 모른다.

하지만 내일을 장담할 수 없는, 목숨을 뺏고 빼앗기던 진짜 전투를 해오던 전국시대의 무사들에게 그런 쓸데없는 프라이드 따위는 땡전 한 푼의 가치도 없다. 무엇보다 울타리나 담벽을 뛰어넘지 못한다면 적과 칼을 맞대는 것조차 할 수 없기 때문이다.

다만 여기에 최적화된 닌자도와 달리 칼집의 끝도 뾰족하지 않으며 도신이 휘어져 있는 평범한 칼로는 올라가다가 실패하는 일도 있었던 듯하다.

## 칼은 도구

| 츠리가타나란? | 칼을 발판으로 삼아 담벽을 뛰어넘는 잠입술. |

<츠리가타나의 순서>

뛰어넘을 때 칼의 사게오를 문다.

칼을 벽에 기대어 세우고, 날밑을 발판 삼아 뛰어넘는다.

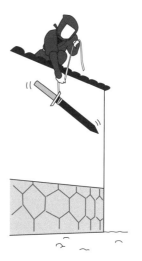

벽에 올라가면 사게오를 사용해 칼을 끌어올린다.

츠리가타나는 닌자의 전매특허는 아니다! 하지만 닌자도가 아니면…

전국시대의 무사들도 사용했다고 전해진다.

뛰어넘은 뒤 칼을 끌어올리지 못 하면서 무방비한 상태가 된다.

칼집 끝도 뾰족하지 않으며 도신이 휘어져 있는 일반적인 칼로는 실패하는 일도 있었다.

### 관련 항목

● 닌자도 → No.036

● 사게오 칠술 → No.061

# 사게오 칠술

## Seven Arts of Sageo

사게오(下緒)에는 그밖에도 다양한 사용법이 있었다. 그 기본은 튼튼한 끈에 있다. 이 때 문에 닌자도의 사게오는 통상보다 훨씬 길어서 몇 미터나 되는 사게오도 드물지 않았다.

## ● 남은 오술

사게오 칠술(下緒七術)은 **자사구리**(座探り), **츠리가타나**(吊り刀) 외에도 다섯 가지가 있다.

우선 여침(旅枕). 크거나 작은 칼을 사게오에 묶고 그 끝을 잠들 때 자신의 몸 아래에 깔아둔다. 이렇게 하면 누군가가 칼을 도둑질하려고 해도 사게오가 당겨지기 때문에 알 수 있다. 또한, 벌떡 일어나서 도망칠 때도 바로 옆에 있는 사게오를 잡으면 칼을 가지고 도망칠 수 있다.

진장(陣張り)은 야영을 하는 기술이다. 서 있는 나무 사이의 높이 3척(90cm) 정도에 사게오를 걸치고 그곳에 천이나 기름종이를 덮으면 간단한 텐트가 된다. 추울 때 그 아래에 불을 때우면 따뜻한 공기가 머물며 난방 효과를 얻을 수 있다고 적혀 있다.

용심승(用心縄)은 방에서 쉴 때 준비하는 함정이다. 입구의 무릎 정도의 높이에 사게오의 끈을 팽팽하게 설치한다. 습격하기 위해 온 적은 그런 곳에 줄이 있으리라고는 생각하지 않기 때문에 다리가 걸리고 만다. 쓰러지거나 쓰러지지는 않더라도 옴짝달싹할 수 없는 상태가 된다. 도망칠 때도 마찬가지다. 자신은 알고 있기 때문에 그곳에서 도망칠 때도 걸리지 않고 도망칠 수 있다. 물론 추격해오는 적은 걸려 넘어지게 된다.

창지(槍止め)는 무기의 리치를 늘린다. 닌자도의 자루와 칼집을 동여맴으로써 칼을 짧은 창처럼 사용한다. 무기는 기본적으로는 리치가 긴 쪽이 유리하다. 닌자도는 원래 평범한 칼보다 짧아서 순수하게 싸우는 무기로 보자면 불리하다. 그래서 반드시 싸워야할 순간이라고 판단된다면, 이처럼 리치를 늘려서 조금이라도 전투가 유리해지도록 만든다.

마지막은 박(縛)이다. 이것은 순수하게 사게오를 로프로서 사용한다. 예를 들어 다음과 같다. 붙잡힌 적을 포박한다. 소매를 걷어붙여서 소매나 옷자락이 걸리지 않도록 한다. 피가 멈추지 않을 때는 상처보다 위쪽을 묶어 지혈한다. 이렇게 로프로서 다양한 사용법이 있다.

## 편리한 사게오

| 사게오 칠술이란? | 닌자도의 사게오를 이용한 일곱 가지 술책을 이르는 말. |
|---|---|
| | · 자사구리(→No.059)    · 여침    · 용심승    · 박 |
| | · 츠리가타나(→No.060)    · 진장    · 창지 |

### 여침

· 칼의 도난방지.
· 도망칠 때 가져가기 쉽다.

### 진장

· 야영 시 비, 추위 대책.

### 용심승

· 방에서 쉴 때의 함정. 침입방지에
  도 도망칠 때의 시간벌기로도 사
  용할 수 있다.

### 창지

· 전투 시에 닌자도의 단점(리치가
  짧음)을 보완한다.

### 박

사게오를 로프로 사용한다. 용도는 로프와 같이 다양하다.

· 붙잡은 적을 포박한다.

· 상처를 지혈한다.

### 관련 항목

● 닌자도 → No.036
● 사게오 칠술 자사구리 → No.059
● 사게오 칠술 츠리가타나 → No.060

# 둔법 수둔술

## Arts of Water Escape

둔법(遁法)이란 도망치는 방법이다. 닌자의 임무는 정보수집이 메인이기 때문에 적과 마주쳐도 싸울 필요는 없다. 싸우고 패배해서 목숨을 잃는다면 임무를 관철할 수 없기 때문이다.

## ● 물은 성채 주변에도 있다

수둔술(水遁の術)이란 둔법 중에서도 물을 이용한 술법을 총칭한 것이다. 그렇다고 해도 판타지한 마법은 아니다. 어디까지나 닌자의 체술과 약간의 잔도구를 사용한 기술이다.

가장 간단한 방법은 물에 뛰어들어서 도망치는 것이다. 지금과는 달리 당시에는 수영할 수 있는 인간은 많지 않았다. 수술(水術)이라고 하는 일본식 수영술은 존재했지만 특수한 지형의 전투기술이었기 때문에 그다지 퍼지지 않았다. 이 때문에 물속으로 뛰어들어 도망치면 추격자는 포기할 수밖에 없었다.

하지만 아무리 닌자라도 물에 뛰어들어 도망치는 것은 악수다. 그 장소에서는 도망칠 수 있어도 물 밖으로 나간 뒤가 문제인 것이다. 홀딱 젖은 인간 따위 나 좀 수상하게 봐달라는 꼴이기 때문이다.

반대로 말하자면 미리 갈아입을 옷이나 수건을 준비해둔다면 물에 빠진 생쥐를 찾고 있을 추격자의 눈을 속이는 것은 가능할지도 모른다.

곧잘 사용되었던 것은 물소리를 이용한 방법이다. 큰 돌 등을 던져서 물이 튀어 오르는 소리를 발생시키고 물속으로 도망쳤다고 오인하게 만든다. 물론 드라마와 같이 딱 맞는 것이 갑자기 눈에 띌 리도 없으므로, 미리 준비해둔다. **인술**은 절반 이상이 사전 준비가 필요하다.

옛날의 성채는 해자로 둘러싸인 것이 많았기 때문에 이 방법은 상당히 유효하다. 무엇보다 성 주위는 전부 해자로 되어 있기 때문에 숨어든 자가 도망칠 때 물에 뛰어드는 것은 추격자도 쉽게 생각할 수 있는 일이기 때문이다.

무슨 수를 써도 물속에 들어가야만 할 경우에는 물속에 들어간 것을 누가 알지 못하도록 조용히 들어간다. 그리고 가능한 한 머리를 내밀지 않고 이동한다. 수둔술의 수영법 중에 소리를 내지 않는 방법이 있는 것은 이러한 상황에 대응하기 위해서다.

## 물속으로 도망치는 술법

| 수둔술이란? | 물을 이용해서 도망치는 술법의 총칭. |
|---|---|

### <수둔술 1>

**물속에 뛰어들어 도망친다**

**장점** 당시에는 수영할 수 있는 인간이 많지 않았다. 물속으로 도망치면 추격자는 포기할 수밖에 없다.

**단점** 물 밖으로 나왔을 때가 문제. 갈아입을 옷을 준비해두면 OK.

### <수둔술 2>

**물속에 돌을 던져 뛰어들었다고 생각하게 만든다**

**장점** 성벽은 해자로 둘러싸여 있는 경우가 많았기 때문에 추격자를 속이기 쉬워서 상당히 유효하다.

**단점** 사전준비가 필요하다.

### <수둔술 3>

**대나무관을 슈노르헬 대신 사용한다**

**실제로는…** 숨을 쉴 수 있을 정도의 대나무관을 수면 밖으로 내미는 것은 부자연스럽기 때문에 실제로는 사용하지 않았다.

관련 항목
● 인술의 기본 → No.056
● 은형 여우 은신술 → No.072

# 둔법 화둔술

## Arts of Fire Escape

불을 사용한 도주법이 화둔술이다. 불이라고 해도 화재의 불부터 화약을 사용한 것까지 다양하다. 화둔은 준비가 귀찮지만 불을 두려워하는 생물의 본능 때문인지 그 효과도 크다.

## ● 방화도 술법 중 하나

가장 간단한 화둔술(火遁の術)은 침입한 가옥·성에 사전에 방화해두는 방법이다. 화재 중에는 침입자를 추격해오는 사람도 없을뿐더러 도망치는 사람에 섞여서 쉽게 도망칠 수도 있다. 다만 닌자는 가능한 한 가옥·성의 중앙에 침입하려고 한다. 그곳에 정보가 모여 있기 때문이다. 하지만 주위가 화재 때문에 도망칠 수 없게 될 가능성도 높다. 이 때문에 불이 타오르면서 번지는 속도 따위를 알아둘 필요가 있다.

화둔에서 가장 화려한 기술은 백뢰총 퇴각술(百雷銃退き)이다. 이것은 적과의 거리가 수십 미터 이상 될 때 사용하며, 적 발목을 몇 분 정도 잡아두는 기술이다. 백뢰총(百雷銃)이란 화승 여러 개를 엮어 만든 일종의 폭죽으로, 불을 붙이면 연속으로 파열음이 울린다. 물론 소리만 날 뿐 총으로서의 효과는 전혀 없다. 하지만 적은 총을 든 적이 매복한 것이라 여기고는 몸을 숨기기 때문에 상당한 시간을 벌 수 있다. 물론 닌자는 그 틈에 도망쳐버린다.

이 기술은 총으로부터 몸을 숨길 수 있는 장소에서 하면 효과가 뛰어나다. 적으로 하여금, 몸을 숨긴다는 선택지로 유도하기 때문이다. 반대로 탁 트인 장소에서는 몸을 숨길 수 없다면 차라리 돌격하자는 마음가짐으로 쫓아올지도 모른다. 그리고 누구 한 사람도 총탄으로 쓰러지지 않는다는 점 때문에 총의 존재 자체를 의심받을지도 모른다.

참고로 화둔술로 가장 먼저 떠오르는 것이 지면 따위에 던지면 폭발해서 연기를 일으키는 연막구슬(煙玉)이다. 하지만 충격으로 폭발하는 니트로글리세린에 의한 화약이 발명된 것은 에도 말기이기 때문에, 아쉽지만 전국시대나 에도 초기의 닌자가 연기구슬을 사용하지는 못했다. 그것은 영화에서 닌자물이 상영된 뒤부터 생겨난, 창작닌자의 산물에 지나지 않는다.

## 불을 이용해 도망치는 술법

| 화둔술이란? | 불을 사용해서 도망치는 술법의 총칭. |
|---|---|

### <화둔술 1>

**침입하는 가옥·성에 사전에 방화해둔다**

**장점** 추격자도 혼란 상태에 빠지며 도주도 쉬워진다.

**단점** 건물 안쪽 깊숙한 곳에 침입했을 경우 도망치지 못하게 될 가능성도 높다.

### <화둔술 2>

**백뢰총 퇴각술**

**방법** 백뢰총에 불을 붙인다. 백뢰총이란 화승 여러 개를 엮어 만든 일종의 폭죽으로, 불을 붙이면 연속으로 파열음이 울린다. 적은 총을 든 적이 매복한 것이라 여기고는 몸을 숨기기 때문에 그 틈에 도망칠 수 있다.

**장점** 쉬우며 효과도 뛰어나다.

**단점** 몸을 숨길 수 있는 장소에서만 쓸 수 있다.

### <화둔술 3>

**연막구슬**

**실제로는…** 당시 기술로는 실현 불가능했다. 후세의 창작물에서 나온 것.

**관련 항목**
● 화기 → No.041

# 찰천술

**Weatrher Cast**

찰천술(察天術)이란 하늘에 관한 다양한 예측과 예지를 하는 기술이다. 그중에는 오늘날 말하는 날씨예보만이 아니라 시각이나 방향, 천체현상의 예지 등도 포함되어 있을 것으로 여겨지고 있다.

## ● 옛날이나 지금이나 날씨예보는 군사정보

닌자는 산과 들을 넘어 이동하는 일이 많기 때문에 산야에서의 시각 · 방향 따위를 알 필요가 있다.

시간을 알고 싶어도 시계는 없다. 적어도 가지고 돌아다닐 수 있는 시계는 없고 있어도 너무 비싸다. 여기서 고양이 눈 시계(猫の目時計)라고 하는 수법을 사용했다. 이것은 밝기에 따라 고양이 눈에 있는 동공의 크기가 바뀌는 것을 이용한 수법이다.

『만천집해』에는 다음과 같은 구가 있다.

여섯은 둥글며, 오와 팔은 달걀, 넷과 일곱은

감의 열매이며, 아홉은 바늘.

하지만 이것은 실제 시간과 대응해보면 이상하다.

여섯은 둥글며, 오와 칠은 달걀, 넷과 여덟은

감의 열매이며, 아홉은 바늘.

이것을 잘못 적은 것이 아니냐는 의견이 있다.

방향을 알기 위해서는 기저(耆著)를 사용한다. 이것은 길이 2촌(6cm) 정도의 얇은 철판을 배 모양으로 만든 것으로, 불로 가열한 뒤 바로 물에 집어넣은 것이다. 이른바 간이 자석이다. 이것을 물에 띄우면 남북 쪽을 가리킨다.

날씨예보는 경험을 토대로 만든 소위 말해 관천망기(観天望気)다. 경험에서 몇 가지 법칙을 발견하여 남기고 있다. 「태양에 무리(주위에 생기는 빛의 고리)가 있으면 비, 바람이 부는 밤의 달에 무리가 있으면 비바람」, 「비늘구름은 비는 내리지 않지만 바람이 분다」, 「가을의 흐린 하늘은 바람이 있으면 비, 없으면 내리지 않는다」, 「월말(태양력의 월말이므로 달이 가늘어져 있다)에 비가 없으면 다음 달 초에 폭풍우」등이다.

이처럼 다양한 경험칙을 통해 날씨예보를 했다. 이러한 것들은 올바른 경험칙도 있는가 하면 단순한 우연으로 생각되는 것도 있다.

# 시각과 고양이의 눈

| 찰천술이란? | 하늘에 관한 다양한 예측 예지를 하는 기술. 시각이나 방향, 천체현상의 예지 따위도 포함된다. |
|---|---|

## <찰천술 1>

### 고양이 눈 시계

고양이 눈의 동공 상태로 시간을 아는 술법.

| 시 | 각 | 지금의 시각 | 고양이의 눈 |
|---|---|---|---|
| 새벽 아홉 | 자(子) | 23~1시 | |
| 새벽 여덟 | 축(丑) | 1~3시 | |
| 새벽 일곱 | 인(寅) | 3~5시 | |
| 새벽 여섯 | 묘(卯) | 5~7시 | 둥글 |
| 아침 다섯 | 진(辰) | 7~9시 | 달걀 |
| 아침 넷 | 사(巳) | 9~11시 | 감의 열매 |
| 낮 아홉 | 오(午) | 11~13시 | 바늘 |
| 낮 여덟 | 미(未) | 13~15시 | 감의 열매 |
| 낮 일곱 | 신(申) | 15~17시 | 달걀 |
| 저녁 여섯 | 유(酉) | 17~19시 | 둥글 |
| 밤 다섯 | 술(戌) | 19~21시 | |
| 밤 넷 | 해(亥) | 21~23시 | |

 둥글

 달걀

 감의 열매

 바늘

## <찰천술 2>

### 기저

기저란 자기를 띤 배 모양의 쇳조각으로 물에 띄우면 남북 쪽을 가리킨다. 낯선 땅에서 방향을 알기 위해 이용했다.

## <찰천술 3>

### 날씨예보

경험을 토대로 만든 관천망기(하늘의 상황을 보고 날씨를 예측한다).

【일례】 · 태양에 무리(주위에 생기는 빛의 고리)가 있으면 비, 바람이 부는 밤의 달에 무리가 있으면 비바람.
· 비늘구름은 비는 내리지 않지만 바람이 분다.
· 가을의 흐린 하늘은 바람이 있으면 비, 없으면 내리지 않는다.
· 월말에 비가 없으면 다음 달 초에 폭풍우.

올바른 경험칙도 있는가 하면 단순한 우연으로 여겨지는 것도 있다.

관련 항목
●만천집해 → No.054

## No.065

# 찰지술

**Mapping**

지형정보, 지세정보를 모으는 것이 찰지술(察地術)이다. 적국에 쳐들어가려면 쳐들어가기 쉬운 지형, 어려운 지형을 알 필요가 있으며, 번영한 나라는 기본적으로 군대도 강하다.

## ● 땅을 알면 승리도 가까워진다

적국에 쳐들어가기 위해서는 사전에 지형을 조사해둘 필요가 있다. 복병이 나타나기 쉬운 지형, 방어거점이 되는 장소 등은 사전에 조사해두지 않으면 안 된다. 어이없게도, 쳐들어갔으면서 길을 잘못 들어 결국 도착하지 못했다는 이야기조차 있다.

이런 일이 일어나는 것은 당시 일본에는 제대로 된 지도가 존재하지 않았기 때문이다. 애당초 자국의 지도는 엄중한 군사기밀이었으며 지금도 규제가 걸려 있는 나라는 많다.

특히 일본에서 중요했던 것은 논의 상태였다. 얕은 논이라면 이동속도가 떨어지는 정도여서 돌파가 가능하지만, 깊다면 허리까지 잠기기 때문에 진격이 불가능한 논도 있다. 이 때문에 진격로에 있는 논의 상황을 알아두는 것은 반드시 필요한 일이었다.

무슨 수를 써도 조사하지 못한 경우에는 그 자리에서 탐지하지 않으면 안 된다. 이럴 때는 벼의 생육(벼가 자란 상태)으로 판단했다. 비가 많은 해에는 얕은 논의 생육이 좋으며, 비가 적은 해에는 깊은 논의 생육이 좋다.

적국을 단숨에 쳐들어가 멸망시킬 수 없는 경우, 양쪽의 국력 차가 승패를 결정하게 된다. 왜냐하면 병사가 죽고 대신할 병사를 고용하면서 새로운 장비를 주기 위해서는 돈이 들기 때문이다. 이 때문에 적국의 국력을 조사해두는 것도 중요하다.

전국시대에는 가난한 나라는 그만큼 멸망의 위기에 놓여 있었다. 역으로 새로 일군 논이나 도시, 광산의 개발에 성공해서 유복해진 나라는, 그것을 빼앗길 위험도 있지만 돈의 힘으로 더 많은 병사를 고용해 강국이 되었다.

단지 국력조사는 상인이나 떠돌이 승려 등을 이용해서 합법적으로 조사할 수도 있기 때문에 닌자의 활약은 적었을 것으로 생각해볼 수 있다.

## 사전조사가 핵심

| 찰지술이란? | 지형정보, 지세정보를 모은 술법. |

### 적국에 쳐들어가려면 지형조사가 필요!

· 복병이 숨기 쉬운 장소. 방어지점이 되는 장소 따위를 조사해서 전황을 유리하게!
· 더 쉽게 성에 도달하는 길을 확인!

### 특히 중요한 것은 논의 상태조사!

· 물이 얕은 논→이동속도가 떨어지는 정도에 그치며 돌파도 가능.
· 물이 깊은 논→허리까지 잠겨서 진격 불가능한 논도 있다.

【조사할 수 없었던 경우의 구분법】
비가 많은 해에는 얕은 논의 생육이 좋으며, 비가 적은 해에는 깊은 논의 생육이 좋다.

### 국력 조사도 중요!

→단지 국력조사는 상인이나 떠돌이 승려 등을 이용해서 합법적으로 조사할 수도 있기 때문에 닌자
의 활약은 적었다.

## 밤길의 찰지술

### <밤길의 찰지술 1>
**밤길의 앞을 본다**

땅에 엎드려서 길을 본다. 밤하늘
을 배경으로 앞을 볼 수 있기 때
문에 지상에 누군가가 있다면, 실
루엣을 통해 볼 수 있다(당시의
밤길은 밤하늘보다 어두웠다).

### <밤길의 찰지술 2>
**제등을 가진 자의 이동 방향을 파악한다**

땅에 엎드려서 등불 정도의 높이
에 부채를 내민다. 가까이 오는
등불은 조금씩 위로 이동한다. 반
대로 멀어지는 등불은 조금씩 아
래로 이동한다. 이것으로 등불을
가진 자의 이동 방향을 파악할 수
있다.

등불
부채
멀어진다　　가까워진다

## 관련 항목
● 닌자의 임무 정보수집 → No.002

# No.066

# 찰인술

## Arts of Man Watching

어떤 상황에서도 최대의 정보원은 사람이다. 누구에게서 어떤 정보를 얻어야 할까. 혹시 그 정보에 기만은 없을까. 이러한 것들을 알기 위해서는 역시 인간을 알아야 한다.

## ● 사람을 본다

사람을 보는 방법은 몇 가지 있다. 그중에서도 오래전부터 존재했던 것이 관상(人相見)이다. 흔히 귀의 크기는 금운을 나타낸다거나 코의 크기는 활동력을 드러낸다고 한다. 물론 이러한 것에 근거는 없고 단순히 점에 지나지 않는다. 『정인기』에도 관상은 꼭 들어맞는 것은 아니라고 분명히 언급하고 있다.

사람을 보는 또 하나의 수단으로서 표정이나 움직임의 변화를 보는, 일종의 독심술이 있다. 예를 들어 거짓말을 할 때 아무리 해도 상대의 눈을 보는 것이 두려워지면서 눈을 피하고 마는데, 이러한 변화를 눈치 채는 것이다. 완전히 맞지는 않더라도 어느 정도는 상대의 심정을 가르쳐주는 수법이다.

닌자는 이 수법을 역으로 이용해서 거짓말을 할 때일수록 상대의 눈을 똑바로 바라보려고 한다. 엄밀히 말하면 눈을 보면 자신이 무심코 동요할지도 모르기 때문에 코끝을 보는 것과 같은 수단이 있다. 인간은 상대방 눈이 이쪽을 보고 있는 것은 알아차려도 시선이 눈과 코끝 중 어느 쪽을 향하고 있는지, 그 세세한 차이까지는 알 수 없기 때문이다. 근거 없는 점과 근거가 있는 표정을 동시에 이용하는 것이 당시 시대상을 투영한 것 같다.

나라도 인간이 만든 조직의 일종이다. 그렇기 때문에 조직 특유의 문제점을 품고 있다. 무능한 인간이 가문이나 연줄을 이용해서 높은 지위에 앉거나, 다수의 파벌이 권력 싸움을 하기도 한다. 건전한 조직에서는 이러한 상황이 적다고는 해도 완전히 없는 조직 따위는 있을 수 없다.

이러한 것을 파악할 수 있다면 내분을 크게 만들거나 적국의 인간을 전략에 따라 조종할 수도 있다. 이것도 찰인술(察人術) 중 하나라고 할 수 있을 것이다.

## 정인기에 있는 관상

| 찰인술이란? | 정보원인 인간을 판단하기 위한 술법. |
|---|---|

### <찰인술 1>

#### 관상

사람 얼굴의 특징에서 성질을 판단하는 점. 오래전부터 있었지만, 인술서에도 꼭 들어맞는 것은 아니라고 분명히 언급하고 있다.

#### 【관상의 한 예】

**머리**

· 볼 양쪽에 뾰족한 모퉁이, 귀 뒤에 뿔과 같은 돌기는 수골이라 해서 수명이 길다.
· 머리가 둥글고 세로로 짧은 것은 유복하며 높은 지위에 오른다.
· 백발이 검게 물드는 것은 대길.
· 가마가 목덜미까지 내려가는 것은 의심이 깊다.

**눈썹**

· 끌어당기듯이 긴 것은 지혜가 있다.
· 좁고 깊은 눈썹, 눈썹 속에 하얀 털이 있는 것은 수명이 길다.
· 일자 눈썹은 주군에게 충실하다.
· 아래로 내려가는 눈썹은 마음이 약하다.

**눈**

· 눈초리가 가늘고 길게 째져 있으며, 여유가 있어 빛나는 눈은 귀인의 상.
· 검고 칠과 같은 습기를 머금은 것은 지혜와 재능이 있다.
· 눈 아래가 일자로 되어 있으면 국왕의 상.
· 눈을 숙이고 있는 것은 불충이며 도둑질을 한다.

### <찰인술 2>

#### 표정이나 움직임의 변화를 본다

심리상태를 반영한 표정의 변화를 알아차린다. 또는 이 수법을 역으로 이용해서 상대로 하여금 믿게 만든다.

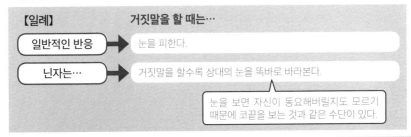

【일례】　　　　거짓말을 할 때는…

일반적인 반응 ▶ 눈을 피한다.

닌자는… ▶ 거짓말을 할수록 상대의 눈을 똑바로 바라본다.

눈을 보면 자신이 동요해버릴지도 모르기 때문에 코끝을 보는 것과 같은 수단이 있다.

#### 관련 항목

● 닌자의 임무　정보수집 → No.002　　● 정인기 → No.055
● 닌자의 임무　모략 → No.004

# 흉내 내기술

## Arts of Mimicking

적의 저택이나 성에 숨어들어 그곳에서 정보를 얻을 때까지 가만히 기다리는 것은 닌자의 임무 중 하나다. 하지만 아무런 소리도 일절 내지 않고 계속 숨어 있는 것은 닌자라고 해도 불가능하다.

## ● 지울 수 없는 소리를 지우는 방법

인간은 살아서 존재하는 것만으로도 어떠한 소리를 내게 된다. 숨소리, 심장소리, 몸을 조금 움직일 때 나는 미세한 소리 등, 최소한의 소리를 내지 않을 수가 없다. 다시 말해 창작의 **인술**과 같이 완전히 기척을 죽이는 것과 같은 행동은 불가능하다. 그리고에도 시대의 밤은 지금과 비교가 안 될 정도로 조용해서 그런 미세한 소리조차도 들킬 우려가 있었다.

따라서 다른 방법으로 이 소리를 얼버무릴 필요가 있었다. 소리를 지우는 것은 불가능하기 때문이다. 여기서 필요한 것이 흉내 내기다. 왜냐하면 생물의 소리를 얼버무릴 가장 좋은 방법은 다른 생물로 그럴싸하게 꾸미는 것이기 때문이다.

천장에 마땅히 있어야 할 동물로서 쥐, 고양이, 박쥐 따위가 있다. 이러한 것들의 울음소리를 냄으로써 소리가 인간이 아니라고 믿게 만든다. 닌자가 진지하게(어쨌든 얼마나 비슷하게 하느냐에 따라 자신의 목숨이 좌우된다) 연습한 울음소리 흉내는 일반인으로서는 진짜와 구별 따위 불가능하다.

그리고 인간은 정체를 알 수 없을 때 견딜 수 없는 불안을 느끼고 마는 생물이다(그 소리는 뭐지). 그렇기 때문에 닌자가 내는 미세한 소리에 위기감을 느낀다(무슨 소리인지 조사해봐야겠다). 하지만 잘 아는 소리라면(고양이의 울음소리가 들렸다), 매우 무관심해진다(뭐야, 고양이였군). 다소 위화감이 있어도(고양이치고는 소리가 크다), 제멋대로 자신을 납득시키고 만다(분명 덩치 큰 고양이일 거야).

게다가 생물이 내는 소리이기 때문에 그 뒤에도 자신이 냈을 터인 소리(숨소리나 몸을 움직이는 소리, 걸을 때의 소리 등)도 그 생물이 내는 소리라고 여기기 쉽다. 다만 바람 소리를 흉내 냈다면 바람이 천장에서 걸어 다니는 소리를 내기 때문에 기묘하게 여겨질 위험도 있다. 지금이야 코미디로밖에 보이지 않겠지만, 당시에는 필연성이 있었다.

## 흉내 내기의 대상

| 흉내 내기술이란? | 완전히 지울 수 없는 소리를 다른 생물로 믿게 만드는 술법. |

아무리 닌자라도 소리를 전부 지우는 것은 불가능!

소리를 내더라도 수상하게 여기지 않을 다른 생물로 믿게 만들자!

집 밖이라면…

개라면 근방에 들개가 있으며 집에도 개를 키우는 곳은 많다. 이 때문에 개의 울음소리라면 어디에서 발생해도 이상하지 않다.

집 안이라면…

박쥐는 집단생활을 하기 때문에 똥도 잔뜩 나온다. 따라서 단독 행동을 하는 닌자의 은폐에는 맞지 않는다.

## 흉내 내기술의 심리

인간은 정체를 잘 모를 때 견딜 수 없는 불안을 느끼게 된다.

그 소리는 뭐지? 조사해봐야겠다.

하지만 잘 아는 소리라면, 매우 무관심해지며 다소 위화감이 있어도, 제멋대로 자신을 납득시키고 만다.

뭐야 고양이였나. 고양이치고는 소리가 크지만, 분명 커다란 고양이겠지.

### 관련 항목
● 인술의 기본 → No.056

# 음중양술

**In-chu-Yo no jutsu**

닌자는 기본적으로 1인, 또는 소수 인원이다. 이 때문에 다인수가 지키는 곳은 힘들다. 따라서 적을 유도하는 기술이 발달하게 되었다. 마술 용어로 미스디렉션(Misdirection)이라 부르는 것이다.

## ● 들리지 않는 소리를 들리게 하는 방법

거짓말을 하는 것은 어렵다. 특히 상대가 의심하고 있을 때는 더욱 그렇다. 그런데도 불구하고 상대가 거짓말을 믿게 만들 필요가 있을 때 이용할 수 있는 것이 음중양술(陰中陽の術)이다.

상대는 이쪽을 적이라고 여기고 있기 때문에 이쪽이 하는 말을 신용할 리가 없다. 다시 말해 이쪽에서 상대에게 하는 말은 대부분 신용 받지 못할 것이다.

그렇다면 어떻게 해야 좋을까. 방법은 이쪽이 말할 생각이 없었던 말을 하면 된다. 더 정확히 말하면 말할 생각이 없었던 말을 무심코 해서 상대가 듣고 말았다는 상황을 만든다. 기본적으로는 이쪽의 혼잣말을 상대가 훔쳐 듣게 만드는 수단을 사용한다.

옛 이야기에 이런 예가 있다. 한 닌자가 저택에 숨어들려고 했지만, 경비가 많아서 들어갈 수가 없었다. 그래서 해자 아래에 구멍을 팠다. 하지만 보초가 이 소리를 우연히 듣게 되면서 구멍 근처로 가서 들어온 자를 찌르려고 창을 들고 있었다.

여기서 닌자는 다수의 인간이 작은 목소리로 의논하는 척을 했다. 물론 귀를 기울인 보초가 가까스로 훔쳐 들었다는 기분이 들도록 가장했다.

'파수꾼이 눈을 떴다. 여기로는 들어갈 수 없으니 뒤쪽 헛간으로 들어가자.'

'그래야겠어. 모두 뒤쪽 헛간으로 가자.'

보초는 이것을 듣고는 적이 다수 있다고 판단하고 저택의 주인에게 알리며 자신은 헛간 입구에서 기다리고 있었다.

하지만 닌자는 구멍으로 침입해서 적의 침입에 대비해 옷을 갈아입고 있었던 주인에게 '실례하겠소'라고 말을 걸면서 단숨에 찔러죽이고는 달아났다.

허언으로 상대의 빈틈을 찌르고, 생긴 빈틈을 파고들어 임무를 완수한다. 이것이 음중양술이다.

## 정보로 농락하는 술법

| 음중양술이란? | 허언으로 상대의 빈틈을 찌르는 술법. |
|---|---|

### <음중양의 예>

①침입자를 눈치 챈 보초는 침입자를 찌르려고 창을 들고 있었다.

②보초가 가짜 정보를 훔쳐 듣게 만든다.

여기로는 들어갈 수 없으니 뒤쪽 헛간으로 들어가자

그래야겠어. 모두 뒤쪽 헛간으로 가자

③가짜 정보를 따라 보초가 움직인다.

④보초가 이동한 것을 확인하고는 닌자는 최초의 구멍으로 침입한다.

⑤일부러 말을 해서 경계를 느슨하게 만든 뒤 표적인 주인 암살을 실행한다.

# 은형 관음 은신술

Hide Like Kan'non

닌자의 임무 중 대부분은 숨어야 달성된다. 따라서 몸을 숨기는 많은 방법이 존재한다. 그리고 그것들 하나하나에 이름이 붙어 있다.

## ● 숨지 않음으로써 숨을 수 있게 된다

관음 은신술(観音隠れ)은 나무를 이용한 은형(穏形)이다. 서 있는 나무나 벽 바로 옆에 머리를 소매로 가리고 서 있는다. 동시에 은형의 주문을 외우면 적에게서 모습이 보이지 않게 되는 것이다.

이것만 들으면 있을 수 없다고 말하고 싶어진다. 그런데 이것이 의외로 인간 심리의 사각을 파고든 수법이다.

밤에 침입자로 추정되는 것을 발견하고는 확인하려고 제등이나 횃불의 불빛을 비추어본다. 하지만 난감하게도 이러한 불빛은 불꽃이 출렁인다. 다시 말해 그림자도 동시에 흔들리는 것이다. 따라서 인간의 신체의 흔들림이 있어도 불꽃의 흔들림으로 착각하고 만다.

그리고 무엇보다 보초는 침입자는 숨으려고 작아진다는 선입관이 있다. 다시 말해 나무 반대쪽에 있는 나무와 똑같이 서서 흔들흔들 움직이는 검은 것은 보초가 봤을 때 나무의 그림자로 인식하는 것이다.

숨지 않음으로써 숨을 수 있게 되는 술법의 최고봉은 메추라기 은신술(鶉隠れの術)이다. 이 술법은 정원 한복판에서 상대에게 엉덩이를 내밀고 등을 둥글게 해서 머리를 숨기며 가만히 있는 술법이다.

물론 그늘진 곳에 숨는 것보다 더 나은 것은 없지만 이따금 정원을 횡단하는 도중 보초가 와버렸을 때 등에 이 술법을 사용한다.

이 술법에도 의미는 있다. 우선 빛을 반사하기 쉬운 눈과 하얀 얼굴을 가리는 것. 그리고 보초 쪽의, 그늘진 곳은 유심히 보지만 정원의 한복판은 보긴 보더라도 눈길을 잠깐 줄 뿐으로 제대로 주시하지 않는다는 행동을 전제로 한다.

어느 쪽이든 보초의 시선에 들어가 버리는 시점에서 이미 닌자는 위기다. 그 위기 속에서 조금이라도 안전성을 높이기 위해 이 술법이 만들어진 것이다.

## 인간 심리의 사각을 파고드는 수법

| 은형이란? | 숨기 위한 술법을 이르는 말. |
|---|---|

| 관음 은신술이란? | 나무를 이용한 은형. |
|---|---|

얼굴은 하얘서 눈에 띄므로
소매 따위로 가린다.

나무나 벽 바로 옆에서 그림자로
보이도록 평행에 똑바로 선다.

나무 저편에서 나무와 똑같이 서 있는 흔들거리며 움직이는 검은 것은 보초가 봤을 때 나무 그림자로 보인다.

## 메추라기 은신술

| 메추라기 은신술이란? | 정원 한복판에서 등을 둥글게 해서 머리를 숨기며 가만히 있는 은형. |
|---|---|

빛을 반사하기 쉬운 눈과 하얀 얼굴을 가린다. 적을 보고 움츠려서 떨고 마는 것을 방지하는 효과도 있다.

귀도 막아버리면 좋다. 아무것도 듣지도 보지도 못한 상태로 그저 가만히 있는 쪽이 잘 들키지 않는다.

이따금 정원을 횡단하는 도중, 보초가 와버렸을 때 등에 이 술법을 사용한다. 보초 쪽의, 그늘진 곳은 유심히 보지만 정원의 한복판은 보긴 보더라도 눈길을 잠깐 줄 뿐으로 제대로 주시하지 않는다는 행동을 전제로 한다.

### 관련 항목
● 은형 나뭇잎 은신술 → No.70

# 은형 나뭇잎 은신술

## Hide in Leaves

은형술 중에서 식물 이름을 이용한 것이 몇 가지 있다. 일본의 산야는 식물의 보고이고 대부분의 저택 정원에도 식물이 자라나 있다. 그렇다면 그 식물을 이용한 은형이 있는 것은 당연한 일이다.

## ● 식물은 숨을 장소를 만들어준다

일단 나뭇잎 은신술(木の葉隠れ)이라 해도 창작 속에서 나오는 것과 같은, 마른 잎이 흩날리며 모습을 감추는 것은 아니다. 이것은 나뭇잎 은신술이라는 이름에서 상상해서 만든 창작 속의 **인술**이다.

원래의 나뭇잎 은신술은 나무를 이용해서 그 그늘에 숨는 것이다. 그리고 삐져나온 부분은 나뭇잎의 그림자로 오해하도록 만든다.

구체적으로는 나무의 그림자에 한쪽 무릎을 붙여 숨는다. 그러면 나무 아래에 으슥하게 검은 그림자 부분이 만들어진 것처럼 보인다. 한쪽 무릎을 붙여줌으로써 서 있는 것보다 눈에 잘 안 띄고, 그냥 앉아버리는 것과 달리 여차할 때는 바로 일어나서 행동할 수 있다.

정원에 서 있는 것이라면 나무가 아니라도 상관없다. 예를 들어 등롱의 그림자에 숨어도 나뭇잎 은신술이라 칭한다.

풀잎 은신술(草葉隠れ)은 관목이나 덤불 속에 몸을 숨기는 것을 의미한다. 단, 풀잎 은신술은 바람이 없는 날에는 해서는 안 된다. 왜냐하면 몸을 조금만 움직여도 풀잎에 스쳐 소리가 나면서 결국 들켜버리기 때문이다. 바람이 불고 있다면 여기저기에서 풀잎 스치는 소리가 나기 때문에 닌자가 일으킨 소리는 여기에 섞여 묻히게 된다.

섶 은신술(柴隠れ)은 명칭을 제외하면 식물과는 아무런 관계도 없다. 성이라면 반드시 있는 목재·물통이나 다수의 저택 등에 있는 쌀가마니·볏짚 등, 쌓아놓은 짐의 그림자에 숨는 것을 말한다.

섶이란 옛날이야기에서 '할아버지가 산에 섶나무를 베러 간다'라는 문구에서 언급되는 그 섶나무를 말한다. 이것은 작은 나무나 마른 나무 등 장작으로 쓸 수 있는 얇은 나무다. 다시 말해 대부분의 집에서 장작용으로 섶나무를 쌓아두었기 때문에 그 그림자에 숨는다는 점에서 섶 은신술이라는 이름이 생겨난 것 같다. 그 후에는 현재 있는 곳 근처 쌓아놓은 뭔가가 있다면 무엇이든 상관없이 숨게 되었다.

## 가까운 사물에 숨는다

| 나뭇잎 은신술이란? | 나무 따위를 이용해서 그 그늘에 숨는 술법. |

나무 따위의 그늘에 한쪽 무릎을 붙이
며 숨는다. 정원에 서 있는 것이라면
나무가 아니더라도 나뭇잎 은신술이
라 부른다.

큰 사물의 그늘은 으슥하게 어두워지
기 때문에 그곳에 숨어서 인간이 있다
는 사실을 들키지 않게 한다.

| 풀잎 은신술이란? | 관목이나 덤불 속에 몸을 숨기는 술법. |

키가 큰 풀 속에
엎드려서 숨는다.

인간은 아무리 애를 써도 미세하게나
마 몸을 움직이게 되는데 이때 풀잎이
스치면 소리가 나버리고 만다. 이것을
얼버무리려면 바람이 부는 때 숨는 것
이 좋다.

| 섶 은신술이란? | 목재·볏짚 등, 쌓아놓은 사물의 그림자에 숨는 것을 말한다. |

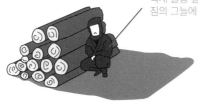

목재·물통·쌀가마니·볏짚 등을 쌓아둔
짐의 그늘에 숨는다.

당시에는 지금과 같이 통운업이 발달
하지 않았기 때문에 각 가정에서는 장
작, 쌀, 짚, 목재 등 다수의 자재를 쌓아
두었다. 따라서 몸을 숨길만 한 곳은 잔
뜩 있었다.

### 관련 항목
● 인술의 기본 → No.056          ● 은형 관음은신술 → No.069

# 은형 너구리 은신술

## Hide to Mimic Racoon

우리는 너구리라 하면 유머러스하고 둔한 이미지를 떠올린다. 하지만 너구리는 육식 동물이다. 그리고 영특하고 행동도 날렵하며 나무도 능숙하게 올라탈 수 있다.

## ● 너구리를 흉내 내서 숨는다

나무는 태양광선을 효율적으로 쬐려고 한다. 따라서 옆에서 보면 가능한 한 나뭇잎이 무겁지 않도록, 하지만 빼곡하게 나뭇잎을 늘리고 있다. 따라서 떨어진 곳에서 나무를 보면 나무에 올라가는 인간을 찾기는 어렵다.

인간의 눈은 좌우로는 움직이지만, 상하로는 그다지 움직이지 않는다. 따라서 위를 보기 위해서는 목을 들어 보지 않으면 안 된다. 이 때문에 나무 바로 아래에서 위를 보고 누군가가 숨어 있지 않은지 보는 경우는 많지 않다. 또한, 바로 아래에서 볼 경우를 대비해 닌자는 보통 옆으로 뻗은 가지 위에 몸을 숨기고 있다.

이러한 딱 알맞은 조건이 있기 때문에 나무에 올라간 닌자가 발각될 가능성은 상당히 낮다. 위험한 것은 올라가거나 내려갈 때 나는 소리 정도다. 그래서 너구리 은신술(狸隠れ)이라는 이름까지 일부러 붙여 기술로서 다루고 있다.

너구리 은신술에 관한 재미있는 에피소드가 있다. 두 사람의 닌자가 저택에 숨어들었지만, 들통나고 말았다. 한 사람은 도망쳤지만 또 한 사람은 미처 도망치지 못하고 유자나무에 올라가 숨었다. 유자나무에는 뾰족한 가시가 있었지만 그런 것은 신경 쓸 겨를도 없었다.

닌자를 쫓던 자들은 유자나무에 올라간 닌자를 발견하지 못하고 두 사람 다 도망쳤다고 판단하고는 저택으로 돌아갔다. 남겨진 한 사람의 상태를 보러 온 닌자는 유자나무에 올라간 닌자를 발견하고는 오늘은 포기하고 돌아가자고 하지만, 나무 위로 올라간 닌자는 내려오지 않는다. 물어보니 유자나무의 가시가 아파서 내려갈 수 없다고 대답했다고 한다.

아래에 있던 닌자가 기가 막혀 하고는 다음과 같이 외쳤다. 「수상한 자가 유자나무에 있다. 잡아라, 잡아!」나무 위에 있던 닌자는 깜짝 놀라며 두려워진 나머지 가시에 대한 건 잊어버리고 뛰어내렸기에 두 사람 다 도망쳤다고 한다.

## 너구리를 모방하는 술법

> **너구리 은신술이란?** | 나무에 올라가서 숨는 술법.

너구리는 나무타기가 특기였다는 점에서 이런 이름이 붙었다.

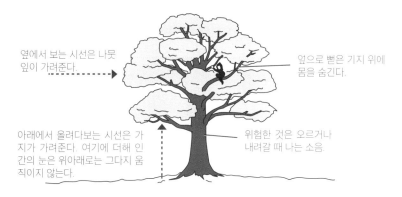

옆에서 보는 시선은 나뭇잎이 가려준다.

옆으로 뻗은 기지 위에 몸을 숨긴다.

아래에서 올려다보는 시선은 가지가 가려준다. 여기에 더해 인간의 눈은 위아래로는 그다지 움직이지 않는다.

위험한 것은 오르거나 내려갈 때 나는 소음.

너구리 은신술에 가장 좋은 나무란

**주위에 다른 나무는 없고 홀로 서 있는 나무**

→태양빛을 효율 좋게 받기 위해 전체적으로 바깥쪽에
　나뭇잎을 늘어뜨려서 안쪽에는 나뭇잎이 적다

· 옆에서 보면 한가운데에 숨어 있는 닌자가 잘 안 보인다.
· 나뭇잎이 적기 때문에 올라가거나 내려갈 때 나뭇잎이 스치면서 소음이 발생할 위험이 줄어든다.

## 너구리 은신술의 에피소드

## 관련 항목

●은형 나뭇잎 은신술 → No.070

153

## No.072

# 은형 여우 은신술

**Hide to Mimic Fox**

> 여우는 체취가 강하기 때문에 사냥개에게 쫓기면 쉽게 도망치기 어렵다. 따라서 물에 들어가 추적을 따돌렸다고 한다. 물로 악취를 지우는 것이다.

## ● 물을 이용하는 여우

닌자도 여우를 모방해서 물속에 뛰어들어 수영을 잘 못하는 인간(당시의 인간은 헤엄칠 줄 모르는 자가 많았다)에게서 벗어날 수 있을 뿐만 아니라 사냥개를 이용한 추적에서 벗어날 수도 있다. 이렇게(적어도 닌자는 그렇게 생각하고 있었던 듯하다) 물속으로 도망쳐 숨는 술법을 여우 은신술(狐隱れ)이라고 불렀다.

물속에 숨는 술법이라 하면 대나무관을 물 위에 내밀고 호흡하는 슈노르헬(Schnorchel)과 같은 수단이 유명하다. 하지만 실제로 닌자는 그러한 방법을 사용하지 않았다고 전해진다. 그 이유는 슈노르헬처럼 이용하려고 생각했을 경우 직경 3cm(내경 2cm) 정도의 대나무관이 필요한데, 그런 것이 물속에서 삐져나와 있으면 대단히 부자연스럽기 때문이다. 물속에서 내밀고 있어도 부자연스럽지 않은 갈대로는 도저히 호흡이 안 된다.

여기서 여우 은신술을 할 때는 얼굴 그 자체를 수면에 내민다. 그렇다고 하얀 얼굴을 그대로 내밀었다가는 한눈에 발각되기 때문에 얼굴에 나뭇잎이나 물이끼를 붙이고 마른 나뭇잎 따위를 얹는다. 이렇게 하면 얼핏 보면 얼굴이 아니라 수면에 떠 오른 수초 덩어리나 그 비슷한 것으로 보이게 된다.

이 자세에는 커다란 이점이 있다. 무엇보다 물 밖의 상황을 눈으로 확인할 수 있기 때문에 그 후의 행동을 취하기 쉽다. 닌자는 물속에 숨는 것이 목적이 아니라 그곳에서 성이나 저택에 잠입하거나 탈출하는 것이 목적이다. 이를 위해 물 밖의 상황을 파악하는 일은 매우 중요하다. 또한, 입도 물 밖으로 나와 있기 때문에 호흡이 힘들지 않다. 따라서 다음 행동으로 옮길 때 산소 부족으로 움직임이 둔해지는 일도 없다.

유능한 성주는 이처럼 닌자들이 잠입하는 것을 방지하기 위해 수로 근처의 나무를 자르고 수초나 수초 덩어리를 제거하여 닌자가 숨지 못하도록 힘썼다고 한다.

## 여우를 모방하는 술법

| 여우 은신술이란? | 물에 잠수해 숨는 술법. |
|---|---|

여우가 사냥개에게 쫓길 때는 물에 들어가서 추적을 피했다고 전해진다는 점에서 이런 이름이 붙었다.

얼굴에는 마른 나뭇잎이나 수초 덩어리를 붙이며 위장한다

얼굴만 수면 밖으로 내민다.

손발을 물 밖으로 내밀지 않는다면 소리는 나지 않는다.

여우 은신술의 큰 장점

**물 밖을 눈으로 확인할 수 있다**

→잠입하거나 탈출하는 데 매우 유리.

유능한 성주는 이처럼 닌자들이 잠입하는 것을 방지하기 위해 수로 근처의 나무를 자르고 수초나 수초 덩어리를 제거하여 닌자가 숨지 못하도록 힘썼다.

## 대나무관으로 만든 슈노르헬

물속에 숨는다고 한다면 이쪽이 유명하지만…

숨을 쉬기 위해서는 직경 3cm는 필요. 수면에서 그런 두꺼운 대나무관이 튀어나오는 건 너무나도 부자연스럽다.

갈대라면 자연스럽지만, 이렇게 작은 관으로는 호흡을 할 수 없다.

실제 닌자는 하지 않았다.

## 관련 항목

● 둔법 수둔술 → No.062

# 마키비시 퇴각술

## Escape by Makibishis

마키비시는 적이 밟아주기만 한다면 발목을 잡는 효과가 매우 뛰어나다. 하지만 어떻게 해야 적이 밟게 할 것인가. 또한 자신이 밟지 않도록 하기 위해서는 어떻게 해야 좋을까.

## ● 마키비시는 뿌리는 것이 아니다

창작작품인 닌자물에서는 분명히 닌자가 바로 뒤에 **마키비시**(撒菱)를 던지면 추격자가 밟으며 괴로워하고, 그 틈을 타서 닌자는 탈출한다. 하지만 목숨을 뺏고 빼앗기는 것이 일상이었던 전국시대에 눈앞에 던진 마키비시를 밟고 괴로워할 만한 얼빠진 녀석이 그렇게 많이 있었을까.

당연한 말이지만 바로 앞에서 빤히 보는데 마키비시를 뿌리고 여기에 아무 생각 없이 뛰어드는 얼간이는 전국시대에서 오래 살아남지 못한다. 닌자가 한 움큼 던진 마키비시 따위는 고작 십수 개다. 그 정도는 고작 2~3m 우회하면 될 일인 것이다.

실제 마키비시의 사용법은 사전에 퇴각로에 뿌려두었다가 그곳으로 뛰어든 적이 밟게 한다는 원조 지뢰 같은 사용법이 주류였다. 낮이라면 몰라도 밤에 길에 떨어진 마키비시는 거의 보이지 않기 때문에 모르고 뛰어든 추격자는 마키비시를 밟고는 걸음을 멈추게 된다.

여기서 닌자 자신이 마키비시를 밟아서는 본말전도이므로 마키비시가 있는 구역은 스쳐 걷기(걸을 때 바닥을 스치듯이 걷는 걸음-역자 주)를 한다. 그렇게 하면 자신은 마키비시를 밟지 않고 지나갈 수 있기 때문이다. 안전한 통로를 만들어서 기억해두면 좋다는 설도 있지만, 어쩌다 마키비시의 위치가 어긋나버리면 치명적이므로 통로를 만들었다고 해도 스쳐 걷기는 필요했다.

뒤에 마키비시를 던진다는 방법도 급할 때는 사용하는 경우도 있었다. 불과 2~3초 정도의 빈틈이 필요할 때도 있기 때문이다.

또한 대단히 꼴사납지만 2~3m의 실에 마키비시를 연결해둔 것을 허리에 달아놓고 달리는 수법도 있었다. 닌자를 추격하면서 그 연결줄을 잘라버리려고 해도 일단 마키비시가 있는 근처까지는 가야 하기 때문이다(반대로 말하면 그 위치로는 갈 수 없다).

## 마키비시의 배치

| 마키비시 퇴각술이란? | 마키비시를 사용해서 도망치기 위한 술법. |

창작 속에서는 추격자의 눈앞에 마키비시를 뿌리는 방법을 볼 수 있지만…

알고 있다면 피하면 될 뿐. 이 방법으로는 불과 2~3초밖에 벌 수 없다!

실제로는…

마키비시는 사전에 뿌려둔다. 이렇게 하면 어두운 길에서는 마키비시가 보이지 않기 때문에 추격자가 밟아버릴 가능성이 높다.

스쳐 걷기로 도망치면 마키비시를 밟을 걱정이 없다

## 이토비시법

| 이토비시법(糸菱の法)이란? | 허리에 실로 묶어놓은 마키비시를 끌며 달리는 술법. |

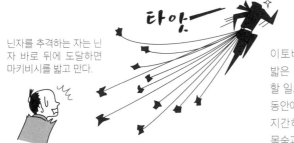

닌자를 추격하는 자는 닌자 바로 뒤에 도달하면 마키비시를 밟고 만다.

이토비시법이라면 추격자가 밟은 마키비시 이외에는 분실할 일도 없기 때문에 도망치는 동안에는 효과가 유지된다. 어지간히도 볼썽사납긴 하지만 목숨과는 바꿀 수 없다.

### 관련 항목
●마키비시 → No.038

# 입허술

## Arts of Infiltration when Enemy Breaks Down

적의 거점에 잠입하려면 시기를 가늠할 필요가 있다. 그것이 적의 마음의 틈(허)이다. 그리고 그 타이밍에 적의 거점에 들어가는 기술을 입허술(入虛の術)이라고 한다.

## ● 적의 저택이나 성에 숨어들기 위한 틈

인간의 주의력은 항상 일정하지는 않다. 주의력이 높아질 때도 있는가 하면 반대로 주의가 산만해질 때도 있다. 당연한 말이지만 주의가 산만해진 상대의 저택에 잠입하는 것이 간단해서 좋다.

그렇다고는 해도 특정 인간이 주의력이 깊은지, 산만한지는 겉으로 봤을 때는 예측하기가 쉽지 않다. 또한 적의 저택쯤 되면 다수의 인간이 있을 것이다. 특정 인간이 주의가 산만해져도 다른 인간이 주의 깊게 경비를 서면 결국 마찬가지다. 다수의 인간이 보초를 서고 있는 이유는 인간이기 때문에 어쩔 수 없이 주의력이 느슨해지는 현상이 발생하기 때문이다. 따라서 이를 다수의 인간을 배치해서 평준화하려는 것이다.

그렇다고 여기서 포기할 닌자가 아니다. 그 저택의 인간이 전부 주의가 산만해지는 순간은 없는지 생각했다. 그것이 입허술(入虛の術)이다. 허(虛)란 인간의 마음이 텅 비는 순간을 나타내며 그 타이밍을 노려 비집고 들어가는 것이다.

하지만 텅 비는 타이밍도 인간이 사는 저택과 전투를 위한 성, 각각 명확하게 다르다. 따라서 이러한 것들은 따로 구분된다.

예를 들어 축사가 있는 날의 새벽녘에는 저택에 숨어드는 데 적합하다. 하지만 성이라면 어떨까. 성주의 축사가 있다고 해도 과연 같을까. 일반 잡병에게도 하사주가 한잔 정도는 있기 때문에 다소 경계가 느슨해질지도 모른다. 하지만 그보다도 경계를 서는 병사가 술잔치에 주의가 끌리는지가 더 중요해진다. 따라서 성에서는 술잔치로 떠들썩할 때, 즉 축사가 끝난 뒤가 아니라 축사 도중에 경비가 그쪽에 주의가 쏠리는 타이밍이 유효하다고 한다.

비슷한 이벤트가 있을 때도 저택과 성의 차이를 생각해서 그에 맞는 입허를 생각해두는 것이다.

# 잠입하기 위한 허

| 입허술이란? | 적의 마음의 틈을 뚫고 적의 거점에 침입하는 술법. |
|---|---|

## 적의 저택에 숨어들기 좋을 때는

### <패턴 1 이벤트가 끝나는 시기>

#### 축사의 새벽녘

결혼식날 밤은 축복하며 술을 마시거나 늦게까지 깨어 있다. 하지만 그만큼 새벽녘이 되면 잠에 빠지면서 깨지 않게 된다.

#### 비탄 후의 2~3일 후

누군가가 사망하면 슬픔에 빠지고, 장례식이나 독경, 매장으로 정신이 없다. 따라서 이것이 전부 끝나면 깊은 잠에 빠진다.

#### 여흥의 밤

놀러 가면 밤에는 연회를 한다. 가족도 연회 준비로 바쁘다. 이렇게 되면 그 뒤에는 모두 잠들고 만다. 하지만 다도회를 할 때는 잠에 들지 않는(차에는 카페인이 포함되어 있음) 경우가 있으므로 피해야 한다.

### <패턴 2 이웃집의 소동>

#### 인가에서 변이 생기고 다음 날 밤

인가에서 변이 생겨서 잠들지 못하더라도 다음 날에는 평상시와 같이 행동해야 한다. 물론 그날 밤에는 잠이 든다.

#### 근처에서 소동이 일어났을 때

근처에서 일어난 소동이 신경 쓰여서 자신의 집은 소홀해진다.

### <기타>

#### 병이 나은 날 밤

병자가 생기면 그 집의 사람들은 병간호 때문에 지친다. 병이 계속되고 있는 동안에는 기력으로 버티고 있지만, 병이 나으면 기력이 빠지면서 깊이 잠들고 만다.

#### 건축노역의 밤

당시의 노역은 피로에 짓눌릴 정도로 고된 것이었다. 이 때문에 밤이 되면 깊게 잠들고 만다.

## 적의 성에 숨어들기 좋을 때는

1. 적군이 거성을 출발한 날 밤
2. 적이 진지에 도착한 날 밤, 또는 그 다음 날 밤
3. 적이 먼 길을 행군해온 날 밤, 또는 험한 길을 넘은 날 밤
4. 적이 바람·비·눈 속을 행군해온 날 밤
5. 적이 종일 접전을 벌인 날 밤
6. 적이 날이 진 뒤에 진지에 도착하여 진을 치거나 식량, 말 손질 등의 준비로 바쁠 때
7. 적이 야습 준비나 아침 일찍 떠날 준비를 하고 있을 때
8. 적이 야습에 성공했을 때나 접전 끝에 승리한 날 밤
9. 아군이 야습에 성공했거나 접전 끝에 승리해서 적이 혼란에 빠졌을 때
10. 적이 내분을 일으키고 있을 때
11. 적이 연회나 싸움으로 소란스러울 때
12. 합전 직후의 혼란스러울 때
13. 큰비가 오거나 폭풍이 부는 밤
14. 적에 탈주자가 있거나 진지에 도착한 자 등 사람의 출입이 있을 때
15. 성을 공격하던 아군이 포위를 뚫은 밤
16. 오랫동안 진을 치는 것에 질려서 적의 병졸이 방심하고 있을 때
17. 적이 아군보다 많아서 방심하고 있을 때

# No.075
# 척후술
## Art of Entrance for Incursion

척후란 원래는 정찰을 뜻하는 말이었지만, 닌자의 술법에 있어 척후란 일반적인 정찰을 하는 것은 물론이고 「닌자구(忍び口)」를 찾는 것을 말한다.

## ● 시노비만이 쓸 수 있는 입구

「닌자구(忍び口)」란 성에 있는 닌자만의 입구를 말한다. 성에 숨어드는 것은 어려울 것이라고 생각하는 독자도 있겠지만, 실은 성 쪽이 평범한 저택에 숨어드는 것보다도 오히려 쉬운 경우도 있다.

그 이유는 저택과 성의 용도 차이에 있다. 일반적인 저택은 군대의 공격을 받는 것을 생각해두지 않는다. 대신 도적이나 자객이 쳐들어올 것을 경계하고 있다.

반대로 성은 군대(다시 말해 다인수의 집단)의 공격과 진입을 막기 위해 건조된 것이다. 이 때문에 닌자와 같이 1~3명 정도로 잠입하려는 자를 저지하도록 만들어지지는 않았다.

물론 성벽이나 해자 등은 군대는 물론 닌자의 침입에도 유효한 방어 시스템이다. 닌자라 해도 해자를 건너기 위해서는 헤엄치지 않으면 안 된다. 헤엄친 뒤에는 신체나 장비가 젖어서 움직이기도 힘들다. 게다가 이 상태에서 이동하면 물 때문에 흔적이 남아버리게 된다. 성벽은 닌자라 해도 오르는 것은 성가시다.

하지만 성가퀴(몸을 숨기고 적을 쏠 수 있게 만든 담. 벽에 구멍을 설치하거나 다른 곳보다 낮게 만든다-역자 주)는 군대를 상대하기에는 유리하지만 소수 인원으로 접근하는 닌자를 발견하기에는 시계가 너무 좁다. 전쟁 중이 아니라면 밤이 되었을 때 모든 성가퀴에 매달릴 정도로 보초가 깨어있는 것은 아니다. 따라서 경비는 이동하면서 성가퀴를 보고 순찰하는 정도밖에 할 수 없다. 즉, 어느 순간에 누구도 보고 있지 않은 성가퀴가 나오게 된다. 그 틈을 노려 성가퀴에 발을 걸치면서 벽을 타고 올라간다. 기껏 만든 성가퀴이지만, 적의 침입을 막기는커녕 벽을 오를 때 쓸 발판이 돼버리는 것이다.

이처럼 성에는 소수 인원으로 잠입을 계획할 경우, 사각이 될 만한 장소가 몇 군데나 존재한다. 이것을 닌자는 「닌자구」라고 부른다. 그리고 정찰을 해서 닌자구를 찾는 것을 척후술(物見の術)이라고 부른다.

# 닌자구의 발견 장소

| 척후술이란? | 정찰을 해서 닌자구를 찾는 술법. |

| 닌자구란? | 소수 인원 잠입을 계획할 경우 사각이 될 만한 장소 |

소수 인원인 경우, 성은 저택보다도 숨어들기 쉽다!

## <닌자구의 예>

**1. 성의 정면은 견고하지만 뒤쪽은 그렇지도 않다.**

특히 뒤쪽이 산이나 언덕으로 되어 있으면 그쪽에 병사를 보내 공격하는 것은 어렵기 때문에 성의 방비는 소홀해진다.

**2. 바다나 강이나 늪과 인접해 있는 성은 그쪽에 닌자구가 있다.**

병사를 전개할 수 없기 때문에 그쪽에서는 공격해 오지 않는다. 다시 말해 보초도 적기 때문에 헤엄치거나 뗏목을 만들어서 성까지 갈 수 있다.

## 3. 작은 성에 다수가 틀어박혀 있는 경우는 사람이 많은 곳이 닌자구.

성의 필요 인수보다 병사가 많이 있는 경우에는 보초의 눈은 모든 방향에 있다. 그렇다면 인원이 많다=성의 약점이 되기 때문에 적어도 약점으로 숨어드는 것이 성공률이 높다.

## 4. 큰 성에 소수 인원이 틀어박혀 있는 경우는 인원이 적은 곳이 닌자구.

병사가 부족한 경우는 방비가 두터워서 적도 쳐들어오지 않을 것이라고 예상되는 곳에는 대부분 병사를 두지 않을 것이다. 따라서 그곳으로 잠입하면 들킬 가능성이 낮아진다.

## 5. 변소·쓰레기장 등은 닌자구.

변을 버리는 곳이나 쓰레기를 버리는 곳 등은 눈에 띄지 않는 곳에 설치되어 있는 데다 악취가 심하기 때문에 사람들도 잘 접근하지 않는다. 이 때문에 보초의 눈이 매우 적다.

이를 피하기 위해 호조 가문에서는 인간의 분뇨는 매일 버리러 갔지만, 그 장소는 성에서 활을 쏴서 닿지 않을 장소에 설치하는 것을 규칙으로 정해두었다.

### 관련 항목
● 닌자의 요새 → No.052

# 입타귀술

Iri-Da-ki no jutsu

인술의 제자가 스승에게 다음과 같이 물었다. 「어떻게 해야 모습을 감추고 성에 숨어들 수 있습니까?」스승은 이렇게 대답했다. 「쉬운 일이다. 인간이 보지 않을 때 출입하면 된다」

## ● 인간행동의 관찰

인간은 모습을 감출 수 없다. 하지만 누구도 보지 않으면 그것은 모습이 사라지는 것과 마찬가지다. 즉, 누구도 보지 않을 때를 아는 것이 모습을 감추는 것이 된다. 그러면 보초는 언제 보지 않는 것일까. 그것을 가르쳐주는 것이 입타귀술(入墮帰の術)이다.

경계를 막 시작할 때는 제대로 경계를 서자는 기합이 들어가(입) 있다. 하지만 항상 긴장을 유지할 수는 없는 노릇이다. 점점 태만에 빠지게(타) 된다. 그리고 경계 근무 시간이 끝나갈 때가 되면 교대할 시간만을 기다리며 빨리 돌아가고(귀) 싶어 한다. 여기서 입의 시기가 끝나고 타와 귀 사이의 시기에 잠입하면 성공하기 쉬운 것이 입타귀술이다. 이렇게 타이밍을 발견하면 그때를 노려 신속하게 잠입해야 한다. 이것을 탁기술(択機の術) 이라 부른다.

어찌 보면 당연한 기술이다. 하지만 당연한 일을 좀처럼 할 수 없는 것이 인간이라는 존재다. 그래서 여기에 일부러 술이라는 이름이 붙여지는 것이다.

술이라고 이름을 붙임으로써 두 가지 이점이 생긴다.

우선 닌자가 망설이지 않게 된다는 점. 어찌 해야 할 것인가를 생각하는 것이 아니라 탁기술을 사용하기로 정하기만 한다면 결정은 간단하다. 이를 위해 즉시 행동할 수 있다. 또 하나. 보초가 방심하고 있다고 하더라도 그 근처를 빠져나가 숨어드는 것은 무섭다. 하지만 무서운지 어떤지 기질의 문제가 되면서 겁이 많은 닌자는 영원히 숨어들 수 없게 된다. 하지만 술법이라면 기술이기 때문에 배워서 그대로 하기만 하면 된다. 다시 말해 술법이라고 이름을 붙임으로써 모든 닌자가 할 수 있는 일이라며 가르치게 되는 것이다.

## 입타귀의 타이밍

| 입타귀술이란? | 경계가 느슨해지는 타이밍을 아는 술법. |

| 탁기술이란? | 타이밍을 발견하면 그때를 노려 신속하게 잠입하는 술법. |

경계를 시작할 때      어느 정도 시간이 지나갔을 때      마무리. 교대 직전

## 술법의 필요성

당연한 일이더라도 일부러 술법이라고 이름을 붙이면…

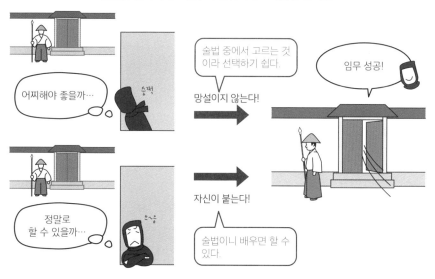

## 관련 항목

● 인술의 기본 → No.056

# 이쑤시개 은신술

**Hide by Toothpick**

고작 1개의 이쑤시개에 몸을 숨긴다. 그런 것이 가능할 리가 없다. 하지만 가능하다고 닌자는 주장한다. 그렇다면 어떠한 수법으로 그것이 가능해지는 것일까.

## ● 이쑤시개를 사용한 인술

이쑤시개 은신술(楊枝隱れの術)은 보초가 있는 입구를 슬쩍 빠져나가기 위한 술법이다. 하지만 인간이 이쑤시개에 숨어 빠져나가는 것은 아무리 그래도 말이 안 된다. 하지만 이쑤시개 하나라도 적의 눈을 돌리는 것은 가능하다.

인술 명인의 말에 의하면 다음과 같다. 우선 보초의 머리 위에 이쑤시개 하나를 떨어뜨린다. 그러면 보초는 이쑤시개에 정신이 팔려 그쪽을 보게 된다고 한다. 그 틈에 재빨리 입구를 빠져나갈 수 있다는 것이다. 이것을 이쑤시개 은신술이라고 부른다. 이쑤시개에 숨는 것이 아니라 이쑤시개로 숨을 수 있는 술법이다.

확실히 무언가로 주의를 끈 뒤 그 틈을 이용하는 것은 **인술의 기본**이다. 이쑤시개 하나는 과장이겠지만, 근처 수풀에서 개에게 바스락바스락거리는 소리를 내게 한다든가 주의를 끄는 수단은 많이 있었을 것이다.

또 하나의 설이 있다. 그것은 용무 은신술(用事隱れの術)이다.

입구에 용무가 있는 자가 왔다면 어떻게 될까. 예를 들어 다른 가문에서 서신을 가지고 온 사자가 찾아왔다든가, 입구 근처에서 급병에 걸린 것인지 누군가가 쓰러졌다든가 하는 경우다.

이러한 용무가 있는 인간을 상대하고 있는 사이에 닌자가 빠져나간다. 물론 이 용무가 있는 인간은 닌자이므로 닌자가 지나가는 순간은 보초의 주의를 최대한 끌어서 절대로 입구에서 다른 쪽을 돌아보지 않도록 해야 한다.

에도 시대 때 용무에는 또 하나의 의미도 있었다. 화장실에 간다는 의미다. 따라서 보초가 화장실에 가는 타이밍을 기다리다가 입구를 빠져나간다는 경우도 있었을지 모른다. 어느 쪽이든 주의를 끌어서 보이지 않는 것과 같은 효과를 얻을 수 있다.

## 보초의 주의를 끈다

| 이쑤시개 은신술이란? | 상대의 주의를 끌어서 목적을 달성하는 술법. |
|---|---|

### <다양한 이쑤시개 은신>

**이쑤시개 은신?**

1. 이쑤시개를 떨어뜨려 희미한 소리를 낸다.

2. 희미한 소리이기 때문에 닌자 따위가 몰래 숨어들었나 싶어 보초는 그쪽을 주시한다.

**용무 은신?**

동료에게 용무가 있는 사람인 척하는 연기를 시키며 보초를 이야기에 열중하게 만든다. 동료는 손짓 발짓을 해가며 큰소리로 보초의 주의를 끌면서 닌자가 내는 소리가 들리지 않도록 한다.

**용무(화장실) 은신?**

용무에는 화장실에 간다는 의미도 있었다. 보초가 화장실에 가는 타이밍을 기다리다가 입구를 빠져나간다는 경우도 있었을지 모른다.

### 관련 항목

● 인술의 기본 → No.056

# 가인술

**Steal into a House**

다른 사람의 집에 숨어드는 술법을 가인술(家忍の術)이라고 한다. 가인술은 변견 대책, 자물쇠 부수기, 기척 탐지 등 다양한 술법을 집대성한 것으로 별개의 가인술이 있는 것은 아니다.

## ● 도둑의 수법과 마찬가지

다른 사람의 집에 숨어드는 경우, 자신의 그림자와 자신이 내는 소리가 가장 위험하다. 따라서 그림자와 소리를 지우는 제영음술(除影音術)이 필요해진다.

우선 그림자를 지우기 위해서는 빛과 정면으로 마주하지 않으면 안 된다. 그렇게 하면 그림자는 자신의 뒤로 생기기 때문에 빛의 방향으로 봤을 때 그림자는 보이지 않는다. 자신은 전신이 어두운 색이므로 애당초 잘 보이지 않는다. 밤에 순찰을 도는 사람은 광원을 직접 들고 다닌다. 따라서 가만히 있어도 빛과 정면으로 마주하게 된다.

하지만 정원 여기저기에 횃불이 세워져 있거나 다수의 보초가 있을 경우 그림자가 옆으로 늘어나면서 발각되기 쉬운 상태가 된다. 반대로 보초의 입장에서 보면 정원에 횃불을 놓아두거나 보초를 다수 배치하는 것만으로도 닌자를 발견하기 쉬워진다.

다음으로 소리를 지운다. 여기에는 방법이 몇 가지 있다.

직접 소리를 내지 않는 방법으로서는 발 뒤쪽에 풀솜을 넣어둔 시노비 버선을 사용하거나, 마른 짚이나 풀을 밟지 않는 것 등이 있다. 대나무숲에 들어가도 바스락거리는 소리가 나기 때문에 위험하다. 단, 바람이 부는 날에는 적극적으로 대나무숲에 들어간다. 왜냐하면 대나무숲이 바람으로 나뭇잎 스치는 소리를 내주면서 자신이 내는 소리를 숨길 수 있기 때문이다.

문을 열고 닫을 때의 삐걱거리는 소리는 밤중에는 매우 크게 울리기 때문에 주의가 필요하다. 단, 이것도 바람이 강한 날에는 집 전체에 삐걱거리는 소리가 나기 때문에 신경 쓰지 않아도 된다.

다시 말해 바람이 강한 날은 침입하기 좋은 날이다.

사족지습(四足之習)은 동물을 흉내 내서 침입하는 술법이다. 어둡기 때문에 모습을 흉내 낼 필요는 없다. 흉내 내야 할 것은 소리의 기척이다. 옷자락을 둥글게 뭉쳐 쥐면서 몸을 떨면 개가 몸을 떠는 것과 똑같아진다고 한다.

# 숨어들기의 집대성

| 가인술이란? | 다른 사람의 집에 숨어드는 술법. |

번견 대책, 자물쇠 부수기, 기척 탐지 등 다양한 술법을 집대성.
그중에서도 가장 중요한 것은 제영음술.

| 제영음술이란? | 자신의 그림자와 소리를 지우는 술법. |

## 그림자를 지우는 제영술

> 그림자를 지우는 법은 빛과 정면에서 마주하는 것!

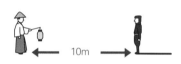

1. 앞에서 오는 빛이라면 그림자가 보이지 않기 때문에 닌자 자신이 어두운 의상을 입고 있으면 떨어져 있을 경우 잘 보이지 않는다.

2. 옆에서 빛을 받으면 그림자가 옆으로 늘어나기 때문에 밝은 부분과 그림자와의 차이로 존재가 분명히 보이게 된다.

## 소리를 지우는 제음술

> 소리를 지우려면, 소리를 내지 않거나 다른 소리에 숨긴다!

| 사족지습이란? | 동물을 흉내 내어 잠입하는 기술. |

1. 산울타리 아래를 몸을 숙인 상태로 대놓고 빠져나감으로써 지나간 것이 대형견으로 보이게 한다. 평범하게 지나가면 인간이 지나간 흔적이라는 것을 눈치채버린다.

2. 옷자락을 쥐고 부들부들 떨며 개가 몸을 떠는 소리를 낸다.

## 관련 항목
● 흉내 내기기술 → No.067

# 칠방출

## Disguise by Seven Career

닌자가 대놓고 닌자 복장을 입은 채 여행을 떠난다면 순식간에 붙잡히고 만다. 그 때문에 다양한 변장을 해서 자신의 신분을 숨긴다. 그 기술을 칠방출(七方出)이라고 한다.

## ● 일곱 개의 직업

전국시대에서 에도에 걸쳐 사람들의 모습은 하는 일에 따라 정해져 있었다. 따라서 의상과 상투를 변경하는 것만으로도 외견적으로는 그 직업의 사람으로 보였다.

직업의 기술에 대해 누가 물어보면 들키는 일은 없었을까. 당시 많은 직업의 기술은 자식이나 제자에게만 전수했던 것으로 지금과 같이 미팅에서 대화의 소재 따위로 사용되는 일은 없었다. 동업자에게조차 비밀로 하는 일이 많았다. 다시 말해 그 직업을 필요로 하는 상황(의사로 변장했는데 급한 환자가 나왔다든가)과 마주하지 않는 한 변장하는 것만으로도 그 직업으로 가장할 수 있었다. 이것을 칠방출(七方出)이라고 부른다. 허무승(虛無僧)·불승(仏僧)·수험자(修験者)·상인(商人)·방하사(放下師)·원악사(猿楽師)·상형(常の形)의 7종류다. 상형은 주변에 있는 평범한 사람(다시 말해 농민)을 의미하는 것으로 본질적으로는 6종류다.

순식간에 변장하기 위해서는 변의(안팎으로 입는 겉옷)를 사용하는 경우도 있었다. 한쪽을 밝은 색으로 하고 다른 한쪽을 어둡게 해서 침입할 때는 그쪽을 사용한다.

카가(이시카와현)의 에치젠류 인술에서는 수행 중인 닌자를 나룻배에 태운다는 시험이 있었다.

수행을 끝낸 닌자는 각자 능숙한 변장을 해서 나룻배에 올라탔다. 그리고 그 날의 저녁 무렵에는 스승이 순찰 명목으로 닌자를 태웠던 나룻배의 사공에게 오늘 수상한 승객이 없었느냐며 묻는다.

사공이 「그런 녀석은 없었군. 나도 사공을 한 지 수십 년이 됐네만 수상한 녀석이 있었다면 금방 눈치 챘을 걸세」라는 대답이 돌아오면 합격이다.

반대로 「오늘은 옛추국(토야마현)의 약장수가 탔지. 근데 이게 아무리 봐도 잘 모르겠는 거야. 신입인가 했는데 어쩌면 수상한 자일지도 모르겠군」이라는 대답이 돌아온다면 낙제다. 낙제한 닌자는 처음부터 다시 수행하도록 명령받았다.

# 변장은 닌자의 18번

| 칠방출이란? | 다양한 변장으로 신분을 숨기는 술법 |
|---|---|

### 허무승
얼굴을 가리고 있기 때문에 매우 편리하다. 상투를 다른 직업의 모양으로 해두고 도중에 변장을 바꿀 수도 있었다.

### 불승
종교인은 관문을 프리패스로 지나갈 수 있었기 때문에 닌자 따위를 커버하는 데 종종 이용되었다.

### 수험자
수험자는 산에 틀어박히는 일이 많았기 때문에 산속에서 만나도 수상하게 여기는 일은 드물었다.

### 상인
이 경우 상인은 이 지역에서 다른 지역으로 이동하는 행상인을 말한다.

### 방하사
광대의 일종으로 곡예사를 이른다. 그밖에도 노래를 부르면서 지나가거나 다양한 기예를 선보였다.

### 원악사
노(能)·쿄겐(狂言)의 토대가 된 원악을 하는 광대. 차별의 대상이 되긴 했지만, 그만큼의 자유를 허락받았다.

## No.080

# 카츠라오술

Katsura-wo no jutsu

> 인술 중에는 체술로서의 인술 외에 심리적 인술이라고도 할 수 있는 것이 있다. 말투로 상대를 믿게 만드는 일. 거짓을 정말로 믿게 만드는 일. 이것도 인술의 한 가지인 것일까.

## ● 닌자의 장대한 계획

전쟁이 시작되면 적군 속에 파고드는 것이 어려워진다. 그 때문에 미리 적군 속으로 파고들어 그 휘하가 되는 술법을 카츠라오술(桂男の術)이라고 부른다. 우리의 감각으로 이것은 **인술**이 아니라 **모략**과 같은 종류로 보이지만 이것도 인술 중 하나다. 왜냐하면 **인술비전서**에 당당히 게재되어 있기 때문이다.

카츠라오(桂男)란 전설 속에 존재하는 달에 산다는 남자다. 손이 닿지 않는 곳에 사는 남자라는 점에서 적 속에 있는 닌자도 카츠라오라고 부르게 되었다.

그런데 이 닌자를 선발하는 것이 어렵다. 너무나도 유명한 닌자라면 적도 알고 있을 것이다. 그렇다고 해서 너무 미숙한 닌자를 보낼 수도 없는 노릇이다. 여기서 유능하면서도 관직에 오르지 않은 인물을 은밀히 고용해둔다. 그리고 충분히 아군이 되었을 때 타국으로 보내 거주하게 한다. 이러한 인물을 「칩충(蟄虫)」이라고 부른다.

게다가 적국에서 오래 살다가 이제 그 나라의 거주자가 된 자를 「혈축(穴丑)」이라고 부른다. 혈축은 직접 첩보를 하는 것이 아니라 칩충을 끌어들일 때 신원 인수자가 되어 배신할지 안 할지를 감시하는 역할도 맡는다.

평범한 사람이 아니라, 닌자를 적국에 보내는 경우 이것을 자루뒤집기술(袋翻しの術)이라고 부른다. 그리고 적국에 보낸 닌자를 「자루」라고 부른다.

단, 이 술법이 전국시대에 사용되었다고는 생각할 수 없다. 그 이유는 전국의 각 다이묘는 각자 독자의 닌자 집단을 사역하고 있었기 때문이다. 이래서는 닌자를 보내 심어놓는 것이 불가능하다. 하지만 에도 시대가 되자 이것이 확 바뀐다. 각 다이묘는 **이가 닌자**를 사역하도록 지시받았다. 이 때문에 막부는 휘하의 이가 닌자를 자루로서 다이묘 가문에 보내어 심어놓을 수 있게 되었다. 이에 따라 다이묘 가문의 숨기고 싶어 하는 비밀을 파악하여 막부에 거스르지 못하게 하였다고 전해진다.

## 사전준비가 핵심이다

| 카츠라오술이란? | 사전에 아군을 적측에 보내 그 휘하로 두는 술법. |
| --- | --- |

<카츠라오술의 짜임새>

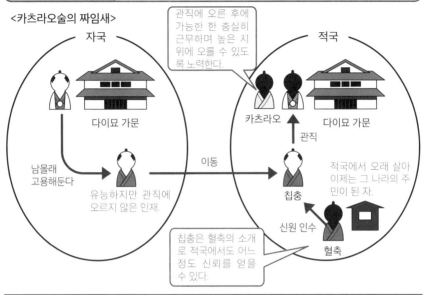

관직에 오른 후에 가능한 한 충실히 근무하며 높은 지위에 오를 수 있도록 노력한다.

자국

다이묘 가문

남몰래 고용해둔다

유능하지만 관직에 오르지 않은 인재.

이동

적국

카츠라오    다이묘 가문

관직

칩충

적국에서 오래 살아 이제는 그 나라의 주민이 된 자.

신원 인수

혈축

칩충은 혈축의 소개로 적국에서도 어느 정도 신뢰를 얻을 수 있다.

## 자루뒤집기술

| 자루뒤집기술이란? | 아군 닌자를 적측에 보내 그 휘하의 닌자로 두는 술법 |
| --- | --- |

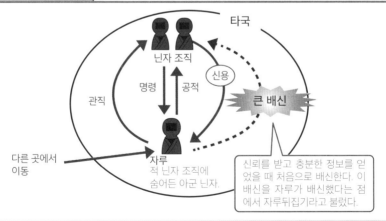

타국

닌자 조직

신용

명령    공적

관직

큰 배신

다른 곳에서 이동

자루
적 닌자 조직에 숨어든 아군 닌자.

신뢰를 받고 충분한 정보를 얻었을 때 처음으로 배신한다. 이 배신을 자루가 배신했다는 점에서 자루뒤집기라고 불렀다.

# 도롱이벌레술

Mino-mushi no jutsu

> 아무리 연기가 뛰어나도 다른 나라 사람이 그 나라 사람인 척을 하면 다소 위화감이 발생한다. 그 의미에서 스파이로 삼는 데 가장 좋은 것은 원래 그 나라의 주민이었던 자다.

## ● 스파이의 권유법

적국의 인간을 스파이로 삼으려고 할 때 어떠한 인간을 골라야 할 것인가.

우선 적국의 사람을 간첩으로 삼는 술법을 도롱이벌레술(養虫の術)이라고 부른다. 그리고 이로 인해 배신자가 된 인간을 사자 몸속의 벌레(獅子身中の虫)라는 속담에서 몸속의 벌레→도롱이벌레라고 한다.

일단은 이쪽에 혈연이 있는 자다. 피는 물보다 진하다고 한다. 그렇기 때문에 혈연에 배신당할 경우에는 원한도 깊어지는 법이다. 지금까지 잘 해주었던 혈연의 부탁을 거절하는 자는 그리 많지 않다.

도쿠가와 시대에 각 다이묘 가문을 섬겼던 **이가 닌자**가 도쿠가와 가문의 이가 닌자에게 정보를 흘리도록 부탁받을 때 좀처럼 거부하지 못했던 것은 혈연이 있는 자에게 부탁받았기 때문이다.

적국의 상황에 따라서는 누구나 배신자가 된다. 정치가 안 좋은 나라에서 주민은 모두 통치자를 원망한다. 어지간히 충성심이 깊은 자를 제외하면 대부분은 간첩이 되고 만다.

어떤 나라든 아무리 좋은 통치를 해도 불우해진 사람이 10~20%는 존재한다. 원하던 지위에 오르지 못한 자를 찾아내면 쉽게 간첩으로 만들 수 있다.

어떤 나라든 고위관료에게 원한을 가진 자는 반드시 있다. 그 지위에 오르기 위해 짓밟힌 일족이나 강등당한 인물이 있기 때문이다. 각 다이묘 가문에 원한이 있는 자라면 파악된 상태이겠지만, 다이묘 휘하의 높은 지위에 있는 자를 향한 원한이 전부 파악된 것은 아니기 때문에 간첩으로 삼아도 쉽게 들키지 않는다.

물론 어떤 땅에서도 탐욕을 가진 자는 있다. 그들을 이용해서 낚는 것은 간단하지만 그런 인간은 같은 무리에게도 경계를 받기 때문에 주의가 필요하다.

이처럼 어떤 나라에서도 틈이 있는 인간은 존재한다. 이것을 어떻게 찾아내서 간첩으로 양성할 것인지가 도롱이벌레술의 핵심이다.

# 적을 끌어들인다

| 도롱이벌레술이란? | 적국의 사람이 배신하도록 잘 유도해서 이쪽의 스파이로 삼는 술법. |
|---|---|

도롱이벌레=몸속의 벌레, 즉 사자 몸속의 벌레라는 속담에서 따온 이름이다.

## <간첩이 되기 쉬운 사람의 조건>

### 정치가 안 좋은 나라의 주민

· 무죄로 죽은 자의 친족이나 경미한 죄목으로 과대한 벌을 받은 자. 주군을 원망하는 경우가 많다.
· 공적이 있는데도 약간의 은상밖에 받지 못한 자. 그 부족함을 채우고 싶어 한다.

### 정치적인 혜택을 받지 못한 자

· 고위고관의 집안인데도 그에 걸맞은 지위에 오르지 못한 자. 실제로는 자신이 무능해도 이러한 인물은 그것을 인정하지 않는다.

· 대가 바뀔 때 아버지보다 녹이 줄어든 자. 주군을 원망한다.

· 재능이 있는데도 주군과 마음이 맞지 않아 차가운 대우를 받는 자. 주군을 경멸하고 있는 경우가 많다.

### 친족                          ### 탐욕을 가진 자

## 관련 항목

● 닌자의 임무 모략 → No.004                ● 에도의 닌자 이가 닌자의 후예 → No.020

# 반딧불이술

## Art of the Glow of a firefly

반딧불이의 빛. 그것은 덧없는 빛이다. 당시의 사람들에게 등불은 곧 열이기도 했다. 따라서 빛을 필요로 한다는 것은 온기를 필요로 한다는 말이기도 하다. 하지만 반딧불이의 빛만으로는 따뜻해지기는커녕 그저 공허할 뿐이다.

## ● 겉치레뿐인 빛

반딧불이란, 곧 가짜를 말한다. 가짜 서신으로 적을 제거하는 계략을 반딧불이술(蛍火の術)이라고 말한다.

그 기본은 적의 중신이 이쪽과 밀통하고 있다는 가짜 서신을 만들어서 그것을 적의 손에 들어가도록 하는 것에 있다. 밀통의 증거를 손에 넣은 적은 중신을 죽인다. 결국 이쪽은 손을 더럽히지 않아도 저쪽이 알아서 약체화되어준다.

그렇다고는 해도 단순히 가짜 서신 정도로 속아 넘어가 줄 정도로 적도 호락호락하지는 않다. 나름대로 장치가 필요하다.

여기서 신경 쓰이는 것은 가짜 서신으로 누명을 씌울 수 있다면 처음부터 중신을 암살하는 것이 나을지도 모른다는 의문이다. 하지만 이것은 전국시대의 일족이란 점을 충분히 이해하지 못했기 때문에 하게 되는 생각이다.

다시 말해 중신의 힘이라 하는 것은 물론 당사자의 역량도 있겠지만 그 일족의 가신도 포함한 무사 집단의 힘인 것이다. 중신을 죽여도 적자가 뒤를 잇고 부모를 죽인 원한을 불태우며 적대해서야 아무런 의미도 없다. 심할 경우 복수를 위해 일족이 일치단결해서 더욱 강대한 적이 되어버릴 지도 모른다.

하지만 밀통을 이용해 중신을 죽일 경우 일족은 어떻게 생각할까. 「설마」라고 생각하겠지만 어쩌면 일족의 수장만이 알고 있던 숨은 사정일지도 모른다고 여길 것이다.

적어도 중신을 죽인 지금의 주군에 원한을 품을 것이고 잘만 하면 내분도 일어날 수 있다. 가짜 서신이라는 사실만 들키지 않는다면 다음을 잇는 새로운 수장에게 연락했을 때 정말로 아군이 되어줄지도 모른다.

이처럼 성공한 가짜 서신의 책략은 적의 내부부터 썩게 만드는 최악의 술책이다. 시험해보고 싶은 것도 무리는 아닐 것이다.

## 반딧불이술의 술책

| 반딧불이술이란? | 가짜 서신으로 적을 제거하는 술법. |
|---|---|

반딧불이=가짜를 가리킨다는 말로부터.

### <반딧불이술 1>
가짜 서신을 적의 중신의 집에 숨긴다.

### <반딧불이술 2>
기량이 떨어지는 아군에게 「중신은 우리에게 붙었다」며 거짓을 가르친 뒤 가짜 서신을 쥐여 주고 배달을 보낸다.

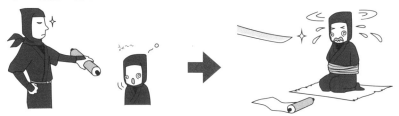

### <반딧불이술 3>
적 닌자에게 일부러 중신이 이쪽에 붙었다는 정보를 빼앗기는 척한다.

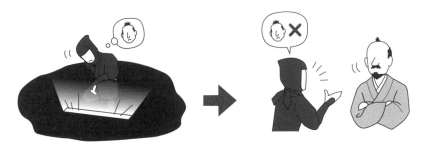

반딧불이술은 단순히 적을 제거하는 것만이 아니라
적진에 불화를 일으켜 내부부터 썩게 만드는 술책.

### 관련 항목
●닌자의 임무　모략 → No.004

# No.083

# 근입술

## Art of Speed Infiltration

충분히 준비를 할 수 있는 카츠라오술과 달리 전쟁이 가까워졌을 때 적국에 잠입하는 것이 근입술(近入りの術)이다. 그만큼 어려우며 성공률도 떨어진다. 하지만 긴급사태는 언제든지 일어날 수 있는 법이다.

## ● 급한 임무를 위해

항상 **카츠라오술**(桂男の術)을 사용할 수 있는 것은 아니다. 예상 밖의 전쟁이 일어나거나 인원 부족으로 보내지 못하게 됐거나, 전쟁이 가까워지는데도 적국에 간첩을 보내지 못한 경우도 많다. 그래서 존재하는 것이 근입술(近入りの術)이다.

하지만 근입술을 하려고 해도 최소한의 **정보**는 모아두지 않으면 적국에 보내는 것조차 할 수 없다. 이 최소한의 정보를 약본술(略本術)이라고 부른다.

이러한 정보는 다음과 같은 사람에게서 모은다.

우선은 적국을 나온 낭인(浪人)이다. 더 이상 적국에 미련은 없는 데다 적어도 무사로서 수행한 적이 있기 때문에 정보원으로서는 매우 우수하다.

다음으로 적국에 출입하는 상인·장님(맹인 비파사)·원악사 등이다. 그들은 무사와 연줄이 있을 뿐만 아니라 비교적 자유로운 입장이다. 깊은 정보까지는 가지고 있지 않지만, 넓고 얕은 지식을 가지고 있다.

적 요새의 근처에 살고 있는 서민도 잘 이용하면 도움이 된다. 상급 무사까지는 모르겠지만, 건축 등의 용무로 성에 드나든 일도 있을 테고 하급 지휘관의 얼굴 정도는 알고 있을 것이다.

마지막으로 포로다. 물론 포로는 이쪽에 호의적이지는 않다. 따라서 이쪽을 혼란시키기 위해 거짓을 말할 가능성이 있다. 포로에게서 얻을 수 있는 정보는 다른 것과 대조해보는 등의 확인을 하며 주의할 필요가 있다.

변장해서 무해한 자로서 적진에 숨어드는 것을 요괴술(妖者の術)이라고 부른다. 변장에서 가장 중요한 것은 아군인 척하는 것이다. 아군인 척이 안 될 때는 장애인이나 노인, 어린아이 등 당시 사람들에게 무력하다고 여겨지는 자의 행세를 한다. 특히 아군인 척을 할 경우에는 정보가 필요하다.

## 약본술로 모을 수 있는 정보

| 근입술이란? | 전쟁이 가까워졌을 때 적국에 잠입하는 술법. |
|---|---|

하지만 사전에 최소한의 정보는 필요하다!

| 약본술이란? | 근입술을 하기 위해 필요한 최소한의 정보 |
|---|---|

### <약본술의 정보원>

정보의 질

높음

낮음

· 적국을 나온 낭인.
· 적국에 출입하는 상인 · 장님(맹인 비파사) · 원악사 등.
· 적 요새의 근처에 살고 있는 서민.
· 포로.

### <약본술로 모을 수 있는 정보>

| 적군의 조직명 | 간부의 성명 | 간부 가문의 깃발·문장 등 |
|---|---|---|

| 간부의 가족 |
|---|

> 의심받을 경우 실은 간부 가족의 지인이라고 둘러대면서 간부 그 자체를 모른다는 사실을 얼버무린다.

| 중심이 되는 낭당<br>(郎党, 정당 실력자의 부하)의 이름 | 저택이나 영유지의 소재 |
|---|---|

| 타국에 있는 일족·친족의 이름·직업·가족 등 |
|---|

> 타국의 친족의 소개로 나타났다고 해두면 신입이라는 점에 대한 의심을 조금이라도 줄일 수 있다.

| 중요인물의 교제관계 |
|---|

> 누가 누구와 친하며 누가 누구와 사이가 나쁜지와 같은 정보를 사용한다. 사이가 좋은 곳의 이름을 내세우면 친절한 대우를 받을 수 있다. 사이가 나쁜 곳의 이름을 내세우면 서로 잘 알지 못 하는 이유로 삼을 수 있다.

| 요괴술이란? | 변장해서 무해한 자로서 적진에 숨어드는 술법. |
|---|---|

### 관련 항목
● 닌자의 임무 정보수집 → No.002          ● 카츠라오술 → No.080

## No.084

# 영입술

## Art of Advance Infiltration

사람이 움직이면 빈틈이 생긴다. 그 틈을 이용하는 것이 영입술(迎入の術)이다. 특히 군대쯤 되면 그 이동은 보통 큰일이 아니다. 어쩔 수 없이 빈틈이 생기게 된다.

## ● 대군의 빈틈

전국시대의 1,000명 정도 되는 소규모 부대를 생각해보자. 이 부대가 2열로 진군한다고 치자(4열로 걸을 수 있는 넓은 길은 당시에는 많지 않았다). 그러면 한 번에 2명씩 해도 500조다. 당시의 병졸은 창을 들고 있기 때문에 앞사람과의 간격이 1m면 위험하다. 적어도 2~3m는 벌려두어야만 한다. 인간이 걷는 속도를 1시간에 4km라고 하면 1초에 약 1m다. 다시 말해 3m의 간격을 벌리기 위해서는 3초 간격으로 출발하게 된다. 즉, 500조가 출발한다고 치면 최초의 1조가 나온 뒤 마지막 1조가 나올 때까지 쓸데없는 동작이 일절 없더라도 1,500초=25분이나 걸린다. 열의 길이도 1.5km다.

이것이 1만 명이라면 250분=4시간 이상이나 걸리며 열은 15km나 된다. 실제로는 부대마다 벌리는 간격이 다르기 때문에 더욱 걸린다. 하루에 8시간 진군한다고 해도 실제 이동 시간은 4시간. 마지막 부대가 출발할 때쯤에는 최초의 부대는 다음 야영지에 도착한다. 이것이 부대의 규모가 클수록 움직임이 느려지는 이유다.

닌자는 군대가 진군할 경우 목적지만 알아둔다면 어떤 길을 지나서 어디서 야영할지 등을 훤히 알 수 있다. 여기서 사전에 야영지라 지목된 장소에 닌자를 숨겨둔다. 이것이 영입술(迎入の術)이다.

야영지의 진영에서도 밖에서 들어오는 침입은 경계하지만 처음부터 야영지 안에 잠복해 있다면 속수무책이다. 그리고 진영 내부에서 방화, 소동의 선동, 물자 강탈 등을 한다. 적군은 침입도 없는데 이런 사태가 발생했으니 아군의 배신을 고려할 수밖에 없다. 설령 실패하더라도 경계를 위해 잠들지 못하는 자가 늘어난다면 그것만으로도 성공이다.

## 대군과 영입술

| 영입술이란? | 야영지로 지목된 장소에 미리 닌자를 숨겨두는 술법. |
| --- | --- |

┌─ 대군의 이동은… ─────────────────────────────┐

1. 전군이 이동을 시작하는 것만으로도 몇 시간이나 걸린다.

2. 이동 시간은 수 시간이므로 이동거리의 계산도 쉽다.

3. 전군이 들어갈 수 있는 넓은 야영지는 수가 한정되어 있다.

└──────────────────────────────────────┘

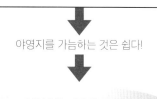

야영지를 가늠하는 것은 쉽다!

영입술을 사용할 타이밍!

야영지

1. 다음 야영지로 지목된 장소에 미리 숨어 있는다.

2. 밤이 되고 방화나 무장의 암살, 물자를 불태우는 행위 등을 한다.

### 관련 항목

● 비정규전 → No.005

# 참차술

## The Arts of Counter Attack

공격하려는 자는 자신이 공격 대상이 된다는 사실을 눈치채지 못한다. 기습하려는 자는 자신이 기습 대상이 되었다는 사실을 눈치채지 못한다. 이것을 응용한 것이 참차술(参差の術)이다.

## ● 공격하는 쪽에 빈틈이 있다

참차술(参差の術)이란 출진하려는 적의 심리적 빈틈을 찔러 이쪽이 적의 거점을 공격하는, 또는 침입하는 술법이다. 이것이 성공하는 이유는 다음과 같다. 첫째, 출진하는 적은 이쪽을 공격하는 데 정신이 팔려 자신이 공격받을 것이라는 데에 생각이 미치지 않는다. 스포츠 시합에서도 위기가 최대의 기회라는 말이 있는 이유는 위기 상황이다=적이 공격에 몰두했다는 의미이기 때문이며 동시에 적이 방어에 소홀해지는 순간이기 때문이다.

둘째, 출진 준비는 매우 바쁘다. 병사의 대열을 짜고 순서에 맞춰 내보내지 않으면 안 된다. 또한 식량이나 예비 무기, (화승총이 널리 퍼진 뒤에는)화약이나 총탄 등 준비할 것이 다수 있으며 이것들을 준비하는 데 정신이 팔리기 쉽다.

셋째로 출진 준비를 위해 출구를 출입하는 자가 다수 있어서 일일이 엄중하게 체크할 틈이 없다.

그리고 마지막으로 주력이 출진하기 때문에 성 안은 당연한 말이지만 방비가 허술해진다. 병사를 내보냈을 때에 적의 야습으로 그 성이 불타오르거나 한다면 어떻게 될까. 병사의 사기는 밑바닥까지 떨어질 것이다. 다시 말하면 병사의 사기는 여차하면 성으로 도망치면서 유지할 수 있는 것이다. 그 성이 불타버린다면 어떻게 될까. 실은 그 불은 대단한 것이 아니라는 사실을 일개 병사가 알 리가 없다. 전군이 붕괴해도 이상한 일이 아니다.

또한 처음부터 일부러 성 안의 적을 끌어내는 수월술(水月の術)도 있다. 수월술로 적을 끌어내면서 참차술로 적 성에 병사를 들여보내는 절묘한 연계도 가능하다.

## 위기는 기회

| 참차술이란? | 출진하려는 적의 심리적 빈틈을 찔러 이쪽이 적의 거점을 공격하는, 또는 침입하는 술법. |
|---|---|

### <참차술이 성공하는 이유>

· 출진하는 적은 공격하는 데 정신이 팔려 자신이 공격받을 것이라는 데에 생각이 미치지 않는다.
· 출진은 준비할 것이 다수 있으며 이것들을 준비하는 데 정신이 팔리기 쉽다.
· 출진 준비를 위해 출구를 출입하는 자가 다수 있다.
· 출진한 뒤에 성 안의 방비가 허술해진다.

참차술로 성에 잠입해서 방화 등을 하면
적의 사기는 밑바닥으로!

## 참차술과 조합해서 사용하면 좋은 수월술

| 수월술이란? | 일부러 성 안의 적을 끌어내는 술법. |
|---|---|

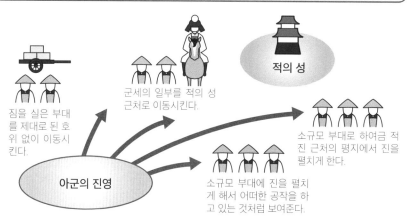

적의 성

군세의 일부를 적의 성 근처로 이동시킨다.

짐을 실은 부대를 제대로 된 호위 없이 이동시킨다.

소규모 부대로 하여금 적진 근처의 평지에서 진을 펼치게 한다.

아군의 진영

소규모 부대에 진을 펼치게 해서 어떠한 공작을 하고 있는 것처럼 보여준다.

이러한 정보를 해 질 녘에 손에 넘어가도록 한다.
→적은 야습을 계획한다.

공격해올 것이라는 사실을 알고 있다면 나름대로 대처도 할 수 있다. 몰래 후방부대를 근처에 놓아두었다가 야습을 걸어온다면 원호를 오게 한다. 그러면 적은 신속히 철수하게 된다.
닌자들은 적습의 요격에는 가담하지 않으며 적의 암호나 대조인을 알아내는 데 전념한다. 그리고 얻은 정보를 이용해서 적의 성에 숨어드는 것이다.

### 관련 항목

● 입허술 → No.074                    ● 척후술 → No.075

# 노반술

## The Arts of Roll-Over

적에게 붙잡힌 무장이 목숨을 구걸하며 적에게 붙는 일은 매우 많았다. 이런 많은 경우를 이용한 것이 노반술(虜反の術)이다. 부하가 쉽게 배반하는 일이 많았던 전국시대야말로 유효한 술법이다.

## ● 배반과 그 이용

노반술(虜反の術)의 기본은 포로를 붙잡았을 때 포로에게 배반을 종용하는 일이다. 이것만이라면 누구나 하는 일이기 때문에 인술이라고는 할 수 없다.

만약 배반에 응했다면 일족에게 배반을 촉구하는 편지를 쓰게 한다. 왜냐하면 무사의 힘은 일족과 동원 가능한 병력의 힘이기 때문이다. 개인의 힘도 물론 중요하지만, 어디까지나 두 번째다.

그리고 전국시대의 시스템에도 합치한다. 이 말은 전국시대의 무사단은 각자의 무장의 부하이며 그 무장이 섬기고 있는 다이묘 등을 향한 충성심은 희미한 수준이었기 때문이다. 다시 말해 무장이 배반하면 그 일족과 가신 전원이 함께 배반할 가능성이 높은 것이다.

하지만 여기부터가 이 술법의 악랄한 부분이다. 만약 배반에 응하지 않았다면 어떻게 될까. 포로를 죽이는 것은 졸책이다. 왜냐하면 적자가 뒤를 이어 원한을 불태우며 싸움을 걸어올 것이기 때문이다.

포로가 배반을 거절했다면, 자신이 배반을 했으니 따라야 한다며 거짓 편지를 만들어 일족에게 보낸다. 편지를 잘 쓴다면 일족과 가신은 배신해서 이쪽에 붙을 것이다. 그렇게 된다면 강하게 버티며 거절하던 포로도 어쩔 수 없이 이쪽에 붙을 수밖에 없다.

만약 포로가 아니라 전투 결과 죽어버렸다면 어떻게 해야 할 것인가. 물론 그 죽음을 적이 알아버렸다면 어찌할 도리가 없다. 하지만 예를 들어 패잔 무사가 되어 도망치다가 죽어서 그 죽음이 알려지지 않았을 경우, 위와 마찬가지로 가짜 편지를 보낸다. 속아서 배반해준다면 성공이다. 이 경우에는 상처가 깊어서 편지를 쓴 뒤에 죽은 걸로 처리한다.

## 노반술 차트

| 노반술이란? | 포로의 배신을 이용해서 일족과 가신을 통째로 아군으로 끌어들이는 술법. |

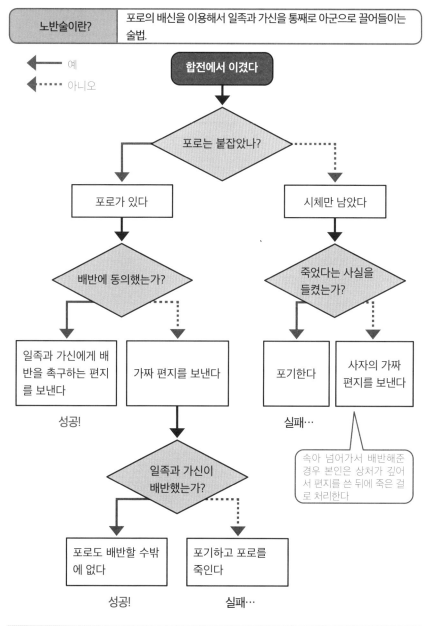

예

아니오

**합전에서 이겼다**

포로는 붙잡았나?

포로가 있다

시체만 남았다

배반에 동의했는가?

죽었다는 사실을 들켰는가?

일족과 가신에게 배반을 촉구하는 편지를 보낸다

가짜 편지를 보낸다

포기한다

사자의 가짜 편지를 보낸다

성공!

실패…

일족과 가신이 배반했는가?

속아 넘어가서 배반해준 경우 본인은 상처가 깊어서 편지를 쓴 뒤에 죽은 걸로 처리한다

포로도 배반할 수밖에 없다

포기하고 포로를 죽인다

성공!

실패…

## 관련 항목

● 닌자의 임무 모략 → No.004

● 반딧불이술 → No.082

# 비문자

## Secret Character

먼 나라에 있는 닌자에게는 문서로 보고가 전해진다. 이 보고서가 적에게 빼앗겼다가는 큰일이다. 그래서 닌자는 일종의 암호를 사용했다. 그것이 비문자(秘文字)다.

## ● 닌자의 다양한 암호

닌자의 비문자(秘文字)는 닌자 문자(忍者文字)라고도 한다. 닌자 문자는 당연한 말이지만 닌자 조직마다 존재했다. 다른 닌자 조직과 같은 암호를 쓴다면 다른 닌자들이 암호를 읽어버리기 때문에 의미가 없기 때문이다.

하지만 아쉽게도 시대가 변천되어가는 도중에 소실되면서 현재 남아 있는 닌자 문자는 **이가**(伊賀)의 닌자 문자뿐이다.

하나는 변(偏)과 색채명 한자를 조합해 만들어진 닌자 문자다. 이것은 한자처럼 보이지만, 실은 존재하지 않는 한자를 만든 것으로, 평범한 한자라고 생각하며 읽어보려고 해도 전혀 읽어낼 수가 없다.

또 하나는 신대 문자(神代文字)라고 불리는, 당시에도 사용되지 않았던 오래된 문자를 유용한 것으로, 당시에조차 누구도 읽지 못했다고 한다. 즉, 더 이상 문자 역할을 안 하는 것을 닌자가 이용했던 것이다. 지금은 우에노 상공회의소가 컴퓨터용 폰트로서 무료로 배포하고 있기 때문에 흥미 있는 사람은 써보는 것도 재미있을 것이다.

문자가 아닌 암호도 있다.

「결승(結い縄)」은 그 이름대로 줄을 묶는 방법으로 의미를 전달하는 것이다. 전국시대 때는 다 풀어진 짚신 조각들이 주변에 버려져 있는 경우도 많았기 때문에 결승이 있어도 그중 하나일 것이라 여겨져서 좀처럼 들통나지 않았을 것으로 추측된다.

「오색미(五色米)」는 쌀알을 다섯 가지 색깔로 물들여서 그것을 지면 등에 뿌린다. 그 조합에 따라 「적이 나왔다」라든가 「숨어라」와 같은 의미를 전달한다. 시간이 한동안 지나면 새 등이 먹어버리기 때문에 짧은 시간밖에 쓸 수 없다. 하지만 반대로 말하면 방치해둬도 적이 다가올 쯤에 알아서 사라져준다는 점을 생각하면 편리한 면도 있다.

## 닌자의 비문자

| 비문자란? | 닌자가 사용하는 암호. 조직마다 다른 것을 사용했다. 닌자 문자라고도 불린다. |
|---|---|

### 이가에 전해지는 닌자 문자 1

변과 색채명을 조합해서 만든 닌자 문자.

| 紫 (자) | 黒 (흑) | 白 (백) | 赤 (적) | 黄 (황) | 青 (청) | 色 (색) | |
|---|---|---|---|---|---|---|---|
| 橾 ゑ | 標 あ | 柏 や | 柿 ら | 横 よ | 靖 ち | 桅 い | 木 목변 |
| 燦 ひ | 爍 さ | 炪 ま | 烗 む | 熿 た | 焅 り | 炮 ろ | 火 화변 |
| 壣 も | 塸 き | 坥 け | 堿 う | 墥 れ | 埥 ぬ | 地 は | 土 토변 |
| 鑙 せ | 鑂 ゆ | 鉑 ふ | 鉌 ゐ | 鑌 そ | 錆 る | 鉈 に | 金 금변 |
| 潫 す | 潶 め | 泊 こ | 泭 の | 潢 つ | 清 を | 泡 ほ | 氵 삼수변 |
| 傼 ん | 偲 み | 伯 ゑ | 俫 お | 儥 ね | 倩 わ | 色 へ | 亻 인변 |
| | 鰾 し | 粨 て | 赩 く | 黉 な | 䶂 か | 艃 と | 身 신변 |

色은 향기로워도
언제가 가는지는
우리가 사는 이 세상
누군들 영원할까

덧없는 세상의 깊은 산
오늘을 넘기면
헛된 꿈 꾸지 않으면
취하지도 않으리

### 이가에 전해지는 닌자 문자 2

신대 문자를 이용한 닌자 문자.

| ん | わ | ら | や | ま | は | な | た | さ | か | あ |
|---|---|---|---|---|---|---|---|---|---|---|
| ゐ | り | ゐ | み | ひ | に | ち | し | き | い | |
| う | る | ゆ | む | ふ | ぬ | つ | す | く | う | |
| ゑ | れ | ゑ | め | へ | ね | て | せ | け | え | |
| を | ろ | よ | も | ほ | の | と | そ | こ | お | |

### 그 밖의 닌자의 암호

| 결승 | ➡ | 줄을 묶는 방법으로 의미를 전달하는 암호. |
|---|---|---|

| 오색미 | ➡ | 쌀알을 다섯 가지 색깔로 물들여서 그것을 지면 등에 뿌리는 암호. |
|---|---|---|

### 관련 항목

● 이가 닌자 → No.009

# 쿠노이치술

## Arts of Kunoichi

「쿠노이치(くのいち)」란 여닌자를 표현한다고 한다. 이것은 「여(女)」라는 한자가 「쿠(く)」, 「노(ノ)」, 「이치(一)」로 만들어지기 때문이라는 것이다. 그리고 「남(男)」은 「타지카라(たぢから)」라고 한다. 「타(田)」, 「치카라(力)」로 만들어지기 때문이다.

## ● 실은 여닌자만 표현하는 것은 아니다

「쿠노이치(くのいち)」는 여닌자를 표현하는 용어이기도 하지만, 다른 의미도 있다. 성(性)을 사용하는 인술도 「쿠노이치」라고 한다.

이때 성애(性愛)를 다루는 여자가 꼭 닌자여야 할 필요는 없다. 좋은 매춘부를 소개한다면서 매춘부에게 데려가고는, 술을 먹이면서 정보를 캐내는 것도 충분히 쿠노이치술이라고 할 수 있다.

또한 성애를 다루는 인술이라고 해도 꼭 여자만 사용하는 것은 아니다. 전국시대부터 에도시대에 걸쳐서는 남색(남자끼리의 사랑)도 성행해서 미소년이 선호의 대상이 되었다. 특히 무사는 여자를 데리고 갈 수 없었던 전장의 파트너로 시동(小姓, 옛날 귀인 곁에서 시중을 들던 아직 관례를 치르지 않은 소년-역자 주)을 데리고 가는 자도 많았다. 오다 노부나가의 시동이었던 모리 란마루는 유명하다. 이 때문에 남색이 취향인 상대라면 여자가 아니라 예쁜 남자를 사용했던 쿠노이치술(くのいちの術)도 있을 수 있다.

쿠노이치의 이점은 오오쿠나 오쿠(오오쿠는 쇼군의 아내가 있는 곳. 오쿠는 다이묘나 하타모토의 아내가 있는 곳), 유곽(遊郭)이나 여승방(尼寺) 등의 남성이 출입할 수 없는 장소에 출입할 수 있다는 점이다.

쿠노이치 자신의 술법은 서툴러도 남자 닌자가 잠입을 도와주는 것 정도라면 할 수 있기 때문에 그런 방식도 사용되었다.

그 대신 결점도 있다. 적과 정을 나누는 일이 많다 보니 적에게 반해서 배신하는 경우도 있기 때문이다. 『만천집해』에서도 「쿠노이치는 그 마음은 잔망하고 지혜나 말솜씨도 얄팍하다」며 혹평하고 있다.

여기서 대책으로 쿠노이치의 연락원으로 쿠노이치가 배신하지 않을 상대(친형제나 남편 등)를 준비해둘 필요가 생긴다. 다시 말해 쿠노이치마다 따로 연락원을 준비해두지 않으면 안 되기 때문에 첩보망을 만들 때에는 효율이 떨어진다.

# 쿠노이치술의 이모저모

| 쿠노이치술이란? | 여닌자를 사용한 인술, 또는 성(性)을 사용한 인술. |
|---|---|

## <여닌자를 사용한 술법>

**장점** 오오쿠, 유곽이나 여승방 등의 남성이 출입할 수 없는 장소에 출입할 수 있다.

**단점** 적과 정을 나누는 일이 많다 보니 적에게 반해서 배신하는 경우도 있다.

➡ 연락원으로 쿠노이치가 배신하지 않는 상대를 준비한다.

## 은사술

여닌자를 하녀 등으로 잠입시켜두었다가 밖에서 들어오는 짐 속에 닌자를 잠복시킨다.

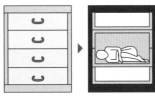

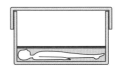

옷장 서랍의 위아래를 뒤바꿔서 인간이 몸을 웅크리고 숨는다. 잠입 후에는 서랍을 올바른 위치로 되돌리면 인간이 들어 있는 것처럼 보이지 않는다.

이중 바닥으로 된 장궤의 바닥에 숨는다. 이것도 닌자가 나온 뒤에는 이중 바닥을 아래로 내려두면 알 수 없다.

## <성을 사용한 술법>

| 포인트 1 | 성애를 다루는 여자가 꼭 닌자일 필요는 없다. |
|---|---|

➡ 매춘부에게 데려가고는, 술을 먹이면서 정보를 캐내는 것도 충분히 쿠노이치술이다.

| 포인트 2 | 꼭 여자를 사용하는 것은 아니었다. |
|---|---|

➡ 남색이 취향인 상대라면 여자가 아니라 예쁜 남자를 사용하는 것도 가능하다.

## 쿠노이치술

미인계로 기분을 좋게 만든 뒤 다양한 이야기를 캐내는 수단은 오랜 옛날부터 전 세계에서 사용되었다.

물론 닌자도 이 수법을 사용한다. 마음에 안식을 느낄 때 인간은 관계없는 사람에게 품고 있는 비밀을 말하고 싶어 한다. 유곽의 창녀 등 일반적으로 무관계한 인간이 좋은 예다.

### 관련 항목
● 만천집해 → No.054

## No.089

# 보행법

**Walking of Ninja**

닌자는 산길이나 숲속 등의 고르지 못한 땅을 장거리에 걸쳐, 그것도 가능한 한 빠르게 걸을 필요가 있다. 왜냐하면 적에게 발견되지 않고 빨리 보고를 올려야 하기 때문이다.

## ● 닌자의 빠른 보행속도

닌자가 걷는 방법은 독특한 면이 있다. 이것은 고속으로 장거리를 걸을 필요가 있기 때문이다. 일설에 의하면 닌자의 걸음은 1각(2시간)에 6리(24km), 다시 말해 시속 12km나 되는, 보통 사람의 3배 속도로 걸어 다니며 하루에 40리(120km)나 이동할 수 있었다고 한다.

그 속도는 가슴에 스게가사(菅笠)를 대고 걸으면 앞에서 오는 풍압으로 떨어지지 않을 정도다. 단지 자전거보다도 조금 느린 속도여서는 스게가사가 떨어지지 않을까 하는 의문이 든다.

문제는 이 속도가 정말로 가능했나 하는 점이다. 현대의 마라톤 선수가 시속 20km 이상으로 2시간 동안 계속 달리는 것(취미로 하는 마라톤 선수라도 시속 20km 정도는 낸다)을 생각하면 불가능은 아니다.

트라이애슬론 선수를 생각하면 하루에 120km도 무리는 아니다.

단지 낡아빠진 짚신이나 각반으로 영양가 높은 음식도 먹지 못했던 닌자들이 당연한 듯이 할 수 있었는지를 생각해본다면 의심스러울 수밖에 없다.

다만 어디까지나 닌자의 선전 문구이기 때문에 닌자 동료 중에서도 가장 발이 빠르고 멀리까지 달릴 수 있는 닌자의 능력을 흡사 누구나 할 수 있었던 듯이 과대광고한 것이라고 생각해본다면 타당한 기록이라고 할 수 있을 것이다.

달리는 방법은 다음과 같다.

우선 종이를 여덟 번 접어서 어금니로 꽉 깨문다. 이 종이를 역지(力紙)라고 부른다. 그리고 자신의 발밑을 보면서 종종걸음으로 움직이며 코로 숨을 쉬면서 달리면 장시간 빠르게 달릴 수 있었다고 한다. 코가 바람을 맞으면 쉽게 지친다는 것이다.

코로 숨을 쉬는 이유는 지금 시점에서도 올바르다. 종종걸음으로 발을 그다지 올리지 않으면서 달리는 것은 마라톤 보법과는 다르지만 초장거리를 달리는 데는 유효하다.

## 닌자의 보법

닌자는 얼마나 걸었을까?

**2시간에 24km, 하루에 120km나 이동할 수 있었다고 한다.**

현대 마라톤 선수는 톱 러너가 아니더라도 시속 20km 정도로 2시간은 달릴 수 있다.

시속 12km는 보통 사람의 3배 속도! 그것을 10시간이나 버텨야 한다!

모든 닌자가 아니더라도 가장 발이 빠른 자의 기록이라고 생각하면 납득할 수 있는 속도.

**<닌자가 걷는 방법>**

얼굴은 아래를 향한다. 턱이 가슴에 닿을 정도로.

오른손과 오른발을 동시에 앞으로 내밀며 다음에는 왼손과 왼발을 앞으로 내민다.

발은 그다지 올리지 않으며 걷는다.

## 호흡 훈련

**정식법**
코끝에 솜 부스러기를 붙이고 숨을 쉰다. 단, 이때 솜 부스러기가 움직여서는 안 된다. 숨소리를 조용하고 일정하게 하는 훈련으로, 인간은 일정한 소리가 나는 경우 그것을 무시해버리는 경향이 있기 때문이다.

# 도약훈련법

## Jumping Training

닌자는 벽이나 담장, 돌담이나 구덩이 등을 뛰어넘기 위해 점프력도 필요하다. 그래서 점프력을 단련하기 위한 훈련을 하는 것이지만, 이 유명한 훈련법에 의문이 생긴다.

## ● 삼베 이야기의 진위

닌자의 훈련으로 잘 알려진 것이 삼베의 씨앗을 뿌리고 그것이 자라면 그 풀을 뛰어넘는다는 훈련이 있다. 삼베는 점점 자라나기 때문에 이에 맞춰 훈련함으로써 높이 점프할 수 있다는 것이다.

하지만 여기에는 큰 의문이 있다. 확실히 삼베는 높이 자라는 풀로 2m 이상이나 자란다. 하지만 삼베는 한해살이풀로 가을에는 시들고 만다. 다시 말해 닌자는 불과 반년 만에 2m나 되는 높이를 뛰어넘어야 한다. 게다가 그 풀은 가을에 시들기 때문에 이듬해에는 기록이 남지 않는다. 그리고 다시 싹부터 시작해 뛰는 연습을 하게 된다. 이래서는 의미가 없기 때문에 이 이야기는 허구라는 말이 나오게 되었다.

하지만 이것은 삼베라는 식물을 좁은 의미로 생각하기 때문에 발생하는 오해다. 옛 일본에서는 섬유를 채집할 수 있는 식물을 폭넓게 삼베라고 불렀다. 그중에서도 널리 재배되었던 모시풀(苧麻)은 높이 1~2m나 되는 여러해살이풀이다(전국시대의 재배기술이라면 1.5m가 고작일 것이다). 다시 말해 2~3년 동안 1.5m를 뛰어넘는다고 생각한다면 타당한 훈련목표일 것이다.

참고로 닌자는 멀리뛰기로 3간(5.4m), 높이뛰기로 9척(2.7m)를 뛰어넘었다고 한다. 멀리뛰기 세계 기록이 8.95m라는 점을 생각하면 멀리뛰기로 3간은 가능할 것 같다. 하지만 높이뛰기의 세계기록이 2.45m라는 점을 생각하면 높이뛰기로 9척은 이상한 수치다. 하지만 이것은 닌자의 「뛰어넘기」를 오해하기 때문에 발생하는 의문이다.

닌자는 스포츠맨이 아니기 때문에 경기와 같이 아래의 바에 스치지 않고 뛰어넘을 필요는 없다. 멀리뛰기는 건너편의 벼랑에 매달릴 수 있으면 되며, 높이뛰기는 지붕에 손이 닿아 기어 올라갈 수 있으면 된다고 생각한다면 매우 안정적인 수치라 할 수 있다.

## 삼베를 뛰어넘는 훈련

삼베를 뛰어넘는 훈련법이라고 알려져 있지만…

<삼베의 성장>

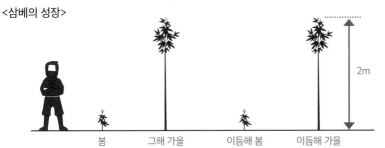

삼베는 한해살이풀로 가을에는 높이가 2m나 된다. 이래서는 훈련이 따라가질 못한다. 또한 이듬해에는 다시 처음부터 자라기 때문에 훈련이 성립되지 않는다.

삼베가 아니라 모시풀이라면…

<모시풀의 성장>

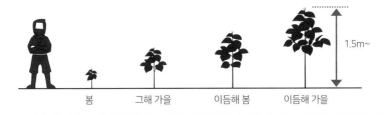

모시풀은 여러해살이풀로 가을에는 1m 정도, 이듬해에도 조금씩 자라기 때문에 훈련이 성립된다.

## 닌자의 「뛰어넘기」

닌자는 멀리뛰기로 5.4m, 높이뛰기로 2.7m를 뛰어넘었다!
하지만 여기서 말하는 「뛰어넘기」는…

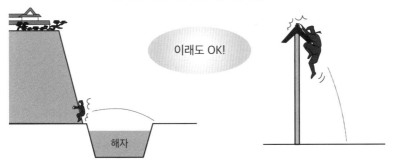

이래도 OK!

해자

# 구자

> 창작작품인 닌자물에서는 닌자가 수수께끼의 주문을 외치며 초절기를 반복하는 장면을 몇 번이나 볼 수 있었다. 실제 닌자도 주문 같은 것을 외우는 경우가 있었다.

## ● 닌자의 주문?

닌자가 외웠다고 전해지는 것은 「구자(九字)」라고 부르며 정신통일만이 아니라 악령퇴치(惡靈退散)·원적조복(怨敵調伏)·기원성취(祈願成就)와 같은 것에 효과가 있다고 전해진다.

구자는 「임병투자개진열재전(臨兵闘者皆陣烈在前)」의 아홉 문자로 이루어진다(「진(陣)」이 「진(陳)」이 되거나 「열(烈)」이 「열(列)」이 되는 등 유파에 따라 문자의 차이가 있다). 그리고 문자마다 결인(結印)이라고 부르는 손가락으로 짜는 인(印)이 정해져 있다.

다시 말해 정식 구자는 한 문자를 발음할 때마다 손가락으로 결인을 맺으며, 9문자 9결인을 한다.

하지만 급할 때 이것을 할 틈이 없는 경우도 있다. 이 경우에는 오른손을 도인(刀印)이라는 형태로 종횡종횡으로 공중에 번갈아 가며 선을 긋는다. 이것을 「조구자(早九字)」라고 한다.

참고로 인술의 구자는 도교의 구자의 주법과 밀교(密敎)의 인(印)이, 수험도에 이르러 조합되어온 것이다. 이것이 수험도에서 인술로 도입되었다. 인술과 수험도는 산악을 지반으로 한다는 점에서 공통점이 많다. 닌자의 수행장이라고 불리는 장소는 대부분 모든 수험도의 수행장이기도 하다. 인술 육성 수행법의 몇 할 정도는 수험자의 수행에서 왔다는 말도 있다.

현실주의자인 닌자가 신이나 부처를 어떻게 생각했는지는 자료에 남아 있지 않다. 단지 같은 시대의 무사들이 어떻게 생각했는지는 자료가 남아 있다. 이에 따르면 신이나 부처가 터무니없는 대기적을 일으킬 거라고는 믿지 않았던 것 같지만, 지고 싶지 않은 전투에서 신과 부처에 기도함으로써 다소나마 승률이 오를 거라는 믿음 정도는 있었던 모양이다. 닌자도 큰 차이는 없었을 것으로 생각된다. 그런 의미에서 구자는 닌자의 마음을 진정시키고 술법을 성공시키는 데 도움이 되었던 것이다.

## 없는 것보다는 낫다

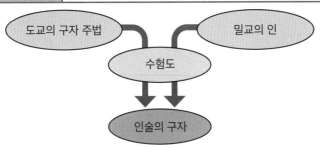

| 구자란? | 닌자가 외웠다고 전해지는 주문. 정신통일·악령퇴치·원적조복·기원 성취에 효과가 있다고 전해진다. |

도교의 구자 주법

밀교의 인

수험도

인술의 구자

· 주문은 「임병투자개진열재전」의 아홉 문자(유파에 따라 문자의 차이가 있다).
· 한 문자를 발음할 때마다 손가락으로 결인을 맺는다.

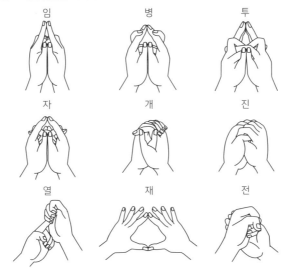

임　　　　　　병　　　　　　투

자　　　　　　개　　　　　　진

열　　　　　　재　　　　　　전

· 급할 때는 도인으로 공중에서 선을 긋는 「조구자」를 한다.

도인

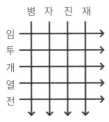

병 자 진 재

임
투
개
열
전

선은 옆에서 세로, 가로로
번갈아 가며 긋는다.

193

# 카토 단조

카토 단조는 전국시대에 있었다고 전해지는 닌자다. 상급닌자는 아니고, 체술로써 수행하는 일개의 하급닌자에 지나지 않았지만, 그 술법이 뛰어났기에 『날으는 카토(飛び加藤)』라고 불리며 지금까지도 이름이 남아 있다.

그의 태어난 해나 죽은 해는 정확히는 알 수 없지만, 이것은 닌자라면 평범한 일이다. 『오우미여지지략(近江與地志略)』이라고 하는 에도 시대에 쓰인 지지(地誌)에 의하면 『에이로쿠(1558년~1570년)쯤, 솔개 카토(鳶加藤)라는 자, 최고 명수의 이름 있다』라는 문구가 있기 때문에 전국시대 중반의 닌자라는 사실을 알 수 있다. 오다 노부나가가 오와리를 통일하고 타국을 치기 위해 나가려고 했던 시대가 카토 단조의 활약 시대다.

그 이름대로 가벼운 몸놀림으로 뛰어났다고 하지만, 환술 또한 달인이었다고 전해진다. 카토는 나름 활약을 하는 닌자였던지, 각지의 다이묘에게 자신의 실력을 팔러 갔다.

이때 처음으로 간 곳이 우에스기 켄신의 거처. 여기서 단조는 다음과 같은 술법을 보였다.

생화술(生花の術) : 땅에 씨앗을 뿌리면 순식간에 자라나 꽃을 피운다.
탄우술(呑牛の術) : 커다란 입을 벌려 다 큰 소를 집어삼킨다.

이러한 술법을 보여준 뒤 켄신에게 임관을 청했다. 켄신은 나오에 야마시로카미의 저택에서 칼을 빼앗아보라며 명령했다. 나오에 야마시로는 단조의 침입에 대비해 정원에 번견을 풀어놓고 경호 무사를 늘려 기다리고 있었다. 하지만 단조는 번견을 독살하고 파수꾼을 잠재웠으며 칼을 빼앗은 김에 시종인 처자까지 등에 업은 채 납치해왔다.

다른 이야기에서는 빼앗아 온 칼은 나오에 야마시로카미의 저택이 아니라 적대했던 다른 다이묘의 것이었다고 되어 있다. 하지만 지나친 힘은 의심을 부른다. 켄신은 단조를 살려두어서는 안 된다고 생각했지만, 그것을 알아챈 단조는 도망치고는 이번에는 타케다 신겐의 거처에 방문했다.

신겐은 1간반(3m 정도)나 되는 높은 담장을 만든 뒤 그 너머에는 창을 겨눈 병사를 다수 세워놓고는 단조에게 담장을 뛰어넘어보라고 명령했다. 단조는 손쉽게 담장을 뛰어넘었지만, 그 너머에 있는 창을 보고는 도중에 방향을 바꿔 돌아왔다.

신겐은 그 수상한 기술을 보고는 츠치야 헤이하치로(바바 노부하루라는 설도 있다)에게 명령해서 단조를 죽였다고 한다. 뒷간에 들어갈 때 죽였다는 이야기도 있지만, 사실인지 아닌지는 알 수 없다. 다만 뒷간은 확실히 인간이 방심하기 쉬운 장소이기 때문에 단조라고 해도 방심했을지도 모른다. 단조가 살해당한 시기는 1569년이라고 전해지지만, 이것이 사실이라면 드물게 죽은 해를 알 수 있는 닌자가 된다.

이 이야기는 지어낸 것으로 추측된다. 하지만 유난히 뛰어난 한 명의 닌자보다도 비슷한 실력의 닌자 다수를 체계적으로 운용하는 쪽으로 시대는 변해가고 있었다. 기술이 너무 뛰어났기 때문에 그 풍조에 미처 따라가지 못했던 닌자의 비극이라고 볼 수도 있을 것이다.

# 제 4 장
# 창작 속의
# 닌자들

# 가부키의 닌자들

## Ninjas in Kabuki

에도 시대, 화려한 흥행과 함께 시작된 가부키의 종목에는 다양한 닌자가 등장한다. 말도 안 되는 기술을 사용하며, 은밀히 비밀을 찾아낸다. 지금의 슈퍼 스파이와 같이 닌자는 활약했다.

## ● 가부키의 닌자

가부키뿐만 아니라 에도 시대의 창작작품에는 「닌자」로 등장하는 캐릭터는 없다. 하지만 그 행동·기술로 보았을 때 닌자로 추측되는 캐릭터라면 잔뜩 존재한다.

가부키의 『가라선대추(伽羅先代萩)』에서는 닛키 단죠라는 캐릭터가 쥐로 변해서 두루마리를 훔쳐낸다. 닌교죠루리(人形浄瑠璃)의 같은 작품 속에서는 히타치 노스케 쿠니오라는 배역명으로 바뀌어 있다.

마찬가지로 『천축덕병위한신(天竺徳兵衛韓噺)』에서는 좌두(座頭, 맹인 안마사)로 변장했던 주인공 토쿠베에가 하야카와리(早変わり)로 한순간에 옷을 갈아입는 등 인술 같은 행동을 한다.

또한, 닌자라는 이름은 아니지만, 「슷파」라면 많은 서적에서 등장한다.

『북조오대기(北条五代記)』나 『관팔주고전록(関八州古戦録)』 등의 전쟁 서사시에서는 요즘 말로 게릴라전이라 할 수 있는 **비정규전**을 하는 슷파가 등장한다. 군량·병량·식량을 불태우거나 적 요새에 잠입해서 후방을 교란하는 등, 군사가 쓰려는 술수에는 반드시 슷파의 활약이 필요했다.

쿄겐(狂言)에서 등장하는 슷파는 닌자라기보다 도적 역할로 등장하는 경우가 많다. 『육지장(六地蔵)』에서는 주인공이 등장하면서 「실례하오. 소생, 수도에 살고 있는 대슷파라 하오」라며 허세를 부린다. 물론 코미디이기 때문에 주인공은 마을 사람을 속이고 돈을 빼앗으려고 하지만, 최선을 다했음에도 실패한다는 역할이다.

마찬가지로 『여산적(女山賊)』에서는 여자를 협박해서 돈을 갈취하려고 하는 슷파가 허리에 찬 칼을 빼앗기며 동시에 돈과 옷도 몽땅 빼앗긴다는 이야기다.

가부키의 슷파는 개그 메이커에 지나지 않는 것 같다.

## 가부키의 닌자는 슈퍼 스파이

가부키에서는 「닌자」로는 나오지 않지만, 닌자 같은 활약을 하는 캐릭터가 다수 등장한다.

닛키 단죠

작품 　가라선대추

· 쥐로 변해서 두루마리를 훔쳐낸다.
· 닌교죠루리에서는 히타치 노스케 쿠니오라는
　배역명으로 바뀌어 있다.

토쿠베에

작품 　천축덕병위한신

· 하야카와리로 한순간에 옷을 갈아입는 등 인술
　스러운 행동을 한다.
· 이시카와 고에몬도 가부키에서는 수리검을 던
　지는 등 닌자로 그려져 있다.

## 쿄겐의 닌자는 당하는 역할

쿄겐의 슷파는 닌자라기보다는 도적 역할로 등장하는 경우가 많다.

『육지장』에서는

마을 사람을 속이고 돈을 빼앗으려고 하는 주인공이 「수도의 대숫파다」라며 허세를 부린다.

『여산적』에서는

여자를 협박해서 돈을 갈취하려고 하는 숫파가 허리에 찬 칼을 빼앗기면서 돈과 옷도 몽땅 빼앗겨버린다.

### 관련 항목
● 비정규전 → No.005

# 독본의 닌자들

## Ninjas in Yomi-hon

에도 시대의 서민들은 독서가 즐거움 중 하나였다. 식자율이 높은 일본에서는 독본(読本), 활계본(滑稽本), 초쌍지(草双紙) 등 읽고 싶을 때 읽을 수 있는 오락서는 지금의 만화 잡지와 같이 서민들에게 사랑받았다.

## ● 에도 시대의 라이트 노벨이나 만화책

에도 시대의 일본은 세계 제일의 식자율을 자랑하는 나라로 유럽 국가보다 훨씬 진척되어 있었다. 유럽 국가 등에서는 도서쯤 되면 고상한 문학일뿐으로, 일반 서민의 오락소설은 음유시인 등에 의한 구승 문예로만 존재했다. 하지만 일본에서는 일반서민도 글자를 읽을 수 있었기 때문에 서민을 위한 오락독본이 수요가 있었다.

그래서 태어난 것이 독본 따위의 오락소설이다.

독본(読本)은 초기에는 내용 대부분이 문자로 이루어졌으며 이야기의 주체는 권선징악이었다. 그리고 일부는 한자가 사용되었다. 이러한 책은 당시 한창 배우려는 열의를 지녔던 독자층이 즐겨 읽었다. 후기가 되자, 권두 그림이나 삽화가 중요해지면서 누가 삽화를 그렸는가에 따라 판매량이 달라지는 등 현대 라이트 노벨과 다르지 않은 양상을 보였다.

활계본(滑稽本)은 회화가 주체인 소설로 독본보다 읽기 쉬워서 일본 전국에 널리 퍼졌다. 회화가 많았다는 점 등 내용 면에서는 이쪽이 라이트 노벨에 더 가까울지도 모른다.

초쌍지(草双紙)는 회쌍지(絵双紙)라고도 부르는 책으로 그림을 중심으로 문자가 덧붙여진 책이다. 컷 분할만 없을 뿐 지금 시대에서 말하는 만화책과 유사하다. 아동용인 적본(赤本), 성인용인 흑본(黒本)이나 청본(青本), 조금 선정적인 성향의 황표지(黄表紙) 등이 있었다.

이러한 서민의 오락소설에는 수많은 영웅이나 악당이 등장했다. 그리고 그중에는 물론 닌자도 있었다. 단, 어느 것도 닌자라고 명기되지는 않았다. 시노비의 기술을 사용하지만, 술자이거나 도적이거나 무사인 경우도 있었다.

독본 『남총이견팔견전(南総里見八犬伝)』에서 주역 중 한 명인 이누야마 도세츠는 **화둔술**(火遁の術)을 사용한다. 하지만 팔견사로서 각성하면서 술법을 버리고 만다.

초쌍지인 『지라이야 호걸 이야기(児雷也豪傑物語)』에서 **지라이야**는 두꺼비술을 사용하는 술자이며 도적이었다.

## 독본과 초쌍지

> 에도 시대에는 서민의 오락 서적이 다수 출판되었다.

### 독본

- 문자가 주체인 서적.
- 초기에는 그림이 거의 들어가지 않았다. 권선징악 이야기 등이 주체로, 일부만 한자가 사용되는 등 당시 한창 배우려는 열의가 있던 독자가 타깃.
- 후기가 되자, 권두 그림이나 삽화가 중요해졌으며, 누가 삽화를 그렸는가에 따라 판매량이 달라질 정도였다.

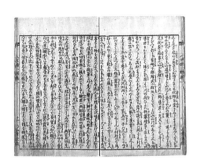

### 활계본

- 회화가 주체인 소설. 독본보다 읽기 쉬워서 일본 전국에 널리 퍼졌다

### 초쌍지

- 그림을 중심으로 문자가 덧붙여진 책. 회쌍지라고도 부른다.
- 아동용인 적본. 성인용인 흑본이나 청본, 조금 선정적으로 치우친 황표지 등이 있었다.

**수많은 영웅이나 악당이 등장했으며 그중에는 물론 닌자(틱한 캐릭터)도 있었다. 단, 닌자라고 「명기」되지는 않았다.**

## 닌자 캐릭터

**이누야마 도세츠**

작품 ) 남총이견팔견전(독본)
- 이야기의 8명의 주인공 중 한 명. 화둔술을 사용하지만 팔견사로서 각성하면서, 술법은 비겁하다며 버리고 만다.

**지라이야**

작품 ) 지라이야 호걸 이야기(초쌍지)
- 두꺼비술을 사용하는 술자이며 도적.

## 관련 항목

● 둔법 화둔술 → No.063

● 지라이야 → No.097

# 타츠카와 문고의 닌자들

## Ninjas in Tatsukawa-bunko

1910년~1920년대 초에 걸쳐 상가의 견습생 등이 널리 읽었던 것이 타츠카와 문고다. 12.8cm×9.3cm×1cm 정도의 작은 문고로 당시 소년들에게 꿈을 준 책이다.

## ● 닌자 소설의 탄생

타츠카와 문고(立川文庫)는 오사카의 타츠카와문명당(立川文明堂)이라는 작은 출판사가 소년을 대상으로 시작한 소형서적 시리즈다. 이 판형은 당시 고전을 메인으로 삼았던 타사의 슈친 문고(袖珍文庫)에 맞춘 것이었다고 한다.

하지만 소년 지향에 내용을 재미있게 만든 타츠카와 문고는 1911년부터 1923년까지 200권 이상이나 출판될 정도로 붐을 일으켰다.

타사도 모방하여 무사도 문고(武士道文庫), 사담 문고(史談文庫), 영웅 문고(英雄文庫), 인술 문고(忍術文庫), 모험 문고(冒険文庫) 등 비슷한 책들이 대량으로 나왔다.

타츠카와 문고의 제1편은 『제국만유일휴선사(諸国漫遊一休禅師)』이며 그 후에도 전기물 이나 야담(講談) 등을 중심으로 출판했다. 하지만 점점 소재가 고갈되어가면서 오리지널 이야기를 만들어야 할 상황에 봉착하게 된다.

그리고 제40편으로 발매된 것이 1914년에 나온 『사루토비 사스케(猿飛佐助)』였다. 이 시절에는 야담 등의 원작은 다 써버린 상태였고, 『사나다 유키무라(真田幸村)』에서 이름 만 나왔던 사루토비 사스케에 『서유기』의 손오공 이미지를 더한 캐릭터를 만들었다.

그때까지 권선징악의 형태 그대로였던 소설이 많았던 타츠카와 문고에서, 밝고 자유 로운 사루토비 사스케는 매력적이었다. 이 때문에 속편을 요구하는 목소리가 높았다.

사루토비 사스케에 키리가쿠레 사이조, 유리 카마노스케가 추가된 사나다 3용사가 만들어졌다. 그래도 영웅의 수가 부족해지자 타사의 비슷한 책에서 여기에 더해 사나 다 7용사, 마지막에는 사나다 10용사로 점점 늘어났다.

물론 인기가 많았던 사루토비 사스케도 『원비만유기(猿飛漫遊記)』, 『원비남해만유(猿飛南 海漫遊)』, 『원비강호탐(猿飛江戸探)』, 『원비동북만유(猿飛東北漫遊)』로 계속해서 속편이 나왔다.

이렇게 타츠카와 문고의 붐이 찾아왔다.

## 타츠카와 문고의 닌자들

| **타츠카와 문고란?** | 타츠카와문명당이라고 하는 작은 출판사가 소년을 대상으로 시작한 소형 서적 시리즈 |
| --- | --- |

· 1911년부터 1923년까지 200권 이상이나 출판될 정도로 붐을 일으켰다.
· 타사도 모방하여 비슷한 책들이 대량으로 나왔다.

· 타츠카와 문고에서 제40편으로 1914년에 발매.
· 같은 문고의 『사나다 유키무라』에서 이름만 나왔던 사루토비 사스케에 『서유기』의 손오공 이미지를 더해 만들어진 캐릭터.
· 밝고 자유로운 사루토비 사스케는 매력적이었기에 이후 많은 속편이 만들어졌다.

타츠카와 문고에서는 사나다 3용사였지만 인기가 많아지면서 여기저기서 사나다 닌자책이 출판되어 사나다 7용사가 되었으며 마지막에는 사나다 10용사까지 늘어났다.

 사나다 3용사
사루토비 사스케
키리가쿠레 사이조
유리 카마노스케
……▶  사나다 7용사
사루토비 사스케
키리가쿠레 사이조
유리 카마노스케
미요시 세이카이 뉴도
미요시 이사 뉴도
아나야마 코스케
카케이 쥬조
……▶ 사나다 10용사

## 사나다 삼대기와 사나다 10용사

『사나다 삼대기(真田三代記)』란 에도 말기의 야담에서 사나다 일족의 전투를 그린 소설이다. 특히 사나다 노부시게(유키무라)를 영웅으로 그리고 있다.

| 사루토비 사스케 | 『사나다 삼대기』의 이본(異本)에 이름만 존재하고, 성격이나 언동은 전부 가공의 것. 닌자지만 밝은 성격으로 통쾌한 활약을 하였다. 소년들에게 인기가 많았다. |
| --- | --- |
| 키리가쿠레 사이조 | 『사나다 삼대기』에 키리가쿠레 시카에몬라는 이름만 등장한다. 냉혹한 닌자. |
| 미요시 세이카이 뉴도 | 오사카 여름의 진에 미요시 세이카이라는 인물이 참전했고. 미요시 마사야스의 후배라고도 전해진다. 다만 그 활약은 전부 가공의 것. 호쾌한 승병으로 닌자는 아니다. 이 때문에 사루토비 일행의 인술에 깜짝 놀라는 경우가 많다. |
| 미요시 이사 뉴도 | 오사카 여름의 진에 도쿠가와 측으로 참전했던 미요시 마사카츠(당시 미요시 이산이라는 이름을 사용)가 모델로, 세이카이의 동생. 다만 사나다 가문과는 아무런 관계도 없다. |
| 아나야마 코스케 | 『사나다 삼대기』에 등장하는 아나야마 코스케가 모델. 아나야마는 타케다 가문의 신조 쿠슈에 존재했던 이름. 창의 명수라고 알려져 있다. |
| 운노 로쿠로 | 『사나다 삼대기』에 운노 로쿠로베에 토시카즈라는 이름으로 등장한다. 운노는 시나노의 명가로 사나다의 본가에 해당한다. 머리가 좋아 참모격인 인물. |
| 카케이 쥬조 | 사나다 가문을 섬겼던 실재 무장. 카케이 쥬베에가 모델로 알려져 있다. 타네가시마(조총)의 명수. |
| 네즈 진파치 | 『사나다 삼대기』의 네즈 진파치, 더 거슬러 올라가면 실존 무장 네즈 사다모리가 모델로 알려져 있다. |
| 모치즈키 로쿠로 | 『사나다 삼대기』의 모치즈키 우자에몬 유키타다가 모델. 모치즈키는 시나노의 명가. 폭탄 제조 등을 했다. |
| 유리 카마노스케 | 『사나다 삼대기』의 유리 카마노스케가 모델. 쇄겸과 창의 명수. |

**관련 항목**
● 사루토비 사스케 → No.098
● 키리가쿠레 사이조 → No.099

# 후타로의 인법첩

## Ninpo-cho by Futaro

일본의 창작사를 보면 몇 번인가 닌자 붐이 일어났다. 그중에서 1955년대에 일어난 인법첩 붐의 주역은 틀림없이 야마다 후타로이며, 그 일련의 작품을 「후타로의 인법첩(風太郎忍法帖)」이라고 부르고 있다.

## ● 에로틱 + 그로테스틱

야마다 후타로가 창작 속의 닌자물에 쌓은 공적은 크게 세 가지 있다.

첫 번째는 「인술(忍術)」이 아닌 「인법(忍法)」이라는 말을 만들어낸 것이다. 후타로의 인법은 완전히 공상의 것으로 이 때문에 「마법」을 떠올리게 하는 「인법」이라는 말을 만들어낸 것인지도 모른다. 그리고 그 인법을 기록한 것에 「인법첩(忍法帖)」이라고 이름 붙였다. 후타로가 만든 닌자물의 대부분은 특히 전기는 거의 모두가 「○○인법첩」이라는 제목이 붙여져 있다.

그 후 후타로는 「○○인법첩」이라는 창작작품을 몇 개나 만들어냈다.

두 번째는 팀배틀물의 원조가 되었다는 점이다. 후타로의 인법첩에서는 닌자가 적 아군 각자 팀을 만들고 있다. 그리고 그중에서 1대1(드물게 예외도 있다) 전투를 반복하며 승패를 겨룬다. 이러한 형식의 이야기는 그때까지 존재하지 않았기 때문에 독자에게 신선한 느낌으로 다가왔다. 그리고 이 영향은 닌자물에 그치지 않았다.

지금의 만화에서 쉽게 볼 수 있는 초절능력을 사용하는 「팀배틀물」은 후타로의 인법첩에서 시작되었다고 봐도 좋을 것이다.

세 번째로 후타로의 인법은 에로스와 그로테스크로 점철되어 있다. 이것은 그때까지의 창작 닌자물에는 없었던 요소였으며 닌자물을 어른의 읽을거리로 만드는 효과도 있었다.

물론 1955년대의 일이기 때문에 지금 시점에서 보자면 담백한 편이지만 당시에는 획기적인 것이었다.

이처럼 후타로의 인법첩은 큰 인기를 얻으며 훗날에도 만화화나 영상화가 몇 번이나 시도되었다. 제목으로 「인법첩」이라고 붙여진 것은 아니지만 『마계전생』이 가장 유명하다.

## 후타로의 인법첩과 대결 리스트

> 야마다 후타로의 인법첩 시리즈는 1955년대에 닌자 붐을 일으켰다.

### <야마다 후타로의 닌자 작품의 특징>

· 「인법」이라는 말을 만들어냈다.
· 1대1 전투를 반복하며 승패를 겨루는 팀배틀을 도입했다.
· 에로스와 그로테스크 요소가 들어가면서 닌자물을 어른의 읽을거리로 만드는 효과도 있었다.

| 제목 | 대결 | | |
|---|---|---|---|
| 코가 인법첩 | 코가 십인중 | 이가 십인중 | |
| 에도 인법첩 | 쇼군의 사생아 키하루 타로 | 코가 칠인 | |
| 군함 인법첩 | 히다 닌자 노리쿠라 쇼마 | 근대 병기를 사용하는 5인 | |
| 쿠노이치 인법첩 | 사나다 쿠노이치 오인중 | 이가 츠바가쿠레 오인중 | |
| 닌자 월영초 | 관부 오니와반 이가 칠인중 | 오도이시타조 코가 칠인중 | |
| 외도인법첩 | 키리시탄 쿠노이치 십오인중 | 천초당 이가 닌자 십오인중 | 장공당 코가 닌자 십오인중 |
| 인법 츄신구라 | 노토조 쿠노이치 육인중 | 노토조 십인중 | |
| 신겐 인법첩 | 사나다 닌자 사루토비와 키리가쿠레 | 이가조 칠인중 | |
| 풍래 인법첩 | 야시(香具師) 닌자와 후마 쿠노이치 칠인중 | 후마 삼인중 | |
| 야규 인법첩 | 호리몬도 유녀 칠인과 야규 쥬베에 | 아이즈 칠본창중 | |
| 인법팔견전 | 팔견사 | 이가조 쿠노이치 팔인중 | |
| 마계전생 | 야규 쥬베에 | 전생중 | |
| 마천 인법첩 | 우즈라 헤이타로, 사루토비, 모모치 | 이시카와 고에몬 | |
| 이가 인법첩 | 이가 닌자 후에후키 죠타로 | 네고로 칠천구 | |
| 시노비의 군 | 네고로조 | 이가조 | 이가조 |
| 지라이야 인법첩 | 지라이야 | 이가 무족인조 | |
| 인법검사전 | 닌자 키즈쿠리 쿄마 | 검의 기사단 | |
| 은하인법첩 | 무뢰자 육문전의 철 | 이가조 오인중과 애첩 오인중 | |
| 비희서 쟁탈 | 관부 시노비조 코가 쿠노이치 칠인중 | 이가조 칠인중 | |
| 인법봉인 지금 파괴한다 | 이가 닌자 오게마루와 쿠노이치 삼인 | 코가조 오인중 | |
| 해명 인법첩 | 미카엘 즈지마루 | 네고로 인법승 | |
| 닌자흑백초지 | 호우키 텐지로 | 치리노츠지 쿠우야 | |
| 인법쌍두의 매 | 네고로 밀정 | 이가조 | |
| 야규 쥬베에 죽다 | 야규 쥬베에 | 야규 쥬베에 | |

주 : 위는 장편만 정리. 단편도 다수 있음.

# 시라토 산페이의 닌자 만화

## Ninja Comic by Sanpei Shirato

야마다 후타로와 거의 같은 시기에 만화의 세계에서는 시라토 산페이가 나타났다. 그때까지의 닌자물과 달리, 커다란 이야기를 배경으로 한 장편 드라마에 닌자를 편입시킴으로써 창작 속의 닌자물에 새로운 바람을 불러일으켰다.

## ● 리얼한 세계의 닌자

시라토 산페이는 그때까지의 닌자 만화와 견주어 매우 리얼했다. 닌자의 전투는 역사 속에서 전투의 한 측면에 지나지 않으며 닌자만으로는 역사가 움직이지 않는다. 예를 들어 초기의 대표작 『닌자무운첩 카게마루전(忍者武芸帳影丸伝)』에서도 주인공인 카게마루는 뛰어난 닌자였지만, 그런데도 성을 빼앗은 것은 농민의 봉기로 이루어진다. 시대의 변화는 농민과 같은 서민이 일으키는 것이라는 부분이, 젊을 적의 시라토 산페이가 영향을 받은 유물사관 때문인 것으로 보는 사람도 있다.

테즈카 오사무는 소년 만화에 드라마와 리얼리티와 사상이 녹아들어간 것은 시라토 산페이의 영향이라고 주장한다.

또한 닌자에 관해서도 리얼을 추구했다. 닌자라 해도 베이면 죽는다. 물론 주인공급이 죽었을 경우, 죽은 것은 그림자라는 등의 이유를 붙여서 나중에 다시 등장하기는 하지만. 실제로 카게마루도 카무이(『카무이전(カムイ伝)』의 주인공)도 몇 번인가 죽임을 당하지만, 그때마다 죽은 것은 그림자 일족 등의 카게무샤(影武者)였다면서 재등장하고 있다.

인술만 해도 인술 하나하나에 해설을 덧붙여 인술의 원리를 설명함으로써, 인술은 마법이 아닌 기술을 펼치는 것이라며 설명하고 있다. 초절기에 대해 그냥 대단한 기술을 사용하는 것이 아니라 무언가의 원리를 붙여서 설명함으로써, 독자에게 굉장하다는 인상을 준다. 이러한 수법을 처음 시작한 것이 시라토 산페이다. 단지 그 원리 자체가 닌자의 물리적으로 불가능한 체술을 필요로 하는 황당무계한 것이었기 때문인지, 그 수법의 계승자도 원리 자체가 황당무계해도 괜찮다고 이해해버린 것 같다.

이처럼 몇 개의 획기적 수법을 이용한 시라토 산페이의 닌자 만화는 닌자물만이 아니라 만화사에 폭넓게 영향을 남기고 있다.

## 시라토 산페이의 대표작

> 시라토 산페이의 닌자만화는 드라마와 리얼리티가 도입되면서
> 닌자물만이 아니라 만화사 전반에 폭넓게 영향을 남기고 있다.

### <시라토 산페이의 닌자 만화의 특징>

· 닌자의 전투는 역사 속에서 한 측면에 지나지 않으며 닌자만으로는 역사가 움직이지 않는다.
· 닌자라 해도 베이면 죽는다. 또한, 인술 하나하나에 해설을 덧붙여서, 인술은 마법이 아니라 기술이
라며 설명하고 있다.

### <시라토 산페이의 대표작>

주인공 ┃ 카게마루

· 이가 닌자였던 사카가미 슈젠에게 빼앗긴 성주의 자식 유우키 쥰타
로를 구한 닌자 카게마루. 하지만 카게마루는 그것 이외에도 농민
들을 조직해서 무사의 지배를 쳐부수겠노라며 싸움을 계속하고 있
었다.

주인공 ┃ 사스케

· 코가 닌자 사스케는 사나다 유키무라 휘하의 코가 닌자 오자루의 자
식이다. 도요토미 잔당의 토벌을 시작한 핫토리 한조 휘하의 이가
닌자와 야규 타지노카미 휘하의 야규 닌자의 추격을 받으면서 도망
과 전투를 반복하는 생활을 보낸다.

주인공 ┃ 카무이

· 비인 촌락 출신인 카무이는 참형을 당한 쌍둥이 동생을 보며 강해지
기 위해 닌자가 된다. 하지만 결국 카무이는 탈주 닌자가 된다. 이야
기 자체는 백성인 쇼스케가 점점 주인공급으로 성장하며, 에도 시대
를 중세와 기근의 시대로 묘사하며 백성의 생활과 역사를 그린다.

· 『카무이 외전』에서는 『카무이전』에서 주인공 역할을 벗어나고 만 카
무이가 탈주 닌자가 된 뒤 이어지는 추격자와의 싸움을 그린다. 비
교적 인술의 전투를 주체로 다루고 있다.

## 관련 항목
● 인술의 기본 → No.056          ● 후타로의 인법첩 → No.095

# 지라이야

**Jiraiya**

에도 시기의 가공의 닌자(?)로 가장 유명한 것은 역시 지라이야일 것이다. 가부키나 독본, 황표지 등에서 활약한 의적이다.

## ● 3속성

지라이야는 완전히 가공의 인물로 원래는 중국 소설에 등장하는 도적이다. 도둑질을 한 곳에 「아래야(我来也, '내가 행차하였노라'라는 뜻이 있다-역자 주)」라는 메모를 남겨두었기 때문에 「가라이야」라는 이름이 붙었다고 한다. 중국에는 아래야가 실존했다는 설도 있지만, 확실치는 않다.

이 인물이 일본으로 건너오면서 「자래야(自来也, '몸소 행차하였노라'라는 뜻이 있다-역자 주)」로 바뀌면서 독본 『자래야 설화(自来也說話)』가 되었으며, 한자를 바꿔서 초쌍지의 『지라이야 호걸담(児雷也豪傑譚)』, 가부키에서는 『지라이야 호걸담화(児雷也豪傑譚話)』 등이 만들어졌다.

지라이야는 두꺼비 요술을 사용하는 의적이다. 『자래야 설화』에서는 미요시 가문의 낭인이었으며, 『지라이야 호걸담』에서는 히고의 호족이 되는 등, 작품에 따라 출신은 바뀌지만 무사의 자식이었다는 점만은 분명한 듯하다.

지라이야의 두꺼비술은 큰 두꺼비를 불러내서 그 위에 올라타거나, 자신이 큰 두꺼비로 변신하는 등 다양하지만, 가부키 등에서는 배우를 두꺼비로 변신시킬 수가 없기 때문에(기껏 미남 배우를 썼는데 얼굴이 보이지 않으면 곤란하기 때문), 큰 두꺼비에 올라타서 연기하게 되었다. 그리고 그쪽이 유명해졌기 때문에, 지금은 큰 두꺼비에 올라탄 지라이야의 모습이 일반적으로 받아들여지게 되었다.

지라이야물에는 중요한 캐릭터가 두 명 있다. 숙적이자 라이벌이라고도 할 수 있는 뱀의 요술을 사용하는 오로치마루. 아내인 민달팽이 요술을 사용하는 츠나데히메다. 이 세 사람은 유리한 상대와 불리한 상대가 있어서 이것이 3속성으로 되어 있다.

두꺼비는 민달팽이를 잡아먹는다. 뱀은 두꺼비를 잡아먹는다. 민달팽이는 뱀을 녹여버린다. 이것이 3속성으로 지라이야는 오로치마루를 이길 수 없지만, 아내인 츠나데히메의 도움으로 쓰러뜨릴 수가 있다. 3속성은 드라마를 제작할 때 편리하기 때문에 지라이야 일행을 모델로 해서 그 후에도 수많은 3속성이 만들어졌다.

# 지라이야의 출처

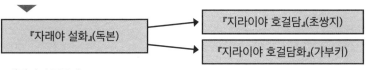

지라이야는 원래 중국 소설의 캐릭터였다.

중국 소설

· 원작에서는 도적.
· 도둑질을 한 곳에 「아래야」라는 메모를 남겨두었기 때문에 「가라이야」라는 이름이 붙었다.
· 실존했다?

『자래야 설화』(독본) → 『지라이야 호걸담』(초쌍지)

→ 『지라이야 호걸담화』(가부키)

<캐릭터의 공통점>

· 의적.
· 무사의 자식.
· 두꺼비술을 사용한다. 두꺼비술은 큰두꺼비로 변신하거나 큰두꺼비를 불러내는 등 다양하다.
· 라이벌인 오로치마루와 아내인 츠나데히메와 3속성 상태.

# 3속성도

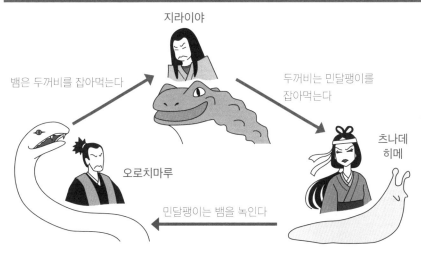

두꺼비는 민달팽이를 잡아먹을 수는 있지만, 잡아먹어 버리면 자신이 뱀에게 잡아먹힌다. 따라서 민달팽이에게 손을 댈 수가 없다.
그렇게 생각하면 오로치마루는 지라이야를 쓰러뜨릴 수는 있지만, 아내인 츠나데히메가 무서워서 손을 댈 수 없게 된다. 이야기에서도 츠나데히메를 아내로 맞아들여 오로치마루를 쓰러뜨리고 있다. 의외로 믿음직스럽지 못한 서방님이기도 하다.

관련 항목
● 가부키의 닌자들 → No.092 ● 독본의 닌자들 → No.093

# 사루토비 사스케
Saru-tobi Sasuke

오늘날 일본을 대표하는 닌자가 된 사루토비 사스케의 등장 시기는 에도 시대까지 거슬러 올라간다. 하지만 인기인이 된 것은 1910년 이후의 일이다.

## ● 타츠카와 문고의 영웅

사루토비 사스케의 이름이 나온 시기는 에도 후기다. 당시 오사카성 합전 두루마리 그림에는 사나다 유키무라 근처에 사루토비 사스케의 이름도 있다. 단, 에도 초기에는 그 이름이 전혀 나오지 않았다는 점으로 미루어 당시 **독본** 문화 등 속에서 자연히 나오게 된 이름일 것이다. 단지 그 활약은 거의 전해지지 않았다. 사나다 유키무라를 활약시켜야 하는 사정상 그 부하로서 창작된 것으로 생각된다.

그 후에도 사루토비 사스케가 등장하는 일은 있었지만, 유키무라의 부하로서 다양한 시노비 활약을 할 뿐으로 눈에 띄는 활약은 하지 않았다.

사루토비 사스케가 주인공이 된 것은 **타츠카와 문고**라는 소년을 대상으로 한 소형본이 발행되고부터다. 그 제5편에 『지모 사나다 유키무라(知謀 真田幸村)』가 출판되지만, 여기에서 사스케는 아직 유키무라의 충실한 부하에 지나지 않았다. 사루토비 사스케가 독립하는 것은 제40편에 『사나다 3용사 인술명인 사루토비 사스케(真田三勇士忍術名人 猿飛佐助)』가 발매되었을 때다. 실은 닌자를 주인공으로 한 최초의 이야기이기도 하다. 창작 닌자물은 여기서 시작된 것이다.

게다가 이 사스케는 너무나도 명랑쾌활하다. 지금까지 닌자라고 하면 그림자이며 과묵하고, 무엇을 하고 있는지 잘 알 수 없는 존재였다. 그런데 사스케로 말할 것 같으면 수다스러우며 장난을 좋아한다. 틈만 나면 도쿠가와 이에야스의 거처로 가서 상투를 잡아당기거나 머리를 때리는 등 제멋대로다. 솔직히 말해서 지금 눈으로 보면 이야기 면에서는 치졸하기만 하다. 무엇보다 사스케가 너무 전능해서 전혀 위기에 처하지 않는다. 인술도 주문을 읊는 것만으로 무엇이든 할 수 있다.

하지만 타츠카와 문고는 초중학생이나 성인이 되기 이전의 소년들이 짬을 내서 읽는 책이다. 어른이 보았을 때는 다소 부족해 보이더라도 그것은 어쩔 수 없는 일일 것이다. 사스케는 그렇게 소년들의 첫 히어로가 되었다.

## 사루토비 사스케의 출처

사루토비 사스케는 에도 후기에 창작된 캐릭터지만,
유명해진 것은 타츠카와 문고에 등장한 뒤부터다.

### 에도 후기의 오사카성 합전 그림 두루마리

· 사나다 유키무라의 곁에 사루토비 사스케의 이름이 있다.
· 에도 후기에는 그 이름이 전혀 나오지 않는다.
· 사나다 유키무라를 활약시키기 위해 만들어진 캐릭터?

### 『지모 사나다 유키무라』(타츠카와 문고)

· 유키무라의 부하로서 다양한 시노비 임무를 할 뿐, 눈에 띄는 활약은 하지 않는다.

### 『사나다 3용사 인술명인 사루토비 사스케』(타츠카와 문고)

· 닌자를 주인공으로 한 최초의 이야기.
· 수다스럽고 장난을 좋아함.
· 주문을 읊는 것만으로 무엇이든 해버리는 전능한 히어로.

**소년들에게 큰 인기를 얻으며 다양한 속편이나 다른 창작 작품 속에서 캐릭터가 확장되어갔다.**

## 사루토비 사스케의 인술

### 1. 모습을 숨긴다
인을 맺어서 주문을 읊으면 모습을 감출 수 있다. 이렇게 되면 어떠한 무사도 사스케를 찾을 수 없으며 물론 공격도 할 수 없다.

### 2. 물체 부유
작중에서는 붙잡힌 동료를 공중으로 두둥실 띄워서 구출해낸다.

### 3. 암살
모습을 숨긴 채로 상대의 목을 떨어뜨린다. 어쩌면 투명한 상태로 칼을 휘두르는 걸지도 모른다.

### 4. 첩보
모습을 지울 수 있기 때문에 도쿠가와 측의 군사 회의에 나가서 작전을 전부 엿들어버린다. 물론 그 정보는 사나다 유키무라에게 알린다.

관련 항목
● 독본의 닌자들 → No.093          ● 타츠카와 문고의 닌자들 → No.094

# 키리가쿠레 사이조

## Kiri-gakure Saizo

타츠카와 문고에서 사루토비 사스케와 콤비를 짜는 닌자 영웅이라 하면 키리가쿠레 사이조를 들 수 있다. 사루토비 사스케가 밝고 명랑한 캐릭터인 데 비해 사이조는 무정하며 냉혹한 캐릭터다.

## ● 멋진 닌자

에도 시대에 나온 『사나다 삼대기』라는 야담이 있다. 여기에는 키리가쿠레 카에몬이라는 닌자가 등장한다. 이 카에몬을 모델로 **타츠카와 문고**가 창작한 것이 키리가쿠레 사이조다. 타츠카와 문고 제55편 『사나다 3용사 인술명인 키리가쿠레 사이조(真田三勇士忍術名人 霧隠才蔵)』의 주인공으로 유키무라 부자를 구해주면서 활약한다.

키리가쿠레 사이조는 닌자이기는 하지만, 같은 시대의 무사이기도 하다. 왜냐하면 주군인 사나다 유키무라의 사자로서 다른 무장의 거처로 가는 일도 있기 때문이다. 이러한 점은 순수한 닌자인 **사루토비 사스케**와는 다르다.

성격도 반대다. 밝고 느긋하며 그다지 깊게 생각하지 않는 사스케와 견주어, 머리도 좋으며 언변도 우수한 사이조. 자신의 능력도 잘 알고 있다.

무사 두 명과 싸울 때는 인술을 사용하며 싸운다. 「비겁하다」는 말을 들어도 「정정당당하게 싸워서는 이쪽이 진다. 이것이 내 본직이다」라며 받아친다. 무사와 닌자가 정면에서 싸워봤자 불리하다는 사실을 제대로 이해하고 있다.

그렇다고는 해도 사이조도 닌자이기는 해서 자유롭게 모습을 감출 수 있다는 점은 사스케와 마찬가지다.

타츠카와 문고의 설정에서는 고슈(시가현) 출신으로 멸망한 아자이 가문의 무사대장 키리가쿠레 단죠자에몬의 적자다. 아자이 가문이 멸망할 때 이가로 무사히 달아났다. 15살이 되었을 때부터 모모치 산다유에게 인술을 배운 것으로 되어 있다. 다시 말해 사이조는 **이가 닌자**다. 사나다 인군이 토가쿠시(戸隠)의 닌자라는 점을 생각해보면, 사이조만이 인술의 계통이 다른 것이다.

이 때문인지 다른 닌자와 팀을 짜서 임무를 하는 일은 드물고 혼자 활동하는 일이 많다. 각자의 인술의 비기를 보이고 싶지 않기 때문일지도 모른다. 단지 무사로서 싸울 때는 미요시 세이카이 등과 손을 잡고 활약하는 일이 많다.

## 키리가쿠레 사이조의 출처

> 키리가쿠레 사이조는 야담의 닌자를 토대로 타츠카와 문고에서 창작된 캐릭터.
> 사루토비 사스케와 쌍을 이룬다.

### 『사나다 삼대기』(야담)

· 에도 시대에 성립.
· 키리가쿠레 카에몬이라는 닌자가 등장.

### 『사나다 3용사 인술명인 키리가쿠레 사이조』(타츠카와 문고)
· 사나다 마사유키, 유키무라 부자를 구해주면서 활약.
· 아자이 가문의 무사대장 키리가쿠레 단조자에몬의 적자라는 훌륭한 무사.
· 15살이 되었을 때부터 모모치 산다유에게 인술을 배운다.
· 머리가 좋으며 무정하고 냉혹한 캐릭터.
· 다른 닌자와 팀을 짜서 임무를 하는 일은 드물고 혼자 활동하는 일이 많다.

**사루토비 사스케와 좋은 대조를 이루는 캐릭터. 사스케와 콤비로서 정착되었다.**

## 키리가쿠레 사이조의 인술

### 1. 모습을 숨긴다
사나다 마사유키가 자식 노부유키의 아내에게 사이조를 사자로 보낸다. 20명의 병사에게 둘러싸인 사이조는 모습을 감추고는 도망친다.

### 2. 비를 부른다
모모치 산다유의 곁을 떠날 때 저택에 불이 붙기 시작한 것이 보였다. 스승이 자신을 시험하고 있는 것이라고 여긴 사이조는, 구자를 그으며 주문을 외우자, 하늘이 갑자기 흐려지고는 거센 비가 내리며 화재를 진화했다.

### 3. 고양이를 불러낸다
마찬가지로 스승이 시험 삼아 큰 쥐를 불러내자 여기에 대항하는 큰 고양이를 불러내어 쥐를 물어 죽인다.

**관련 항목**
● 이가 닌자 → No.009
● 타츠카와 문고의 닌자들 → No.094
● 사루토비 사스케 → No.098

# Ninjutsu

Ninjutsu

> 해외에서도 Ninja는 매우 유명하며 인기가 있다. 그리고 Ninja가 되고 싶은 동경이 높아서인지 인술을 배우려고 하는 사람도 상당히 많다.

## ● 마셜아츠 · 인술

여기까지 읽은 독자라면 원래 존재했던 **인술**이 전투기술이 아니라 첩보기술이거나 잠입기술, 술책 종류라는 사실을 이해하고 있을 것이다. 하지만 해외에서는 무도의 한 종류로서의 Ninjutsu가 퍼져 있다.

이처럼 퍼지게 된 인술은 현대가 되어서는 복싱, 골법, 유도, 가라테, 고무도 등 다양한 무도·격투기를 정리해 종합격투기 중 하나로서 만들어진 것이다.

그중에서 가장 큰 것이 토가쿠시류 인술(戸隱流忍術)을 가르치는 무신관(武神館)으로 전 세계에 10만 명 이상의 문하생을 거느리고 있는 규모가 큰 무도도장이다. 일본보다 해외의 문하생이 훨씬 많기 때문에 일본에서는 그렇게 눈에 띄지 않는 존재지만, 해외에서는 그 이름이 널리 퍼져 있다. 그 내용은 맨손 격투기에 그치지 않고 검술·봉술·**수리검술** 따위의 무기전투, 체술이나 수영 따위의 운동능력 등 폭넓게 취급하고 있다. 이 때문에 일부 나라에서는 경찰이나 군대, 정보부 등에서도 격투기 중 하나로서 인술을 가르치는 곳도 있다.

유럽과 미국뿐만 아니라 아시아나 이슬람의 여러 나라에서도 인술도장은 퍼져 있다. 그렇게 말하는 이유는 인술은 이슬람권, 특히 이슬람교도의 여성에게 대단히 알맞은 무술이기 때문이다.

이슬람에서 여성은 히잡이라고 하는 가리개로 머리를 뒤집어쓰지 않으면 안 된다. 그리고 대부분의 격투기에서는 머리를 드러내야 한다. 하지만 인술은 유파에 따라 다르지만 **닌자 복장**을 입는 유파도 있어서 이 경우에는 두건을 쓰고 해도 된다. 이것이 종교적 규칙을 지키면서 호신술을 배운다고 하는 이슬람교 여성신자의 마음에 합치하기 때문이다.

지금도 일본에서는 그다지 알려지지 않은 채 전 세계에 인술이 퍼지고 있을 것으로 생각된다.

## 세계의 인술 유파

> 해외에서는 무술의 한 종류로서 Ninjutsu가 퍼져 있다.

이러한 인술은 오늘날 다양한 무도·격투기를 정리해 종합격투기 중 하나로서 만들어진 것이다.

| 유파 | 한글표기 |
|---|---|
| Bujinkan | 무신관 |
| Shadows of Iga Society | |
| Nindo Ryu Bujutsu Kai | 인도류 무술회 |
| Dux Ryu | |
| To Shin Do | 도심도 |
| Genbukan Organization | 현무관 |
| Akban | |
| Kuroryukan | 흑룡관 |
| Banke Shinobinoden | 반케 시노비 연수소 |
| Quest Centers | |
| Jussen Kobudo Jinenkan | 자연관 |
| Kage No Michi Ninjutsu | 영도 인술 |
| Hosho Ryu Ninpo | 보초류 인법 |
| Budo Ryu Kai | 무도류 인술 |

> 토가쿠시류 인술을 가르친다.

> 전 세계에 10만 명 이상의 문하생을 거느리고 있다.

> 미국에서 발상한 무신관 계열 인술.

이것들 중에는 일본이 기원이 아니라 일본인이 아닌 사람이 일본이 아닌 나라에서 시작한 인술도 존재한다. 인술도장의 종가 태반은 일본인이 아니다.

## 의외의 이점

> 아시아나 이슬람의 여러 나라에서도 인술도장이 퍼지고 있다.

이슬람교도의 여성은 머리를 가리개로 뒤집어쓰지 않으면 안 된다.

닌자 복장을 입고 하는 유파도 있어서 이슬람 교도의 여성에게 알맞기 때문에 호신술로서 인기가 높다.

### 관련 항목
- 닌자 복장 → No.032
- 인술의 기본 → No.056
- 수리검술 → No.057

# 닌자명감

## 스기타니 젠쥬보(杉谷善住坊)

스기타니 젠쥬보는 노부나가와 대립하고 있었던 록가쿠씨(六角氏) 휘하의 코가 무사의 아들로 이세의 아사쿠마에 있는 명보원(明宝院)의 승려다. 엄밀히 말하자면 닌자는 아니다. 하지만 승려라고 해도 당시의 절은 승병을 거느린 봉건영주 중 하나다. 젠쥬보는 화약 조합이 능숙했으며 나는 새를 노려서 빗나간 적이 없다고 할 정도로 조총의 명수로서 알려져 있다.

당시의 닌자는 조총을 남보다 빨리 받아들였다. 코가에서는 코가바리(甲賀張り)라고 하는 수법으로 조총 제조도 이루어지고 있었다(근처에 있는 조총 제조로 유명한 쿠니토모에서 기술을 도입했을지도 모른다). 그런 토지 출신의 젠쥬보가 닌자와 전혀 인연이 없었다고는 생각하기 어렵다. 적어도 조총 제조에 관해서는 인연이 있었을 터다.

젠쥬보는 오다 노부나가를 저격한 것으로 이름이 알려져 있다. 1570년에 노부나가가 교토에서 돌아오는 도중의 일이었다. 하지만 나는 새도 맞혔다던 젠쥬보가 어째서인지 노부나가를 명중시키지 못하고 그 자리에서 도망치다 결국 붙잡혀 사형당했다.

## 카신 코지(果心居士)

카신 코지는 츠쿠시 출신으로 알려져 있지만, 확실치는 않다. 환술을 인정받아 각지의 다이묘에게 초대받고 있었다.

어느 날 마츠나가 단죠가 「내가 두려움을 느끼게 해보아라」며 명령하자, 하늘이 갑자기 어두워지더니 비가 내렸다. 그리고 단죠의 앞에 아름다운 여성이 나타나 「오늘 밤은 필시 무료하시겠군요」라며 말한다. 여자는 수년 전에 죽었을 터인 애첩이었다. 이쯤 되자 단죠도 식은땀을 흘리며 「카신 이제 됐다」라고 말했다. 그러자 비 따위는 내리지도 않았으며 그곳에는 카신 코지만이 남아 있었다고 한다.

카신 코지는 타이코 히데요시에게도 같은 명령을 받자 여자를 한 명 불러냈다. 그리고 여자는 「당신의 비밀을 알고 있습니다」라며 말했다. 그 여자는 히데요시가 숨기고 싶어 했던 비밀을 유일하게 알고 있는 여자였다.

지금 시각으로 보면 카신은 일종의 최면술을 사용해 히데요시가 자신이 두려워하는 것을 상상하게 만들었다고 생각할 수 있다. 하지만 히데요시는 카신도 자신의 비밀을 알고 있을지도 모른다는 의심에 사로잡힌다. 히데요시는 비밀을 지키기 위해 카신을 책형에 처하기로 했다.

책형을 당하기 직전 「나는 여러 동물로 변신해봤지만, 아직 쥐로 변신해보지는 못했네. 마지막으로 변신하게 해주지 않겠는가」라며 말했다. 그리고 쥐로 변신한 카신은 하리츠케의 기둥을 뛰어 올라갔다. 그러자 그곳에 솔개가 날아와 쥐를 붙잡고는 사라졌다.

카신은 쥐로 변신해버렸기 때문에 솔개에게 붙잡혀 잡아먹혔다는 설과, 솔개를 능숙하게 다루어 히데요시의 손에서 벗어났다는 설이 있다. 진실은 누구도 알지 못한다.

## 노무라노 오오이 다유우(野村ノ大炊太夫)

『만천집해』에 잠입의 전문가로서 등장하는 닌자.

다유우가 어느 저택의 담장 아래에 굴을 파서 숨어들려고 했을 때의 일이다. 흙을 파는 소리에 저택의 가인이 눈치 채고는 구멍이 뚫리거든 바로 찔러버리려고 창을 겨누고 있었다.

여기서 다유우는 음색을 바꾸며 귀를 기울이는 사람이 어떻게든 들을 수 있는 작은 목소리로 다음과 같이 말했다. 「가인이 깨어난 모양이야」, 「여기는 포기하자」, 「그게 좋겠군」 몇 명의 시노비가 의논하는 것처럼 보인 것이다.

이것을 들은 가인은 놓치지 않겠노라며 문을 열고는 추격했다. 닌자는 그 틈에 열린 문으로 들어와 안으로 숨어들었다. 문이 열린다면 일부러 굴을 팔 필요도 없는 것이다.

## ▌신도노 코타로(新堂ノ小太郎)

『만천집해』에 등장하는 닌자로 수둔술을 사용한 실례가 남아 있다.

석의 저택에 숨어들었을 때 정원에서 경호원에게 발각되어 쫓기고 있었다. 그곳에서 우물에 돌을 던져서 자신이 우물에 빠진 것처럼 위장하고는 경호원이 우물에 모인 틈을 타 탈출했다.

## ▌타테오카노 도쥰(楯岡ノ道順)

『만천집해』에 등장하는 닌자로 다른 이름으로 이가노사키 도쥰이라고도 부른다.

록가쿠씨(六角氏)의 의뢰로 도도씨(百々氏)가 틀어박혀 있는 사와 산성(佐和山城)을 공략했다. 그들은 숨어드는 것이 아니라 도도씨의 주군인 쿄고쿠씨(京極氏)의 등롱을 48명의 닌자 전원에게 쥐어주고는, 원군인 척 하며 당당히 정면으로 들어갔다. 그리고 그날 밤 성의 이곳저곳에 불을 지르며 「배반이다」라고 외치면서 돌아다녔다. 성 안은 대혼란에 빠졌고 같은 패끼리 싸우는 일조차 일어나고 말았다. 그 틈에 도쥰은 성문을 열고 록가쿠씨의 병사를 안으로 들여보내 성을 점령했다.

## ▌오토와노 키도(音羽ノ城戸)

『만천집해』에 조총의 명수로 등장한다.

이가에 쳐들어온 오다 노부나가를 저격했지만 이 저격은 실패했다.

## ▌야마다노 하치로우에몬(山田ノ八郎右衛門)

『만천집해』에 등장하는 변장의 명인.

하치로우에몬은 친구와 허리의 칼을 걸고, 그 칼을 훔쳐보겠다며 내기를 했다. 친구는 칼을 빼앗기지 않으려면 역으로 하치로우에몬을 지켜보면 될 거라고 생각하며 그를 미행했다. 하지만 그

하치로우에몬은 대역으로 진짜는 곁에서 빈틈을 엿보고 있었다. 아니나 다를까, 허리의 칼을 빼앗기면서 내기는 하치로우에몬의 승리로 끝났다.

## ▌모치즈키 요에몬(望月与右衛門)

시마바라의 난(島原の乱)이 발생했을 때 막부 측에서 일한 닌자.

난이 발생할 당시 33세로 한창때였지만 이미 평화로워진지 수십 년이 지나 기술 수련이 부족했던 듯하다. 성 안에 숨어들었지만 구덩이에 빠져버리고 말았다.

## ▌아쿠타가와 세이자에몬(芥川淸左衛門)

시마바라의 난이 발생했을 때 막부 측에서 일한 닌자.

난이 발생할 당시 60세나 되는 노인이었지만, 전국시대를 젊었을 적에 체험한 덕분인지, 신중했으며 기술도 있었던 듯하다. 성 안에 잠입했을 때 파트너였던 모치즈키 요에몬이 함정에 빠진 것을 구해주고는 함께 탈출했다.

## ▌야마나카 야마토노카미 토시요시(山中大和守俊好)

코가 군중소(甲賀郡中惣)의 기두 중 한 명.

록가쿠씨(六角氏)를 섬겼지만, 록가쿠씨 멸망 후에는 오다씨(織田氏), 그 이후에는 토요토미씨(豊臣氏)를 섬겼다. 훗날 개역(改易)되면서 귀농했다고 한다.

## ▌모모치 산다유(百地三太夫)

이가 3상급닌자 중 한 사람으로 텐쇼 이가의 난(天正伊賀の乱)에서 마지막까지 싸웠던 모모치 탄바의 다른 이름으로 알려져 있다. 하지만 탄바와 산다유는 다른 사람으로 산다유가 탄바의 자손이었다는 설도 있으며, 자세한 점은 밝혀지지 않았다.

## ▌후마 코타로(風魔小太郎)

아시가라 산속을 지반으로 하는 소슈 랏파 후마의 수장. 대대로 코타로를 칭했다고 알려져 있

다. 호조씨(北条氏)가 멸망하면서 도쿠가와 가문
이 관동에 온 뒤에는 도적이 되었다. 5대째 코타
로는 도적으로 붙잡혀 처형되었다.

## ▌토미타 고자에몬(富田郷左衛門)

타케다 신겐의 닌자 집단 미츠모노(三つ者)의
두령이었다고 알려져 있다. 이 집단은 정보수집
이 탁월해서 먼 곳의 정보도 손에 넣을 수 있었
다. 이 때문에 신겐은 「족장방주(足長坊主)」라고
불렸다.

# 색인

219

## <타>

## <파>

## <하>

## <기타>

『이가정사(伊賀町史)』 이가정(伊賀町) 저 이가정(伊賀町)

『우에노시사(上野市史)』(각권) 우에노시(上野市) 저 우에노시(上野市)

『코난정사(甲南町史)』 코난정사편찬위원회(甲南町史編纂委員会) 편 린센쇼텐(臨川書店)

『고사기(古事記)』(상중하) 코단샤학술문고(講談社学術文庫) 츠기타 마사키(次田真幸) 전역주 코단샤(講談社)

『일본서기(日本書紀)』(1~5권) 이와나미 문고(岩波文庫) 사카모토 타로(坂本太郎) 외 교주 이와나미쇼텐(岩波書店)

『구사자문록 : 에도막부관리인의 증언(旧事諮問録 : 江戸幕府役人の証言)』(상하) 구사자문회(旧事諮問会) 편 / 신지 요시모토(進士慶幹) 교주 이와나미쇼텐(岩波書店)

『도쿠가와 실기(徳川実紀)』(각권) 개정증보 국사대계(新訂増補 国史大系) 나루시마 모토나오(成島司直) 외 편 요시카와홍문관(吉川弘文館)

『요시츠네기(義経記)』 일본 고전문학 전집 31(日本古典文学全集31) 키지하라 마사아키(梶原正昭) 교주 소학관(小学館)

『관직요해(官職要解)』 와다 히데마츠(和田英松) 저 코단샤(講談社)

『정인기 : 되살아난 닌자전서(正忍記 : 甦った忍術伝書)』 후지바야시 마사타케(藤林正武) / 키무라 야마지로(木村山治郎) 역 기오이쇼보(紀尾井書房)

『정인기 : 인술전서(正忍記 : 忍術伝書)』 후지잇스이시 마사타케(藤一水子正武) 저 / 나카지마 아츠미(中島篤巳) 해독 · 해설 신인물왕래사(新人物往来社)

『노부나가 공기(信長公記)』 원본현대역 20(原本現代訳20) 오오타 규이치(太田牛一) 저 / 사카키야마 쥰(榊山潤) 역 뉴턴프레스(ニュートンプレス)

『노부나가 공기(信長公記)』 카도카와 문고(角川文庫) 오오타 규이치(太田牛一) 저 / 오쿠노 타카히로(奥野高広), 이와사타 요시히코(岩沢愿彦) 교주 카도카와쇼텐(角川書店)

『카마쿠라 · 무로마치 인명사전(鎌倉 · 室町人名事典)』 야스다 모토히사(安田元久) 저 신인물왕래사(新人物往来社)

『전쟁 이야기와 민간 전승(軍記物語と民間伝承)』 민속 민예 총서(民俗民芸双書) 66 후쿠다 아키라(福田晃) 이와사키미술사(岩崎美術社)

『전쟁 이야기의 세계 : 중세를 관철하는 동태의 추구(軍記物語の世界 : 中世を貫く動態の追求)』 서밋 총서(さみっと双書) 스기모토 케이사부로(杉本圭三郎) 명저간행회(名著刊行会)

『전국인명사전(戦国人名事典)』 아게 타케시(阿部猛), 니시무라 요우코(西村圭子) 편 신인물왕래사(新人物往来社)

『전국 다이묘 성곽사전(戦国大名城郭事典)』 니시가야 야스히로(西ヶ谷恭弘) 편 도쿄당출판(東京堂出版)

『전국 풍운 시노비의 마을(戦国風雲忍びの里)』 별책 역사 독본 34(別冊歴史読本34) 신인물왕래사(人物往来社)

『전도해 물건의 이름을 알 수 있는 사전(全図解 モノの呼び名がわかる事典)』 나카무라 사부로(中村三郎), 그룹 21(グループ21) 저 일본실업출판사(日本実業出版社)

『코가의 세월 : 인술 코가류의 배경(甲賀の歳月 : 忍術甲賀流の背景)』 유즈키 후미쿠사(柚木踏草) 성수당(誠秀堂)

『코가류 인술 개전(甲賀流忍術概傳)』 키무라 토시카즈(木村利一) 저 오미제조주식회사(近江製剤株式会社)

『고증 닌자 이야기(考証忍者物語)』 타무라 에이타로(田村栄太郎) 저 유잔카쿠출판(雄山閣出版)

『사나다 닌자와 나카노조정(真田忍者と中之条町)』 야마구치 타케오(山口武夫) 편 나카노조정교육위원회(中之条町教育委員会)

『대일본 지지 대계 제21권(大日本地誌大系 第21巻)』 아시다 코레토(蘆田伊人) 편 유잔카쿠출판(雄山閣出版)

『사담과 사론(史談と史論)』(상하) 카이온지 쵸우고로(海音寺潮五郎) 저 코단샤(講談社)

『시노비 마을의 기록(忍びの里の記録)』 향토 연구 10(郷土の研究10) 이시카와 마사토모(石川正知) 저 스이요샤(翠楊社)

『역사 그래피티 닌자 : 역사를 지탱해온 그림자의 남자들의 모든 것(歴史グラフィティ 忍者 : 歴史をささえた影の男たちのすべて)』 주부와 생활 · 생활 시리즈 240(主婦と生活 生活シリーズ240) 주부와 생활사(主婦と生活社)

『닌자(忍者)』 토베 신쥬로(戸部新十郎) 저 타이리쿠쇼보(大陸書房)

『닌자와 도적 : 일본사 · 그늘의 인물사(忍者と盗賊 : 日本史 · 陰の人物史)』 카와데 문고(河出文庫) 토베 신쥬로(戸部新十郎) 저 카와데쇼보신사(河出書房新社)

『닌자와 인술(忍者と忍術)』 토베 신쥬로(戸部新十郎) 저 마이니치신문사(毎日新聞社)

『닌자의 생활(忍者の生活)』 야마구치 마사유키(山口正之) 저 유잔카쿠출판(雄山閣出版)

『닌자의 수수께끼 : 전국 그림자 군단의 진실(忍者の謎 : 戦国影の軍団の真実)』 PHP 문고(PHP文庫) 토베 신쥬로(戸部新十郎) 저 PHP 연구소(PHP研究所)

『인술 : 그 역사와 닌자(忍術 : その歴史と忍者)』 오쿠세 헤이시치로(奥瀬平七郎) 저 신인물왕래사(新人物往来社)

『인술 비록(忍術秘録)』 후지타 세이고(藤田西湖) 저 소진샤(壮神社)

『인법 : 그 비밀과 실례(忍法 : その秘伝と実例)』 오쿠세 헤이시치로(奥瀬平七郎) 저 신인물왕래사(新人物往来社)

『인법 · 초인의 세계 : 인법으로 보는 일본인의 합리성과 지혜(忍法 · 超人の世界 : 忍法に見る日本人の合理性と知恵)』 오오

히라 요우스케(大平陽介) 저 이케다쇼텐(池田書店)

『시노비의 무기(忍びの武器)』 나와 유미오(名和弓雄) 저 신인물왕래사(新人物往来社)

『은닉 무기 총람(隠し武器総覧)』 나와 유미오(名和弓雄) 저 소진샤(壮神社)

『반봉술·십수술·철선술(半棒術·十手術·鉄扇術)』 하츠미 마사아키(初見良昭) 저 츠치야쇼텐(土屋書店)

『비전 토가쿠시류 인법 : 토가쿠시류 인법 · 살아가는 지혜(秘伝戸隠流忍法 : 戸隠流忍法 · 生きる知恵)』 하츠미 마사아키(初見良昭) 저 츠치야쇼텐(土屋書店)

『인술 극의 비전서 : 현대인의 인술(忍術極意秘伝書 : 現代人の忍術)』 이토 긴게츠(伊藤銀月) 하치만쇼텐(八幡書店)

『포술·수술·인술사(砲術 水術·忍術史)』 일본 무도 전집(日本武道全集) 도쿄 교육대학 체육사 연구실(東京教育大学体育史研究室), 일본 고무도 진흥회(日本古武道振興会) 인물왕래사(人物往来社)

『진설·일본 닌자 열전(真説·日本忍者列伝)』 코야마 류타로(小山龍太郎) 저 아래치출판사(荒地出版社)

『중국닌자전(中国忍者伝)』 미즈노 미치(水野美知) 저 인물왕래사(人物往来社)

『토가쿠시의 닌자(戸隠の忍者)』 시미즈 토라조(清水馬三) 저 긴가슈보(銀河書房)

『토가쿠시 이야기 : 역사와 전설(戸隠譚 : 歴史と伝説)』 미야자와 카호(宮沢嘉穂) 저 토가쿠시사설간행회(戸隠史説刊行会)

『도쿠가와 쇼군 가문의 비밀(徳川将軍家の謎)』 별책 타카라지마 시리즈 역사의 신발견(別冊宝島 シリーズ歴史の新発見) 타카라지마샤(宝島社)

『『그림풀이』하급 무사들의 전투(『絵解き』雑兵足軽たちの戦い)』 코단샤 문고(講談社文庫) 토고 류(東郷隆) 저 / 우에다 마코토(上田信) 그림 코단샤(講談社)

『일본 기담 일화 전설 대사전(日本奇談逸話伝説大事典)』 시무라 쿠니히로(志村有弘), 마츠모토 야스시(松本寧至) 편 벤세이샤(勉誠社)

『일본사 인물 야화(日本史人物夜話)』 하라다 토모히코(原田伴彦) 저 시사통신사(時事通信社)

『미요시 세이카이 뉴도(三好清海入道)』 복각 타츠카와 문고 걸작선(復刻立川文庫傑作選) 야카 산진(野華散人) 저 코단샤(講談社)

『키리가쿠레 사이조(霧隠才蔵)』 복각 타츠카와 문고 걸작선(復刻立川文庫傑作選) 셋카산진(雪花山人) 저 코단샤(講談社)

『사나다 유키무라(真田幸村)』 복각 타츠카와 문고 걸작선(復刻立川文庫傑作選) 카토 타마히데(加藤玉秀) 저 코단샤(講談社)

『여문(女紋)』 이케다 란코(池田蘭子) 저 카와데쇼보신사(河出書房新社)

『요괴풍속 : 일본의 오컬티즘(妖異風俗 : 日本のオカルティズム)』 강좌 일본 풍속사(講座日本風俗史) 유잔카쿠출판(雄山閣出版)

『이과 연표(理科年表)』 마루젠주식회사(丸善株式会社)

『특집 인물 왕래 쇼와 32년 9월호 : 역산의 비사(特集人物往来 昭和39年9月号 : 逆算の秘史)』 인물왕래사(人物往来社)

『역사독본 쇼와 39년 8월호 : 닌자-전국의 환병단(歴史読本 昭和39年8月号 : 忍者-戦国の幻兵団-)』 신인물왕래사(新人物往来社)

『역사독본 쇼와 54년 3월호 : 전국 그림자의 일족(歴史読本 昭和54年3月号 : 戦国陰の一族)』 신인물왕래사(新人物往来社)

『역사독본 쇼와 57년 3월호 : 에도 인법 그림자의 군단(歴史読本 昭和57年3月号 : 江戸忍法影の軍団)』 신인물왕래사(新人物往来社)

『역사독본 1991년 12월 임시증간호 : 「닌자」의 모든 것(歴史読本 1991年12月臨時増刊 : 「忍者」のすべて)』 역사 로망 시리즈(歴史ロマンシリーズ) 신인물왕래사(新人物往来社)

『역사독본 1999년 12월호 : 격투! 전국「이능」부대(歴史読本 1999年12月号 : 激闘!戦国「異能」部隊)』 신인물왕래사(新人物往来社)

『역사와 여행 쇼와 56년 7월호 : 타츠카와 문고 걸작선(歴史と旅 昭和56年7月号 : 立川文庫傑作選)』 아키타쇼텐(秋田書店)

『역사와 여행 쇼와 57년 1월호 : 타츠카와 문고 호걸편(歴史と旅 昭和57年1月号 : 立川文庫豪傑編)』 아키타쇼텐(秋田書店)

『NHK 역사발견 11(NHK 歴史発見11)』 NHK 역사발견취재반(NHK歴史発見取材班) 편 카도카와쇼텐(角川書店)

창작을 꿈꾸는 이들을 위한 안내서
AK 트리비아 시리즈

-AK TRIVIA BOOK

### No. 01 도해 근접무기

오나미 아츠시 지음 | 이창협 옮김 | 228쪽 | 13,000원

근접무기, 서브 컬처적 지식을 고찰하다!

검, 도끼, 창, 곤봉, 활 등 현대적인 무기가
등장하기 전에 사용되던 냉병기에 대한 개
설서. 각 무기의 형상과 기능, 유형부터 사용 방법은 물론
서브컬처의 세계에서 어떤 모습으로 그려지는가에 대해
서도 상세히 해설하고 있다.

### No. 02 도해 크툴루 신화

모리세 료 지음 | AK커뮤니케이션즈 편집부 옮김 |
240쪽 | 13,000원

우주적 공포. 현대의 신화를 파헤치다!

현대 환상 문학의 거장 H.P 러브크래프트
의 손에 의해 창조된 암흑 신화인 크툴루 신화. 111가지
의 키워드를 선정, 각종 도해와 일러스트를 통해 크툴루
신화의 과거와 현재를 해설한다.

### No. 03 도해 메이드

이케가미 료타 지음 | 코트랜스 인터내셔널 옮김 |
238쪽 | 13,000원

메이드의 모든 것을 이 한 권에!

메이드에 대한 궁금증을 확실하게 해결해
주는 책. 영국, 특히 빅토리아 시대의 사회를 중심으로,
실존했던 메이드의 삶을 보여주는 가이드북.

### No. 04 도해 연금술

쿠사노 타쿠미 지음 | 코트랜스 인터내셔널 옮김 |
220쪽 | 13,000원

기적의 학문, 연금술을 짚어보다!

연금술사들의 발자취를 따라 연금술에 대
해 자세하게 알아보는 책. 연금술에 대한 풍부한 지식을
쉽고 간결하게 정리하여, 체계적으로 해설하며, '진리'를
위해 모든 것을 바친 이들의 기록이 담겨있다.

### No. 05 도해 핸드웨폰

오나미 아츠시 지음 | 이창협 옮김 | 228쪽 | 13,000원

모든 개인화기를 총망라!

권총, 소총, 기관총, 어설트 라이플, 샷건,
머신건 등, 개인 화기를 지칭하는 다양한 명
칭들은 대체 무엇을 기준으로 하며 어떻게 붙여진 것일
까? 개인 화기의 모든 것을 기초부터 해설한다.

### No. 06 도해 전국무장

이케가미 료타 지음 | 이재경 옮김 | 256쪽 | 13,000원

전국시대를 더욱 재미있게 즐겨보자!

소설이나 만화, 게임 등을 통해 많이 접할
수 있는 일본 전국시대에 대한 입문서. 무장
들의 활약상, 전국시대의 일상과 생활까지 상세히 서술,
전국시대에 쉽게 접근할 수 있도록 구성했다.

### No. 07 도해 전투기

가와노 요시유키 지음 | 문우성 옮김 | 264쪽 | 13,000원

빠르고 강력한 병기, 전투기의 모든 것!

현대전의 정점인 전투기. 역사와 로망 속
의 전투기에서 최신예 스텔스 전투기에 이
르기까지, 인류의 전쟁사를 바꾸어놓은 전투기에 대하여
상세히 소개한다.

### No. 08 도해 특수경찰

모리 모토사다 지음 | 이재경 옮김 | 220쪽 | 13,000원

실제 SWAT 교관 출신의 저자가 특수경찰
의 모든 것을 소개!

특수경찰의 훈련부터 범죄 대처법, 최첨단
수사 시스템, 기밀 작전의 아슬아슬한 부분까지 특수경
찰을 저자의 풍부한 지식으로 폭넓게 소개한다.

### No. 09 도해 전차

오나미 아츠시 지음 | 문우성 옮김 | 232쪽 | 13,000원

지상전의 왕자, 전차의 모든 것!

지상전의 지배자이자 절대 강자 전차를 소
개한다. 전차의 힘과 이를 이용한 다양한 전
술, 그리고 그 독특한 모습까지. 알기 쉬운 해설과 상세한
일러스트로 전차의 매력을 전달한다.

### No. 10 도해 헤비암즈

오나미 아츠시 지음 | 이재경 옮김 | 232쪽 | 13,000원

전장을 압도하는 강력한 화기, 총집합!

전장의 주역, 보병들의 든든한 버팀목인 강
력한 화기를 소개한 책. 대구경 기관총부터
유탄 발사기, 무반동총, 대전차 로켓 등, 압도적인 화력으
로 전장을 지배하는 화기에 대하여 알아보자!

### No. 11 도해 밀리터리 아이템

오나미 아츠시 지음 | 이재경 옮김 | 236쪽 | 13,000원

군대에서 쓰이는 군장 용품을 완벽 해설!
이제 밀리터리 세계에 발을 들이는 입문자
들을 위해 '군장 용품'에 대해 최대한 알기
쉽게 다루는 책. 세부적인 사항에 얽매이지 않고, 상식적
으로 갖추어야 할 기초지식을 중심으로 구성되어 있나.

### No. 12 도해 악마학

쿠사노 타쿠미 지음 | 김문광 옮김 | 240쪽 | 13,000원

악마에 대한 모든 것을 담은 총집서!
악마학의 시작부터 현재까지의 그 연구 및
발전 과정을 한눈에 알아볼 수 있도록 구성
한 책. 단순한 흥미를 뛰어넘어 영적이고 종교적인 지식
의 깊이까지 더할 수 있는 내용으로 구성.

### No. 13 도해 북유럽 신화

이케가미 료타 지음 | 김문광 옮김 | 228쪽 | 13,000원

세계의 탄생부터 라그나로크까지!
북유럽 신화의 세계관, 등장인물, 여러 신과
영웅들이 사용한 도구 및 마법에 대한 설명
까지! 당시 북유럽 국가들의 생활상을 통해 북유럽 신화
에 대한 이해도를 높일 수 있도록 심층적으로 해설한다.

### No. 14 도해 군함

다카하라 나루미 외 1인 지음 | 문우성 옮김 | 224쪽 |
13,000원

20세기의 전함부터 항모, 전략 원잠까지!
군함에 대한 입문서. 종류와 개발사, 구조,
제원 등의 기본부터, 승무원의 일상, 정비 비용까지 어렵
게 여겨질 만한 요소를 도표와 일러스트로 쉽게 해설한다.

### No. 15 도해 제3제국

모리세 료 외 1인 지음 | 문우성 옮김 | 252쪽 | 13,000원

나치스 독일 제3제국의 역사를 파헤친다!
아돌프 히틀러 통치하의 독일 제3제국에 대
한 개론서. 나치스가 권력을 장악한 과정부
터 조직 구조, 조직을 이끈 핵심 인물과 상호 관계와 갈
등, 대립 등, 제3제국의 역사에 대해 해설한다.

### No. 16 도해 근대마술

하니 레이 지음 | AK커뮤니케이션즈 편집부 옮김 |
244쪽 | 13,000원

현대 마술의 개념과 원리를 철저 해부!
마술의 종류와 개념, 이름을 남긴 마술사와
마술 단체, 마술에 쓰이는 도구 등을 설명한다. 겉핥기식
의 설명이 아닌, 역사와 각종 매체 속에서 마술이 어떤 영
향을 주었는지 심층적으로 해설하고 있다.

### No. 17 도해 우주선

모리세 료 외 1인 지음 | 이재경 옮김 | 240쪽 | 13,000원

우주를 꿈꾸는 사람들을 위한 추천서!
우주공간의 과학적인 설명은 물론, 우주선
의 태동에서 발전의 역사, 재질, 발사와 비
행의 원리 등, 어떤 원리로 날아다니고 착륙할 수 있는지,
자세한 도표와 일러스트를 통해 해설한다.

### No. 18 도해 고대병기

미즈노 히로키 지음 | 이재경 옮김 | 224쪽 | 13,000원

역사 속의 고대병기, 집중 조명!
지혜와 과학의 결정체, 병기. 그중에서도 고
대의 병기를 집중적으로 조명, 단순한 병기
의 나열이 아닌, 각 병기의 탄생 배경과 활약상, 계보, 작
동 원리 등을 상세하게 다루고 있다.

### No. 19 도해 UFO

사쿠라이 신타로 지음 | 서형주 옮김 | 224쪽 | 13,000원

UFO에 관한 모든 지식과, 그 허와 실.
첫 번째 공식 UFO 목격 사건부터 현재까지,
세계를 떠들썩하게 만든 모든 UFO 사건
을 다룬다. 수많은 미스터리는 물론, 종류, 비행 패턴 등
UFO에 관한 모든 지식들을 알기 쉽게 정리했다.

### No. 20 도해 식문화의 역사

다카하라 나루미 지음 | 채다인 옮김 | 244쪽 | 13,000원

유럽 식문화의 변천사를 조명한다!
중세 유럽을 중심으로, 음식문화의 변화를
설명한다. 최초의 조리 역사부터 식재료, 예
절, 지역별 선호메뉴까지, 시대상황과 분위기, 사람들의
인식이 어떠한 영향을 끼쳤는지 흥미로운 사실을 다룬다.

### No. 21 도해 문장

신노 케이 지음 | 기미정 옮김 | 224쪽 | 13,000원

역사와 문화의 시대적 상징물, 문장!
기나긴 역사 속에서 문장이 어떻게 만들어
졌고, 어떤 도안들이 이용되었는지, 발전 과
정과 유럽 역사 속 위인들의 문장이나 특징적인 문장의
인물에 대해 설명한다.

### No. 22 도해 게임이론

와타나베 타카히로 지음 | 기미정 옮김 | 232쪽 |
13,000원

이론과 실용 지식을 동시에!
죄수의 딜레마, 도덕적 해이, 제로섬 게임
등 다양한 사례 분석과 알기 쉬운 해설을 통해, 누구나가
쉽고 직관적으로 게임이론을 이해하고 현실에 적용할 수
있도록 도와주는 최고의 입문서.

## No. 23 도해 단위의 사전

호시다 타다히코 지음 | 문우성 옮김 | 208쪽 | 13,000원

세계를 바라보고, 규정하는 기준이 되는 단위를 풀어보자!

전 세계에서 사용되는 108개 단위의 역사와 사용 방법 등을 해설하는 본격 단위 사전. 정의와 기준, 유래, 측정 대상 등을 명쾌하게 해설한다.

## No. 24 도해 켈트 신화

이케가미 료타 지음 | 곽형준 옮김 | 264쪽 | 13,000원

쿠 훌린과 핀 막 쿨의 세계!

켈트 신화의 세계관, 각 설화와 전설의 주요 등장인물들! 이야기에 따라 내용뿐만 아니라 등장인물까지 뒤바뀌는 경우도 있는데, 그런 특별한 사항까지 다루어, 신화의 읽는 재미를 더한다.

## No. 25 도해 항공모함

노가미 아키토 외 1인 지음 | 오광웅 옮김 | 240쪽 | 13,000원

군사기술의 결정체, 항공모함 철저 해부!

군사력의 상징이던 거대 전함을 과거의 유물로 전락시킨 항공모함. 각 국가별 발달의 역사와 임무, 영향력에 대한 광범위한 자료를 한눈에 파악할 수 있다.

## No. 26 도해 위스키

츠치야 마모루 지음 | 기미정 옮김 | 192쪽 | 13,000원

위스키, 이제는 제대로 알고 마시자!

다양한 음용법과 글라스의 차이, 바 또는 집에서 분위기 있게 마실 수 있는 방법까지, 위스키의 맛을 한층 돋우주는 필수 지식이 가득! 세계적인 위스키 평론가가 전하는 입문서의 결정판.

## No. 27 도해 특수부대

오나미 아츠시 지음 | 오광웅 옮김 | 232쪽 | 13,000원

불가능이란 없다! 전장의 스페셜리스트!

특수부대의 탄생 배경, 종류, 규모, 각종 임무, 그들만의 특수한 장비. 어떠한 상황에서도 살아남기 위한 생존 기술까지 모든 것을 보여주는 책. 왜 그들이 스페셜리스트인지 알게 될 것이다.

## No. 28 도해 서양화

다나카 쿠미코 지음 | 김상호 옮김 | 160쪽 | 13,000원

서양화의 변천사와 포인트를 한눈에!

르네상스부터 근대까지, 시대를 넘어 사랑받는 명작 84점을 수록. 각 작품들의 배경과 특징, 그림에 담겨있는 비유적 의미와 기법 등, 감상 포인트를 명쾌하게 해설하였으며, 더욱 깊은 이해를 위한 역사와 종교 관련 지식까지 담겨있다.

## No. 29 도해 갑자기 그림을 잘 그리게 되는 법

나카야마 시게노부 지음 | 이연희 옮김 | 204쪽 | 13,000원

멋진 일러스트의 초간단 스킬 공개!

투시도와 원근법만으로, 멋지고 입체적인 일러스트를 그릴 수 있는 방법! 그림에 대한 재능이 없다 생각 말고 읽어보자. 그림이 극적으로 바뀔 것이다.

## No. 30 도해 사케

키미지마 사토시 지음 | 기미정 옮김 | 208쪽 | 13,000원

사케를 더욱 즐겁게 마셔 보자!

선택 법, 온도, 명칭, 안주와의 궁합, 분위기 있게 마시는 법 등, 사케의 맛을 한층 더 즐길 수 있는 모든 지식이 담겨 있다. 일본 요리의 거장이 전해주는 사케 입문서의 결정판.

## No. 31 도해 흑마술

쿠사노 타쿠미 지음 | 곽형준 옮김 | 224쪽 | 13,000원

역사 속에 실존했던 흑마술을 총망라!

악령의 힘을 빌려 행하는 사악한 흑마술을 총망라한 책. 흑마술의 정의와 발전, 기본 법칙을 상세히 설명한다. 또한 여러 국가에서 행해졌던 흑마술 사건들과 관련 인물들을 소개한다.

## No. 32 도해 현대 지상전

모리 모토사다 지음 | 정은택 옮김 | 220쪽 | 13,000원

아프간 이라크! 현대 지상전의 모든 것!

저자가 직접, 실제 전장에서 활동하는 군인은 물론 민간 군사기업 관계자들과도 폭넓게 교류하면서 얻은 정보들을 아낌없이 공개하는 책. 현대전에 투입되는 지상전의 모든 것을 해설한다.

## No. 33 도해 건파이트

오나미 아츠시 지음 | 송명규 옮김 | 232쪽 | 13,000원

총격전에서 일어나는 상황을 파헤친다!

영화, 소설, 애니메이션 등에서 볼 수 있는 총격전. 그 장면들은 진짜일까? 실전에서는 총기를 어떻게 다루고, 어디에 몸을 숨겨야 할까. 자동차 추격전에서의 대처법 등 건 액션의 핵심 지식.

## No. 34 도해 마술의 역사

쿠사노 타쿠미 지음 | 김진아 옮김 | 224쪽 | 13,000원

마술의 탄생과 발전 과정을 알아보자!

고대에서 현대에 이르기까지 마술은 문화의 발전과 함께 널리 퍼져나갔으며, 다른 마술과 접촉하면서 그 깊이를 더해왔다. 마술의 발생시기와 장소, 변모 등 역사와 개요를 상세히 소개한다.

### No. 35 도해 군용 차량

노가미 아키토 지음 | 오광웅 옮김 | 228쪽 | 13,000원

지상의 왕자, 전차부터 현대의 바퀴달린 사역마까지!!

전투의 핵심인 전투 차량부터 눈에 띄지 않는 무대에서 묵묵히 임무를 다하는 각종 지원 차량까지. 각자 맡은 임무에 충실하도록 설계되고 고안된 군용 차량만의 다채로운 세계를 소개한다.

### No. 36 도해 첩보·정찰 장비

사카모토 아키라 지음 | 문성호 옮김 | 228쪽 | 13,000원

승리의 열쇠 정보! 정보전의 모든 것!

소음총, 소형 폭탄, 소형 카메라 및 통신기 등 영화에서나 등장할 법한 첩보원들의 특수장비부터 정찰 위성에 이르기까지 첩보 및 정찰 장비들을 400점의 사진과 일러스트로 설명한다.

### No. 37 도해 세계의 잠수함

사카모토 아키라 지음 | 류재학 옮김 | 242쪽 | 13,000원

바다를 지배하는 침묵의 자객, 잠수함.

잠수함은 두 번의 세계대전과 냉전기를 거쳐, 최첨단 기술로 최신 무장시스템을 갖추어왔다. 원리와 구조, 승조원의 훈련과 임무, 생활과 전투 방법 등을 사진과 일러스트로 철저히 해부한다.

### No. 38 도해 무녀

토키타 유스케 지음 | 송명규 옮김 | 236쪽 | 13,000원

무녀와 샤머니즘에 관한 모든 것!

무녀의 기원부터 시작하여 일본의 신사에서 치르고 있는 각종 의식, 그리고 델포이의 무녀, 한국의 무당을 비롯한 세계의 샤머니즘과 각종 종교를 106가지의 소주제로 분류하여 해설한다!

### No. 39 도해 세계의 미사일 로켓 병기

사카모토 아키라 | 유병준·김성훈 옮김 | 240쪽 | 13,000원

ICBM부터 THAAD까지!

현대전의 진정한 주역이라 할 수 있는 미사일. 보병이 휴대하는 대전차 로켓부터 공대공 미사일, 대륙간 탄도탄, 그리고 근래 들어 언론의 주목을 받고 있는 ICBM과 THAAD까지 미사일의 모든 것을 해설한다!

### No. 40 독과 약의 세계사

후나야마 신지 지음 | 진정숙 옮김 | 292쪽 | 13,000원

독과 약의 차이란 무엇인가?

화학물질을 어떻게 하면 유용하게 활용할 수 있는가 하는 것은 인류에 있어 중요한 과제 가운데 하나라 할 수 있다. 독과 약의 역사, 그리고 우리 생활과의 관계에 대하여 살펴보도록 하자.

### No. 41 영국 메이드의 일상

무라카미 리코 지음 | 조아라 옮김 | 460쪽 | 13,000원

가사 노동자이며 직장 여성의 최대 다수를 차지했던 메이드의 일과 생활을 통해 영국의 다른 면을 살펴본다. 『엠마 빅토리안 가이드』의 저자 무라카미 리코의 빅토리안 시대 안내서.

### No. 42 영국 집사의 일상

무라카미 리코 지음 | 기미정 옮김 | 292쪽 | 13,000원

집사, 남성 가사 사용인의 모든 것!

Butler, 즉 집사로 대표되는 남성 상급 사용인. 그들은 어떠한 일을 했으며 어떤 식으로 하루를 보냈을까? 『엠마 빅토리안 가이드』의 저자 무라카미 리코의 빅토리안 시대 안내서 제2탄.

### No. 43 중세 유럽의 생활

가와하라 아쓰시 외 1인 지음 | 남지연 옮김 | 260쪽 | 13,000원

새롭게 조명하는 중세 유럽 생활사

철저히 분류되는 중세의 신분. 그 중 「일하는 자」의 일상생활은 어떤 것이었을까? 각종 도판과 사료를 통해, 중세 유럽에 대해 알아보자.

### No. 44 세계의 군복

사카모토 아키라 지음 | 진정숙 옮김 | 130쪽 | 13,000원

세계 각국 군복의 어제와 오늘!!

형태와 기능미가 절묘하게 융합된 의복인 군복. 제2차 세계대전에서 현대에 이르기까지, 각국의 전투복과 정복 그리고 각종 장구류와 계급장, 훈장 등, 군복만의 독특한 매력을 느껴보자!

### No. 45 세계의 보병장비

사카모토 아키라 지음 | 이상언 옮김 | 234쪽 | 13,000원

현대 보병장비의 모든 것!

군에 있어 가장 기본이 되는 보병! 개인화기, 전투복, 군장, 전투식량, 그리고 미래의 장비까지. 제2차 세계대전 이후 눈부시게 발전한 보병 장비와 현대전에 있어 보병이 지닌 의미에 대하여 살펴보자.

### No. 46 해적의 세계사

모모이 지로 지음 | 김효진 옮김 | 280쪽 | 13,000원

「영웅」인가, 「공적」인가?

지중해, 대서양, 카리브해, 인도양에서 활동했던 해적을 중심으로, 영웅이자 약탈자, 정복자, 야심가 등 여러 시대에 걸쳐 등장했던 다양한 해적들이 세계사에 남긴 발자취를 더듬어본다.

### 환상 네이밍 사전

신키겐샤 편집부 지음 | 유진원 옮김 | 288쪽 | 14,800원

의미 없는 네이밍은 이제 그만!
운명은 프랑스어로 무엇이라고 할까? 독일
어, 일본어로는? 중국어로는? 더 나아가 이
탈리아어, 러시아어, 그리스어, 라틴어, 아랍어에 이르기
까지. 1,200개 이상의 표제어와 11개국어, 13,000개 이
상의 단어를 수록!!

### 중2병 대사전

노무라 마사타카 지음 | 이재경 옮김 | 200쪽 | 14,800원

이 책을 보는 순간, 당신은 이미 궁금해하고
있다!
사춘기 청소년이 행동할 법한, 손발이 오그
라드는 행동이나 사고를 뜻하는 중2병. 서브컬처 작품에
자주 등장하 는 중2병의 의미와 기원 등, 102개의 항목에
대해 해설과 칼럼을 곁들여 알기 쉽게 설명 한다.

### 크툴루 신화 대사전

고토 카츠 외 1인 지음 | 곽형준 옮김 | 192쪽 | 13,000원

신화의 또 다른 매력, 무한한 가능성!
H.P. 러브크래프트를 중심으로 여러 작가들
의 설정이 거대한 세계관으로 자리잡은 크
툴루 신화. 현대 서브 컬처에 지대한 영향을 끼치고 있다.
대중 문화 속에 알게 모르게 자리 잡은 크툴루 신화의 요
소를 설명하는 본격 해설서.

### 문양박물관

H. 돌메치 지음 | 이지은 옮김 | 160쪽 | 8,000원

세계 문양과 장식의 정수를 담다!
19세기 독일에서 출간된 H.돌메치의 『장식
의 보고』를 바탕으로 제작된 책이다. 세계
각지의 문양 장식을 소개한 이 책은 이론보다 실용에 초
점을 맞춘 입문서. 화려하고 아름다운 전 세계의 문양을
수록한 실용적인 자료집으로 손꼽힌다.

### 고대 로마군 무기·방어구·전술 대전

노무라 마사타카 외 3인 지음 | 기미정 옮김 | 224쪽 |
13,000원

위대한 정복자, 고대 로마군의 모든 것!
부대의 편성부터 전술, 장비 등, 고대 최강
의 군대라 할 수 있는 로마군이 어떤 집단이었는지 상세
하게 분석하는 해설서. 압도적인 군사력으로 세계를 석
권한 로마 제국. 그 힘의 전모를 철저하게 검증한다.

### 중세 유럽의 무술, 속 중세 유럽의 무술

오사다 류타 지음 | 남유리 옮김 |
각 권 672쪽~624쪽 | 각 권 29,000원

본격 중세 유럽 무술 소개서!
막연하게만 떠오르는 중세 유럽~르네상스
시대에 활약했던 검술과 격투술의 모든 것
을 담은 책. 영화 등에서만 접할 수 있었던
유럽 중세시대 무술의 기본이념과 자세, 방
어, 보법부터, 시대를 풍미한 각종 무술까
지, 일러스트를 통해 알기 쉽게 설명한다.

### 도감 무기 갑옷 투구

이치카와 사다하루 외 3인 지음 | 남지연 옮김 | 448쪽 |
29,000원

역사를 망라한 궁극의 군장도감!
고대로부터 무기는 당시 최신 기술의 정수
와 함께 철학과 문화, 신념이 어우러져 완성되었다. 이 책
은 그러한 무기들의 기능, 원리, 목적 등과 더불어 그 기
원과 발전 양상 등을 그림과 표를 통해 알기 쉽게 설명하
고 있다. 역사상 실재한 무기와 갑옷, 투구들을 통사적으
로 살펴보자!

### 최신 군용 총기 사전

토코이 마사미 지음 | 오광웅 옮김 | 564쪽 | 45,000원

세계 각국의 현용 군용 총기를 총망라!
주로 군용으로 개발되었거나 군대 또는 경
찰의 대테러부대처럼 중무장한 조직에 배치
되어 사용되고 있는 소화기가 중점적으로 수록되어 있으
며, 이외에도 각 제작사에서 국제 군수시장에 수출할 목
적으로 개발, 시제품만이 소수 제작되었던 총기류도 함
께 실려 있다.

### 초패미컴, 초초패미컴

타네 키요시 외 2인 지음 | 문성호 외 1인 옮김 |
각 권 360, 296쪽 | 각 14,800원

게임은 아직도 패미컴을 넘지 못했다!
패미컴 탄생 30주년을 기념하여, 1983년
『동키콩』부터 시작하여, 1994년 『타카하시
명인의 모험도 IV』까지 총 100여 개의 작품
에 대한 리뷰를 담은 영구 소장판. 패미컴과
함께했던 아련한 추억을 간직하고 있는 모
든 이들을 위한 책이다.

## 초쿠소게 1,2

타네 키요시 외 2인 지음 | 문성호 옮김 |
각 권 224, 300쪽 | 각 권 14,800원

망작 게임들의 숨겨진 매력을 재조명!
「쿠소게クソゲ」란 '똥-クソ'과 '게임-Game'의
합성어로, 어감 그대로 정말 못 만들고 재미
없는 게임을 지칭할 때 사용되는 조어이다.
우리말로 바꾸면 망작 게임 정도가 될 것이
다. 레트로 게임에서부터 플레이스테이션3
까지 게이머들의 기대를 보란듯이 저버렸던 수많은 쿠소
게들을 총망라하였다.

## 서양 건축의 역사

사토 다쓰키 지음 | 조민경 옮김 | 264쪽 | 14,000원
서양 건축사의 결정판 가이드 북!
건축의 역사를 살펴보는 것은 당시 사람들
의 의식을 들여다보는 것과도 같다. 이 책
은 고대에서 중세, 르네상스기로 넘어오며 탄생한 다양
한 양식들을 당시의 사회, 문화, 기후, 토질 등을 바탕으
로 해설하고 있다.

## 초에로게, 초에로게 하드코어

타네 키요시 외 2인 지음 | 이은수 옮김 |
각 276쪽, 280쪽 | 각 권 14,800원

명작 18금 게임 총출동!
에로게란 '에로-ㅗㅁ'와 '게임-Game'의 합성어
로, 말 그대로 성적인 표현이 담긴 게임을 지
칭한다. '에로게 헌터'라 자처하는 베테랑 저자
들의 엄격한 심사(?!)를 통해 선정된 명작 에
로게'들에 대한 본격 리뷰집!!

## 세계의 건축

코우다 미노루 외 1인 지음 | 조민경 옮김 | 256쪽 |
14,000원
고품격 건축 일러스트 자료집!
시대를 망라하여, 건축물의 외관 및 내부의
장식을 정밀한 일러스트로 소개한다. 흔히 보이는 풍경
이나 딱딱한 도시의 건축물이 아닌, 고풍스러운 건물들
을 섬세하고 세밀한 선화로 표현하여 만화, 일러스트 자
료에 최적화된 형태로 수록하고 있다

## 세계의 전투식량을 먹어보다

키쿠즈키 토시유키 지음 | 오광웅 옮김 | 144쪽 |
13,000원
전투식량에 관련된 궁금증을 이 한권으로
해결!
전투식량이 전장에서 자리를 잡아가는 과정과, 미국의
독립전쟁부터 시작하여 역사 속 여러 전쟁의 전투식량
배급 양상을 살펴보는 책. 식품부터 식기까지, 수많은 전
쟁 속에서 전투식량이 어떠한 모습으로 등장하였고 병사
들은 이를 어떻게 취식하였는지, 흥미진진한 역사를 소
개하고 있다.

## 지중해가 낳은 천재 건축가
## -안토니오 가우디

이리에 마사유키 지음 | 김진아 옮김 | 232쪽 | 14,000원
천재 건축가 가우디의 인생, 그리고 작품
19세기 말~20세기 초의 카탈루냐 지역 및 그의 작품들
이 지어진 바르셀로나의 지역사, 그리고 카사 바트요, 구
엘 공원, 사그라다 파밀리아 성당 등의 작품들을 통해 안
토니오 가우디의 생애를 본격적으로 살펴본다.

## 세계장식도 Ⅰ, Ⅱ

오귀스트 라시네 지음 | 이지은 옮김 | 각 권 160쪽 |
각 권 8,000원
공예 미술계 불후의 명작을 농축한 한 권!
19세기 프랑스에서 가장 유명한 디자이너
였던 오귀스트 라시네의 대표 저서 「세계장
식 도집성」에서 인상적인 부분을 뽑아내 콤
팩트하게 정리한 다이제스트판. 공예 미술
의 각 분야를 포괄하는 내용을 담은 책으로,
방대한 예시를 더욱 정교하게 소개한다.

## 민족의상 1,2

오귀스트 라시네 지음 | 이지은 옮김 |
각 권 160쪽 | 각 권 8,000원
화려하고 기품 있는 색감!!
디자이너 오귀스트 라시네의 「복식사」 전 6
권 중에서 민족의상을 다룬 부분을 바탕으
로 제작되었다. 당대에 정점에 올랐던 석판
인쇄 기술로 완성되어, 시대가 흘렀음에도
그 세세하고 풍부하고 아름다운 색감이 주
는 감동은 여전히 빛을 발한다.

### 중세 유럽의 복장

오귀스트 라시네 지음 | 이지은 옮김 | 160쪽 | 8,000원

고품격 유럽 민족의상 자료집!!

19세기 프랑스의 유명한 디자이너 오귀스트 라시네가 직접 당시의 민족의상을 그린 자료집. 유럽 각지에서 사람들이 실제로 입었던 민족의상의 모습을 그대로 풍부하게 수록하였다. 각 나라의 특색과 문화가 담겨 있는 민족의상을 감상할 수 있다.

### 그림과 사진으로 풀어보는 이상한 나라의 앨리스

구와바라 시게오 지음 | 조민경 옮김 | 248쪽 | 14,000원

매혹적인 원더랜드의 논리를 완전 해설!

산업 혁명을 통한 눈부신 문명의 발전과 그 그늘. 도덕주의와 엄숙주의, 위선과 허영이 병존하던 빅토리아 시대는 『원더랜드』의 탄생과 그 배경으로 어떻게 작용했을까? 순진 무구한 소녀 앨리스가 우연히 발을 들인 기묘한 세상의 완전 가이드북!!

### 그림과 사진으로 풀어보는 알프스 소녀 하이디

지바 가오리 외 지음 | 남지연 옮김 | 224쪽 | 14,000원

하이디를 통해 살펴보는 19세기 유럽사!

『하이디』라는 작품을 통해 19세기 말의 스위스를 알아본다. 또한 원작자 슈피리의 생애를 교차시켜 『하이디』의 세계를 깊이 파고든다. 『하이디』를 읽을 사람은 물론, 작품을 보다 깊이 감상하고 싶은 사람에게 있어 좋은 안내서가 되어줄 것이다.

### 영국 귀족의 생활

다나카 료조 지음 | 김상호 옮김 | 192쪽 | 14,000원

영국 귀족의 우아한 삶을 조명한다

현대에도 귀족제도가 남아있는 영국. 귀족이 영국 사회에서 어떠한 의미를 가지고 또 기능하는지, 상세한 설명과 사진자료를 통해 귀족 특유의 화려함과 고상함의 이면에 자리 잡은 책임과 무게, 귀족의 삶 깊숙한 곳까지 스며든 '노블레스 오블리주'의 진정한 의미를 알아보자.

### 요리 도감

오치 도요코 지음 | 김세원 옮김 | 384쪽 | 18,000원

요리는 힘! 삶의 저력을 키워보자!!

이 책은 부모가 자식에게 조곤조곤 알려주는 요리 조언집이다. 처음에는 요리가 서툴고 다소 귀찮게 느껴질지 모르지만, 약간의 요령과 습관만 익히면 스스로 요리를 완성한다는 보람과 매력, 그리고 요리라는 삶의 지혜에 눈을 뜨게 될 것이다.

### 사육 재배 도감

아라사와 시게오 지음 | 김민영 옮김 | 384쪽 | 18,000원

동물과 식물을 스스로 키워보자!

생명을 돌보는 것은 결코 쉬운 일이 아니다. 꾸준히 손이 가고, 인내심과 동시에 책임감을 요구하기 때문이다. 그럴 때 이 책과 함께 한다면 어떨까? 살아있는 생명과 함께하며 성숙해진 마음은 그 무엇과도 바꿀 수 없는 보물로 남을 것이다.

### 식물은 대단하다

다나카 오사무 지음 | 남지연 옮김 | 228쪽 | 9,800원

우리 주변의 식물들이 지닌 놀라운 힘!

오랜 세월에 걸쳐 거목을 말려 죽이는 교살자 무화과나무, 딱지를 만들어 몸을 지키는 바나나 등 식물이 자신을 보호하는 아이디어, 환경에 적응하여 살아가기 위한 구조의 대단함을 해설한다. 동물은 흉내 낼 수 없는 식물의 경이로운 능력을 알아보자.

### 그림과 사진으로 풀어보는 마녀의 약초상자

니시무라 유코 지음 | 김상호 옮김 | 220쪽 | 13,000원

「약초」라는 키워드로 마녀를 추적하다!

정체를 알 수 없는 약물을 제조하거나 저주와 마술을 사용했다고 알려진 「마녀」란 과연 어떤 존재였을까? 그들이 제조해온 마법약의 재료와 제조법, 마녀들이 특히 많이 사용했던 여러 종의 약초와 그에 얽힌 이야기들을 통해 마녀의 비밀을 알아보자.

### 초콜릿 세계사-근대 유럽에서 완성된 갈색의 보석

다케다 나오코 지음 | 이지은 옮김 | 240쪽 | 13,000원

신비의 약이 연인 사이의 선물로 자리 잡기까지의 역사!

원산지에서 「신의 음료」라고 불렸던 카카오. 유럽 탐험가들에 의해 서구 세계에 알려진 이래, 19세기에 이르러 오늘날의 형태와 같은 초콜릿이 탄생했다. 전 세계로 널리 퍼질 수 있었던 초콜릿의 흥미진진한 역사를 살펴보자.

### 초콜릿어 사전

Dolcerica 가가와 리카코 지음 | 이지은 옮김 | 260쪽 | 13,000원

사랑스러운 일러스트로 보는 초콜릿의 매력!

나른해지는 오후, 기력 보충 또는 기분 전환 삼아 한 조각 먹게 되는 초콜릿. 『초콜릿어 사전』은 초콜릿의 역사와 종류, 제조법 등 기본 정보와 관련 용어 그리고 그 해설을 유머러스하면서도 사랑스러운 일러스트와 함께 싣고 있는 그림 사전이다.

### 판타지세계 용어사전

고타니 마리 감수 | 전홍식 옮김 | 248쪽 | 18,000원

판타지의 세계를 즐기는 가이드북!
온갖 신비로 가득한 판타지의 세계. 『판타지
세계 용어사전』은 판타지의 세계에 대한 이
해를 돕고 보다 깊이 즐길 수 있도록, 세계 각국의 신화,
전설, 역사적 사건 속의 용어들을 뽑아 해설하고 있으며,
한국어판 특전으로 역자가 엄선한 한국 판타지 용어 해
설집을 수록하고 있다.

### 세계사 만물사전

헤이본사 편집부 지음 | 남지연 옮김 | 444쪽 | 25,000원

우리 주변의 교통 수단을 시작으로, 의복,
각종 악기와 음악, 문자, 농업, 신화, 건축물
과 유적 등, 고대부터 제2차 세계대전 종전
이후까지의 각종 사물 약 3000점의 유래와 그 역사를 상
세한 그림으로 해설한다.

# 닌자의 세계

초판 1쇄 인쇄 2018년 8월 10일
초판 1쇄 발행 2018년 8월 15일

저자 : 야마키타 아츠시
번역 : 송명규

펴낸이 : 이동섭
편집 : 이민규, 서찬웅, 탁승규
디자인 : 조세연, 백승주, 김현승
영업 · 마케팅 : 송정환
e-BOOK : 홍인표, 김영빈, 유재학, 최정수
관리 : 이윤미

㈜에이케이커뮤니케이션즈
등록 1996년 7월 9일(제302-1996-00026호)
주소 : 04002 서울 마포구 동교로 17안길 28, 2층
TEL : 02-702-7963~5 FAX : 02-702-7988
http://www.amusementkorea.co.kr

ISBN 979-11-274-1726-0 03910

"ZUKAI NINJA" by Atsushi Yamakita
Copyright © Atsushi Yamakita 2015
All rights reserved.
Illustrations by Takako Fukuchi
Originally published in Japan by Shinkigensha Co Ltd, Tokyo.

This Korean edition published by arrangement with Shinkigensha Co Ltd, Tokyo
in care of Tuttle-Mori Agency, Inc., Tokyo

이 도서의 국립중앙도서관 출판예정도서목록(CIP)은
서지정보유통지원시스템 홈페이지(http://seoji.nl.go.kr)와
국가자료공동목록시스템(http://www.nl.go.kr/kolisnet)에서 이용하실 수 있습니다.
(CIP제어번호: CIP2018022957)

*잘못된 책은 구입한 곳에서 무료로 바꿔드립니다.